炒股从外行到内行
——股票投资实战解析
第二版

潘伟君 著

地震出版社
Seismological Press

图书在版编目(CIP)数据

炒股从外行到内行:股票投资实战解析/潘伟君著.—2版. —北京:地震出版社,2021.6
ISBN 978-7-5028-5131-6

Ⅰ.①炒… Ⅱ.①潘… Ⅲ.①股票投资-基本知识 Ⅳ.①F830.91

中国版本图书馆 CIP 数据核字(2019)第 278265 号

地震版 XM4418/F(5850)

炒股从外行到内行——股票投资实战解析(第二版)
潘伟君 著
责任编辑:李肖寅
责任校对:凌 樱

出版发行:地震出版社
  北京市海淀区民族大学南路9号 邮编:100081
  发行部:68423031 68467991 传真:68467991
  总编室:68462709 68423029
  证券图书事业部:68426052
  http://www.seismologicalpress.com
  E-mail:zqbj68426052@163.com

经销:全国各地新华书店
印刷:北京兴星伟业印刷有限公司

版(印)次:2021年6月第二版 2021年6月第一次印刷
开本:787×1092 1/16
字数:253 千字
印张:14.5
书号:ISBN 978-7-5028-5131-6
定价:48.00 元

版权所有 翻印必究
(图书出现印装问题,本社负责调换)

序　言

　　随着全流通问题的解决，中国的股票市场必将进入逐步成熟的阶段，而蓬勃向上的宏观经济也必定会支撑起市场的长期稳定趋势，在此大背景下，相信会有越来越多的人加入到股票投资者的行列中来。

　　然而投资股票尽管方式简单，但仍然需要具备一定的专业知识，而且涉及面也比较广，不少投资者进入市场多年却依然未得其门而入。本书的宗旨就是帮投资者快速通过进入市场以后的磨合期，使投资者由完全的外行顺利成为内行。

　　当投资者准备进入市场时或者已经入门后会不断碰到以下问题。

　　市场中有哪些专业术语？

　　什么是大名鼎鼎的波浪理论？

　　股票市场有哪些主要理论？

　　技术指标到底有没有用？

　　图形分析能解决什么问题？

　　当然还会有更多其他的问题，本书将由浅入深地为投资者一一解释，这样就可以使很多新手避免失误，而这些失误很有可能会断送投资者的投资前程。

　　本书并不是股票投资的百科词典，因此不会机械地罗列一大堆名词解释。恰恰相反，本书的目的是从实战的需要出发，将一个成熟投资者必备的要素告诉投资者，包括最基本的投资要素乃至经典的投资理论，使投资者能够以最快的速度全面掌握股票市场，直至进入实战。

　　特别说明：有些过于简单的市场概念我会假设投资者已经理解

而不再解释，对于一些必备概念的描述也尽可能采用市场化的语言，以便投资者能够尽快融入市场。

也许投资者已经进入市场几年了，但战绩并不理想，这可能与你缺乏全面的基本素质培养有关，而本书将为你补上这一课。

一个人每天弹琴8个小时，但成为钢琴家的希望仍然很小；

一个人每天画10个小时，但能否成为画家依然是个谜。

不过假设投资者能够每天在股票投资上花上哪怕不多的时间，我认为若干年后获得成功的可能性就相当大。也许这个过程会很累，但请记住：

累不一定能成功，但不累肯定不会成功。

很多年轻的投资者问过我这样一个问题：

投资股票要多长时间才能获得成功？

你可以在本书第十六章得到答案。

当然，我们看到过30岁以前就成功的商人，不过在全世界几十亿人之中这样的人也没有几个，我们根本就没有可能挤进这个小的不能再小的圈子中去。

也许不值得这么做？至少在我们的周围还有着太多的中年人每时每刻都在担心失去工作，相信年轻的投资者都不希望自己的未来是这样。

那就让我们从年轻时就踏踏实实地开始投资股票吧，这样至少能够在人到中年时对自己的孩子说："孩子，我们已经算是富有的家庭了。"

如有意探讨，可联系以下邮箱：pwj80@163.com

再次感谢舵手证券图书的邹力进小姐以及地震出版社的大力支持。

潘伟君

目　　录

第一章　股票投资成为必然趋势 ………………………………… 1
第二章　股票投资前的心理准备 ………………………………… 5
第三章　投资成功的两个要点 …………………………………… 7
第四章　基本概念 ………………………………………………… 11
第五章　基本看图知识 …………………………………………… 21
第六章　培养对数字的兴趣 ……………………………………… 29
第七章　投资过程 ………………………………………………… 37
第八章　基本面分析入门 ………………………………………… 41
第九章　经典理论概述 …………………………………………… 55
第十章　波浪理论及其缺陷 ……………………………………… 65
第十一章　技术指标之本质 ……………………………………… 79
第十二章　主要技术指标 ………………………………………… 93
第十三章　量价形态的本质 ……………………………………… 137
第十四章　量价形态分析入门 …………………………………… 141
第十五章　量价形态分析 ………………………………………… 185
第十六章　股票投资全过程 ……………………………………… 217
附录——练习结果 ………………………………………………… 221

第一章　股票投资成为必然趋势

在辽阔的中国大地上，富人已经越来越富。普通老百姓不会愿意始终处于低财富阶层，期望通过各种致富方法尽量追赶越走越快的富裕阶层。特别是对于刚刚踏入社会的年轻人来说，谁也不会甘心承认自己比别人差。

要想进入富裕阶层的道路有两条，一条是凭手艺，就是平常所说的打工；另外一条是靠资金进行投资；对于绝大多数靠打工根本就无法致富的普通人来说，合适的投资渠道就成为必然的选择。

投资渠道其实非常多，比如近几年轰轰烈烈的房产投资，再比如邮票、钱币、古董、字画，当然还有证券，包括股票、债券、基金，还有期货等等。那么其中的哪一样更合适我们呢？

首先看房产。房产投资有四个基本特点，第一是投资周期比较长。随着房产市场逐步成熟，未来房价的变动将会趋于平缓，因此单靠房产买卖差价来获取收益将会花费越来越多的时间。第二是流动性较差。房产交易的二级市场活跃度是非常有限的，因为房屋是大宗实物资产。第三是资金起点要求比较高。像在上海或者北京这样的大城市，没有几百万就别想进行房产投资。如果大量通过按揭贷款，那么投资者要冒很大的风险，一旦房价不再上涨，就有可能面临灭顶之灾。第四是交易过程复杂。从开发商那里买新房的过程已经比较复杂了，通过二级市场卖出的手续更加繁复，交的税也比较多，更不要谈在买进卖出过程中必须办理的有关水、电、煤气、电话、有线电视等等附属设施的过户手续。另外，持有房产是有成本的，除了房产本身的损耗折旧以外，物业管理费的成本也是绝对不可以忽略的。如果为了获取租金而将房产出租也会麻烦不断，除了要不断修理被房客用坏的设备，防止房客拖欠水、电、煤气、电话费以外，能否按时到期收到房租本身也是一个问题。所以房产投资只能是适合部分特定的投资者，这部分投资者必须有比较空余的时间(不单单是周末，在工作日也必须有时间)，有比较多的闲散资金，且有较强的社交能力。

其次看邮币市场。邮票和钱币市场的特点有两个。第一是长冷短热，就是说上涨的周期很短而平静的周期很长。对于想靠其致富的投资者来说，市场的长期冷清是难以忍受的。第二是交易过程相当麻烦，在交易的过程中必须携带大量的实物。尤其是钱币，数量多时非常沉重，难以携带。但邮票和钱币具有一定的欣赏功能，因此该项投资比较适合那些对邮票和钱币有爱好的投资者。

再次看古董和字画市场。这类投资的特点有两个。第一是要求具备丰富的专业鉴定知识，要能够鉴定出投资品的真伪。由于古董的鉴定能力并非一朝一夕就能培养起来，字画的鉴定则属于艺术家的专利，而普通老百姓看着喜欢的漂亮字画又往往难有升值的空间。第二是流通性极差。这类投资品的卖出一般只能通过拍卖市场，很难在投资者需要用钱的时候立刻兑现。第三是资金量大。真正值得投资的古董和字画价格都比较高，所以该类投资品更适合收藏而不是投资。

再看期货市场。原来，进入期货市场可以套期保值，但现在期货市场投机功能相当强，所以期货市场不太适合普通投资者。在期货市场进行搏杀的最大特点是风险极高，因为期货市场的交易只需支付保证金，也就是仅仅支付实际价格的一部分，比如8%甚至更少，因此一旦价格反向运行幅度超过保证金额度，投资者将会被要求追加保证金，否则就要被强制性平仓。

现在只剩下股票市场了。

股票市场的特点如下。

特点①：起点资金不限。现在沪深证券交易所买卖股票的最低要求是100股，如果股价是2元的话，最少的100股只要200元（当然还会需要一点点交易费用）。从这一点上来说，股票投资适合所有的投资者。

特点②：交易方便。十几年前进行股票交易的投资者还需要到证券营业场所（一般是证券公司）进行现场交易，但近来网上交易已经非常普遍，投资者通过电脑网络和手机就能够轻松观察行情和下达买卖指令。

特点③：流通性极好。就目前的市场而言，基本上还没有整天不交易的股票，所以除非是特别的日子，比如上市公司临时停牌，投资者一般随时都可以通过证券市场进行交易。

与前面几类投资品种相比，股票投资无疑是普通老百姓致富的必然选择。

在现在的证券市场上，除了股票以外还有基金、债券以及股票权证等衍生品，后面会陆续提到。

显然，对于广大的普通老百姓来说，最有可能选择的就是股票市场了。所以我们千万不要等到年老的时候才感叹：

我当年为什么不投资股票呢？

那么现在就让我们开始股票投资之旅吧！

第二章　股票投资前的心理准备

进行任何一项投资都需要做准备工作，对于股票投资来说首先要做的是心理准备。

1. 不相信有保证投资成功的方法

股票市场上不存在保证投资成功的方法，这只要用反证法就可以说明。

假设确实存在某一种方法可以保证获利，那么全体投资者都会使用这种方法，最后就是大家都能成功。显然，实际情况却并非如此，所以前面的假设是错的，也就是说绝不存在某一种方法可以保证获利。

2. 提高承受风险的能力

任何投资都是有风险的。尽管这一点已经人人皆知，但是一旦真正碰到还是很难接受。有的投资者只要股票一被套就紧张得冒汗，也不管是夏天还是冬天，好像股价再也不会上涨了；有的投资者一空仓（手中没有股票）就不安，唯恐股价上涨而失去了获利的机会；有的投资者手中的股票不涨而指数在涨或者其他股票在涨也会坐立不安，唯恐自己的股票不涨反跌；有的投资者手中的股票一涨就害怕，不知道该不该卖出；有的投资者每次到买股票的时候就浑身哆嗦，似乎这钱是要送人的；甚至还有的投资者一见到手中的股票获利就兴奋无比，脸涨得跟关公似的。

以上种种现象都说明投资者在股票市场进行投资时对于风险的承受能力还很有限，而这会直接影响投资结果，因此在正式进入市场前要适当调整自己的心态以提高自己的风险承受能力。

3. 准备忍受长时间的寂寞

股价会受到短期供求关系的影响而出现波动，但真正影响股价的因素还是上市公司的基本面。不过公司是一家经营实体，所以基本面的变化是在不知不觉中进行的,时间往往以年计算,因此如果按照公司的成长性进行投资的话必然要准备相当长的时间,这样投资者就必须忍受长时间的寂寞。这里所说的长时间并不是说股价就一定下跌,即使股价上涨也是一样的道理。如果股价从8元涨到20元,也许可以快到一个月甚至更短,但也许会持续三年,在这三年之中,投资者能够忍受住寂寞吗?

以上三点心理准备工作完成后,我们将探讨投资者可以选择的投资品种。

第三章　投资成功的两个要点

　　研究并参与市场二十多年以来，我接触了不少投资者朋友，其中有大量的普通投资者。很多投资结果不理想的投资者尽管有这样那样的原因，但在投资的心态上似乎都有一些欠缺。其实，股票投资有两个要点，如果投资者希望通过股票投资而获得成功的话，这两点是没有办法回避的，只有完全做到这两点才有可能。

　　有人把股票市场当成赌场。如果投资者只是随便拿一些钱进去玩玩的话是可以这样理解的，因为对于没有任何准备的投资者来说，投资股票就是赌博，至少投资者是将它"当成了"赌场。但投资股票不是赌博，它是一种可以进行交易的股权投资。

　　投资与打工完全不同。打工，就是靠出卖自身劳动力或者知识获取报酬，所以打工者并不承担任何经济上的风险。但投资不一样，不管进行什么样的投资，都要有资金上的投入，此外还要做好亏损的准备，必须承担投资过程中的所有风险。做股票也是一种投资，当然不会例外，也要承担失败的风险，所以我们绝不能简单地把做股票当做是上班之外的加班，更不能把它看成是自己从事的另外一份工作。

　　既然不是打工，而且还要承担亏损的风险，所以这项工作就一定不轻松。古往今来，绝大多数人都选择了打工而不是投资做老板，其中的关键就是风险。

　　投资有风险，投资股票更有风险。其实这个道理投资者应该都知道，所以其中不少的用心者已经在花费大量的时间和精力来学习各种投资理论，以期能够尽量降低失败的风险。但仅仅认识到这一点还远远不够，各种理论或者方法只是整个投资股票过程中的一部分，并不是基础。

　　要真正做好股票投资，有时花在调整心态上的工夫并不比花在研究市场上的工夫少。

做任何事情都要有一定的基础，比如演奏钢琴，你可以请最好的教师，可以反复聆听大师的演绎，可以尝试学习各种技巧，或许你还有非常强的演奏悟性，但你还是成不了钢琴家，为什么？因为你缺少毅力，你无法坚持每天 8 小时以上枯燥乏味的基本练习。

毅力，就是学习钢琴必备的一个基础。那么做股票呢？见仁见智，我在这里只是提两个基本要点，并不一定全面。

第一个要点：不着急

几乎所有的投资者一开始进入股票市场都会有"着急"的时候，出现这种症状是很正常的，每个非常老练、身经百战的投资者，都该经历过这个过程。

"着急"这种心态是人类在遇到挫折时的一种本能反应，它很自然地存在于人类的天性中，所以每个人或多或少都会有这个特征。

当我们想好一个价格去买股票结果因为股价上涨而没有买到时，急。

当我们决定按昨天的收盘价卖出股票而当天股价跳低杀跌无法卖出时，急。

当我们卖出股票后股价继续上涨时，急。

当我们手拿股票却听到别人说要跌时，急。

……

反正我们总是很"急"，不论股价是涨还是跌。可是有一点是可以肯定的："着急"并没有起到任何作用。

其实"不着急"也是做人的一个基本要点。如果静下心来回想一下，我们就会发现从来没有通过"着急"来解决过任何问题。我们经常说做股票就像做人，道理大概也在于此。

当然，适当的担忧也是可以理解的，只是要把"担忧"和"着急"区别开来，我们可以"担忧"但不能"着急"。

那么什么样的心态才算"着急"呢？判断的方法很简单：想骂人。如果投资者同意我的观点，那么一旦意识到自己想骂人了，赶紧提醒自己：是不是"着急"了？

相信会有很多投资者同意我的看法，也的确会发现自己经常很"着急"，要做到"不着急"很难。不过我相信只要通过坚持不懈的努力，即使我们不能完全避免"着急"，但至少可以做到尽可能让自己"少着急"。

当投资者发现自己越来越"少着急"时，一定会发现自己离成功越来越近。

投资者所要做的就是：从今天开始，尽量不再"着急"。

第二个要点：理性

当我们买进一套房子以后，一般都会觉得这房子哪儿都好，而实际上完美无缺的房子是不存在的。

任何一套房子都会有缺陷，但我们就是觉得自己买到了最好的房子。为什么？因为我们拥有房子后，感性占了上风。

在投资股票时经常会出现以下两种现象：

买进股票以后就觉得股价要"涨"，听不得别人说"跌"。

卖出股票以后就觉得股价要"跌"，听不得别人说"涨"。

这也是典型的感性占了上风。

其实从道理上来说，投资者都知道这种现象是可怕的，只是当时身不由己而已。

那么还有没有类似的错误呢？实在有很多，根本无法也没有必要一一罗列。但我们必须避免，至少要尽可能地避免。

任何事情只要抓住了本质，就可以做到有的放矢地避免。

避免这些乱七八糟感性现象的主要方法就是理性。

理性可以解释为客观，与理性相对应的就是感性，也就是主观。只要我们坚持理性，就可以在很大程度上避免感性。

回到前面提到的房子。如果理性，我们就会发现自己买的房子有不少缺陷，比如楼层高度过低、厨房太小、过道太宽、离马路较近等等。

在股票投资上，如果理性，我们就会重视别人说"涨"或者"跌"的理由，就会重新审视自己原先的判断和结论是否有问题。

房子的某些缺陷只会给我们的日常生活带来一些小小的不舒适，但股票投资的非理性将会直接影响到我们的投资收益，所以我们必须坚持做到理性投资。

感性是人的天性，要做到完全理性就相当于要求我们完全克服自己的天性，这显然是相当困难的，但我们应该朝这方面努力。

股票市场千变万化，尽管我们可以一遍又一遍地研判，但市场的演变往往会出乎我们的意料之外，因此投资策略并不是一成不变的。这就要求我们随时放弃原来的主观意愿，始终要以非常理性的方式来分析和研判变化着的市场并做出新的投资决策。

假设我们因为看好而买进股票并且被套，但趋势发生了变化，股价呈下跌的态势，这时候就是"理性"与"感性"的交锋了。是因为自己拥有这只股票而感性地认为股价一定会回升还是因为趋势转弱而割肉卖出？这是一个在股票市场中类似于"生存还是毁灭"的永恒话题。

其实答案是明显的：坚决割肉卖出。

然而结果有时候会非常令人伤心，比如当我们割肉卖出以后股价却又上涨了。

我们错了吗？肯定是有地方错了，但不是理性决策本身的错误。既然股价要下跌，那么割肉是完全正确的，理性最终战胜了感性，这并没有错，反而应该肯定，这是我们逐步成熟的表现。问题一定出在前提，因为股价要下跌，所以我们给出了"卖出"这样一个现在看来是错误的结论。前提错了，结果当然也就错了。

我们要改进的是如何得出这个错误前提的分析方法，但不是最后的理性决策方法，理性的决策永远是投资者的灵魂。

如果我们始终坚持理性，也就是始终用客观的方法进行决策，那么我们就能够真正做到投资者所向往的"手中有股而心中无股"。

以上所谈两个基本要点只是做股票的基本心态，它并不涉及任何投资理论或者方法，但却是横在投资者面前的一道不得不跨越的坎。如果想获得成功，千万不要期望能够绕过它。

任何投资书籍上都没有这样的要求，但我坚持认为这是必须的，请投资者一定要记住：

不着急，要理性。

从现在开始，投资者都要时时刻刻想办法做到这两点。

第四章 基本概念

在股票投资中，我们会碰到许许多多的新概念，如果不做股票的话，这些概念也许我们永远也不会遇到，不过为了做好股票，我们必须尽可能快地熟悉这些概念。

由于本书的目的是尽可能快地使投资者从外行成为内行，所以不可能将所有与股票市场有关的概念一一进行介绍。实际上有很多概念非常直观，只要投资者逐步深入市场后就能很快理解，本章就只介绍几个相当重要的概念。

1. 股票指数

即使投资者以前没有做过股票，也一定听说过"上证指数"之类有关指数的说法。确实，指数在市场上占据着极其重要的地位。

我们都知道，如果大部分股票都在跌，那么就不应该买股票。如果大部分股票都在上涨，那么我们就应该买股票。那么我们该如何判断大部分股票的趋势呢？

交易所已经考虑到了这个问题，所以交易所一开张就推出了指数。

指数的走势就是大部分股票的走势。

其实不单单是股票，好多地方都离不开指数。比如判断国民经济的总体发展状况就有一批指数，最主要的是 GDP 指数。房产市场也有很多描述市场的房产指数。

指数的大概意思是所有商品平均价的概念，当然实际远没有这么简单，但我们可以大致把它看成这样。因此，当指数上涨就是商品价格上涨，反之就是下跌。由于指数综合了各种细分商品的因素，所以反映的是整个行业的情况，避免了一些个案的特殊性。

现在市场上用得最多的是上证综合指数，简称"上证指数"。由于 2007 年开设的指数期货首先是以沪深 300 指数为样本，因此沪深 300 指数也一定会受到市场更多的关注。

上证指数的计算方法是计算一个分数，其分子是当前的股票总市值，分母是股票上市初期的总市值，起始点是 1992 年 12 月 10 日，基点定于 100 点。每当股票的股份由于某些原因发生变动时，要进行调整以保证指数计算的前后可比性。

每个指数都有自己的样本股。当指数包含所有的股票时，它的涨跌就是对应所有股票的涨跌，比如"上证指数"就是这种指数。当指数只是包含部分股票时，它的涨跌就只能是表示这些股票的总体波动，比如"沪深 300 指数"，它的样本股只有 300 家股票，因此它只能代表这 300 家股票的总体波动。

当投资者以后在市场中听到"大盘上涨"之类的话时，就表明上证指数上涨，反之亦然。

2. 开盘价、最高价、最低价、收盘价、成交量、成交金额

这几个名词是以后经常要碰到的，所有必须尽早掌握。

股票市场每个交易日都在进行交易，买卖双方在交易日完成的第一笔成交价就是"开盘价"。

股票的成交价是在不断变化的，但就每一个交易日而言，股价一定有一个波动的范围，在这个波动范围内，最高的股价就称为当天的"最高价"，最低的股价就称为当天的"最低价"。

通常每天的交易在下午 3 点终止，因此最后一笔成交价就被称为"收盘价"。

由于一些股票的成交量相对小，所以最后一笔成交价很容易受到人为的操纵，因此现在两个交易所都采用了一定的方法来确定收盘价，以避免被人操纵。

目前上海证券交易所的收盘价是采用每天最后一分钟的平均价，也就是将最后一分钟内所成交的总成交额除以总股票数作为当天的收盘价。而深圳证券交易所是将最后三分钟的集合竞价（稍后解释集合竞价）结果作为当天的收盘价。

当天全部成交的股本总数被称为"成交量"。要特别注意的是成交量的概念是单向计算的。比如某股票全天有 100 万股的成交量，这表示当天有 100

万股的股份被卖出，但同时又有 100 万股的股份被买进。成交总是一一对应的，所以成交量的概念只是换手的意思。

股票的买卖是有价格的，所以对应成交量就一定有成交金额，因此成交金额就是成交这些股份所花费的资金。请注意，这里的成交金额也是单边计算的，同成交量的概念一样。另外我们要注意，由于投资者在进行股票交易的时候必须交付一定的税费，所以对于当天参与的投资者来说，卖方拿到的钱要少于成交金额，而买方付出的钱要多于成交金额。

这里假设是以天为交易单位，如果把时间限定在周的范围，那么就会有一周的最高价和最低价，相应的也就有了月最高价和最低价甚至年最高价和最低价。有时候我们还会提到历史最高价和最低价，这是表示某股票从上市以来到目前为止的最高价和最低价。

3. 集合竞价

集合竞价在日常生活中很少听到，但在股票市场上却是每个交易日都要出现的。

每个股票在正式开始交易前都有集合竞价的时段，如果集合竞价有效，那么集合竞价的结果就作为股票的开盘价。

在每个交易日上午 9：15 到 9：25 的 10 分钟是集合竞价的报价撮合时段。在这段时间里，买卖双方分别进行数量和价格的申报，随后由电脑进行即时的自动撮合配对成交。整个撮合成交有三条原则，主要是为了寻找成交量最多的价格。当 9：25 一到，电脑就将最后的集合竞价结果显示出来，这个价格就是当天的开盘价。如果在集合竞价时段内投资者委托的买单价格高于开盘价或者卖单价格低于开盘价，那么都会以集合竞价的结果成交。至于比开盘价更低的买单和更高的卖单，则继续作为有效委托买卖指令单暂时挂在电脑里。

如果集合竞价没有撮合结果，那么 9：30 开盘以后的第一笔成交价就成为开盘价。

在集合竞价的订单接受阶段，即 9：15～9：25 的 10 分钟内，其中的前 5 分钟即 9：15～9：20 允许投资者撤单，但后 5 分钟即 9：20～9：25 不能撤单。

在 9：25～9：30，交易所并不接受任何买卖单子的申报，但券商的系统还能接受，只是投资者报进去的单子并没有送达交易所的电脑主机，而只是停留在券商的电脑主机中，但只要 9∶30 一到，券商的电脑就会将单子传输到交易所参加开盘后的连续竞价交易。

以前在集合竞价时段内投资者是得不到任何信息的，现在这个动态的过程投资者可以通过行情显示端看到。从 2006 年起，沪深两个交易所均实行开放式的集合竞价方式，它是指在集合竞价时段内显示虚拟的开盘价、成交量和未成交量，其中的未成交量是指在该虚拟集合竞价价位上的未成交量，不是所有价位上的未成交量。

4. 停板

投资者在沪深交易所进行买卖申报时是有价格限制的，不是任何价格都可以申报的。这就是现在沪深两市实行的涨跌停板交易制度，实际上就是对当天的报价作一个限制。

对于绝大部分股票来说，报价限制是以上一个交易日的收盘价为准上下各 10%。

比如某股上一个交易日的收盘价是 10 元，那么下一个交易日的最高买进价不能超过 11 元(10 元＋10 元×10%)，最低卖出价不能低于 9 元(10 元×90%)。

有时股价一路上涨到顶就只有买进价（第一买进价就是涨停价）和买盘，但没有卖出价，自然也就没有卖盘。反过来股价一路下跌到底就只有卖出价（第一卖出价就是跌停价）和卖盘，却没有买进价和买盘。这两种情况我们称之为"涨停"和"跌停"。

涨跌幅，除了主板普通股票上下 10%的限制以外，某些特定股票的限制不完全一样，比如带 ST 标志的股票是上下 5%的限制，创业板和科创板的股票是上下 20%的限制(包括带 ST 标志的股票)。主板新上市的股票首日涨跌幅限制为 44%，创业板和科创板新上市的股票首日无涨跌幅限制。

涨跌停板的交易制度并不是一成不变的，原来沪深两市根本就没有涨跌停板，上证指数曾经在 1995 年的"5•18"行情中一天上涨 31%！

不是所有交易所都有涨跌停板制度，像纽约证券交易所、香港联合交易所等就没有涨跌停板制度。

5. 买卖盘

投资者经常会听到买卖盘这种说法。

假如某股现在成交价为5元,那么希望以更高价格卖出和更低价格买进的单子就挂在电脑里,等待价格变动后成交。现在沪深两市传输出来的行情信息是上下各五档的委托价格和相应的委托数量,其排列方式以价格为优先。

所有未成交而挂在电脑里的单子通称为"买卖盘",其中可细分为买盘和卖盘。不过投资者能够看到的买卖盘只有上下最接近的五个价位。

2006年,沪市推出了上下十档挂单的行情软件,但要另外收费,因此现在的免费行情软件还是无法看到十档的行情。

在作了一番分析之后,我认为十档的显示不看也罢,对行情分析基本没有什么影响,投资者另外出钱购买这类软件的意义不是很大。

当投资者要进行买卖交易时,可以通过多种方式向交易所进行报单,这些单子如果没有超出涨跌停板的价位就会被交易所接受,价格接近成交价的话也会在行情显示图中显示出来,但只显示申报买卖的价格和数量(与其他同价位的投资者单子合一起),实际上也成为行情显示的买卖盘。

图4-1到图4-3是买卖盘的三种情况。

图4-1是正常的买卖盘显示,中间的一列数字是委托的价位,右面一列数字是委托买卖的股票数量。一般的行情显示时用"手数"来表示委托数量,这样显示的数字可以小一些,因为1手股票代表100股股票。比如图4-1中第一行右面的数字150就表示有150手股票在等待以5.46元的价格卖出。

股票交易中最小的买进单位是100股,也就是1手,如果在委托指令中出现不足100股的情况将被电脑视为无效指令。不过现在卖出是允许小于100股委托的,甚至可以1股1股地卖出,不过投资者在交易成本上会不合算。小于100股在业内被称为"零股"。

图4-2是股价涨停的特例。因为8.71元已经是涨停的价格,所以是最高的买进价同时也是最高的卖出价。

图4-3是股价跌停的特例。因为4.27元已经是跌停的价格,所以是最低的卖出价同时也是最低的买进价。

炒股从外行到内行(第二版)

```
卖出⑤    5.46      150
卖出④    5.45       83
卖出③    5.43      120
卖出②    5.42        8
卖出①    5.40       13

买进①    5.38      125
买进②    5.37       16
买进③    5.35        7
买进④    5.33      216
买进⑤    5.32       21
```

图 4-1

```
卖出⑤
卖出④
卖出③
卖出②
卖出①

买进①    8.71    235000
买进②    8.70       325
买进③    8.68       201
买进④    8.67       309
买进⑤    8.65        87
```

图 4-2

```
卖出⑤    4.32       45
卖出④    4.30      325
卖出③    4.29      278
卖出②    4.28      361
卖出①    4.27    45612

买进①
买进②
买进③
买进④
买进⑤
```

图 4-3

6. IPO

IPO(Initial Public Offering,首次公开募股)是一个外来名词,在国内原来就叫新股发行,其真正的含义是一家企业或公司(股份有限公司)第一次将它的股份向公众出售。

国内市场只有二十多年,规模较小,因此在未来相当长的一段时间里还会有大量的公司发行新股,然后成为上市的股份公司,所以投资者要熟悉IPO这个新词。

主板新股上市首个交易日涨跌幅限制为44%,第2个交易日起涨跌幅为10%。创业板、科创板新股上市前5个交易日无涨跌幅限制,第6个交易日起涨跌幅为20%。

7. 除权与除息

上市公司在一个会计年度结束以后一般会在公布年度报告的同时提出相应的利润分配方案。如果有盈利而且进行分配,那么会采用多种形式,其中最常用的两种方式是送红股和红利。其中红股是股票,红利是现金。

送红利也称"分红",按每股一定的比例进行,比如每股分红0.10元等。

分红方案中有一个股权登记日和一个股权除息日。在股权登记日及之前持有该股票的投资者可以拿到红利,但在其后买进的投资者没有分红权。

交易所在股权除息日对股价进行除息处理,即调整前一个交易日的收盘价。比如原来的收盘价是5元,分红0.10元后进行除息处理,原来的收盘价就变成了4.90元。

送红股也称为"送股"。

将要送的红利折算为股票送给投资者是一种没有现金流出的分配方法。

比如准备每股分红0.30元,由于每股股票的面值是1元,因此这0.30元就相当于0.3股,送股方案就是每股股票送0.3股,一般在市场上称为10送3,即每10股送3股。

送股的结果是投资者增加了股票但没有拿到现金。

特别要说明的是股票的面值。在公司的资产负债表上,股东的投资额是以股本金计算的,股本金并不是我们现在市场上交易的价钱,而是股本的面值。现在我国的上市公司股票面值都是1元,但也有例外,比如2008年在上交所上市的紫金矿业就是按照面值0.1元发行的。当一家公司进行IPO时，发行的股票是以1元面值计算的，但发行价并不一定是1元，至少到现在为止，在国内还没有出现过1元发行价的股票。不过在国外却有低于面值发行的股票，而且股票的面值也不一定是1元，甚至有0.10元或者几分钱的。比如在香港股票市场上市的紫金矿业就是按照0.1元发行的。

送股方案也有一个股权登记日和股权除权日，除权日的意义与除息日是相同的，即在股权登记日或之前持有股票的投资者获得送股权，之后买进股票的投资者不享受送股权。

在股权除权日这一天，交易所将对前一个交易日的收盘价进行除权处理，目的是保持前后市值不变。

除权价＝原收盘价÷（1＋送股比例）

比如某股前收盘价为13元，送股方案为1股送0.3股，那么

除权价＝13÷（1＋0.3）＝10元

现在分析投资者前后持有的市值。

原来持有1股的市值＝13元

现在1股因为送股而成为1.3股，所以市值计算如下：

现在市值＝1.3×10＝13元。

从市值来看，前后还是相等。

如果上市公司配股，也要进行除权。

配股是增发新股的一种，但只对原来的老股东按一定的比例进行。比如按照10配3的方案，就是每1股老股票可以按约定的配股价格购买0.3股新股。

配股方案中也有配股登记日和配股除权日。在配股登记日或之前持有的股票获得配股权，可以按照一定比例认购新股，之后买进的股票不能认购新股。在除权日这一天，交易将对前一个交易日的收盘价进行除权处理，目的是保持前后市值不变。

假如某股前收盘价为13元，配股方案为每1股配0.2股，配股价是10元，那么

除权价＝（原收盘价＋配股比例×配股价）÷（1＋配股比例）

＝（13＋0.2×10）÷（1＋0.2）

＝12.50（元）

现在我们验算一下投资者前后市值是否一致。

原来持有 1 股的市值＝13 元。

现在增加 0.3 股后由 1 股变成 1.3 股，所以市值计算如下：

市值＝（1＋0.2）×12.50－0.2×10＝13 元。

前后市值仍然是一样的。

8. 暂停上市与终止上市

股份公司上市以后成为上市股份公司，但如果公司达不到某些上市要求，那么有可能会被交易所停止甚至取消上市资格。一般会先停止交易，但还保留一段时间的上市资格，如果在短期内重新达到恢复交易的要求还可以申请恢复交易，如果仍达不到要求的将被取消上市资格，成为退市公司，这种公司的股票以后就不能在交易所进行交易了。

9. 交易费用

买卖股票还要支付一定的费用，我们一般把它称为"交易费用"。

费用①：印花税。

印花税是在交易时上交给国家的税种。

印花税＝成交额×1‰。

就是说投资者进行 1000 元的交易就要上交 1 元的印花税。

印花税的税率并不是一成不变的，以前高的时候达到过 4‰。

费用②：手续费。

手续费是证券公司收取的，同样以成交额为计算依据，不过各家营业部的标准是有差异的，对于不同的投资者也是有差异的，最高可以达到 3.5‰。不过一般网上交易手续费较低，有可能低到 1‰以下。投资者可到各营业部咨询。

费用③：过户费。

这项费用只有上海证券交易所收取，买卖深圳交易所的股票是没有的。

过户费＝成交股数×1‰。

第五章　基本看图知识

想要投资成功，投资者必须学会看图。

这里所说的图指股票市场的行情分析图，基本可以分为两类。一类是以日、周和月为主的行情走势图，另一类是即时交易的走势图。这两类行情图一般在同一个软件中，所以我们首先要弄懂行情分析软件。

1. 行情分析软件

早在沪深交易所刚开张的时候，还没有完整的行情分析软件，当时显示行情只有非常简单的几个数字。后来从中国台湾地区进来的某软件因为没有竞争对手而一举占领了所有的证券营业部，即使到现在每个证券营业部的电脑里还是少不了它，投资者在营业部里也几乎还是全部使用它。当然，现在已经有了很多其他的行情分析软件，有的证券营业部也会在电脑里同时安装一些其他软件，但还是成不了气候。不过在网络上各种软件已经是百花齐放。

所有的行情分析软件的基本功能是一样的。首先是利用交易所每时每刻传出来的交易信息按时间为序进行显示，同时计算一些相应的技术指标。有关技术指标将在稍后重点分析。然后是一些基本面方面的信息，比如宏观经济信息、行业信息、上市公司财务信息以及市场评论等等。

尽管这些软件的功能大同小异，但如果我们稍加注意的话还是会在某些媒体的角落里找到一些此类软件的广告，声称"按照软件的提示进行买卖就可以轻松赚钱"云云，其理由是软件拥有自己的特色，设计的指标效果惊人等等。

其实我们只要提一个问题就能戳穿它。

既然每次都能抓住暴涨的股票，干吗还要辛辛苦苦地卖软件？

有个更简单的结论在本书的前面已经告知投资者：

股票市场没有保证获利的理论。

没有常胜理论，何来常胜指标？

炒股从外行到内行（第二版）

在20世纪90年代初是没有行情分析软件的，所以我自己也开发了行情分析软件，本书的插图基本上来自我的"伟君软件"。当时也曾经有过发明万能技术指标的狂想，现在当然只能作为笑谈了。

希望未来的投资者少走弯路，千万不要相信某些软件声称的特殊功能。软件就是软件，作用都差不多，差异就是方便的程度以及个人的喜好。

2. 即时交易行情走势图

即时交易行情走势图在业内被称为"分时图"。

即时就是动态的意思，即时行情就是每天交易时段内不断变化的行情，所以，即时行情走势图是在不断变化的。

图5-1是一张典型的即时交易行情图。

现在我们来认识一下图中所显示的内容以及各种数据的含义。

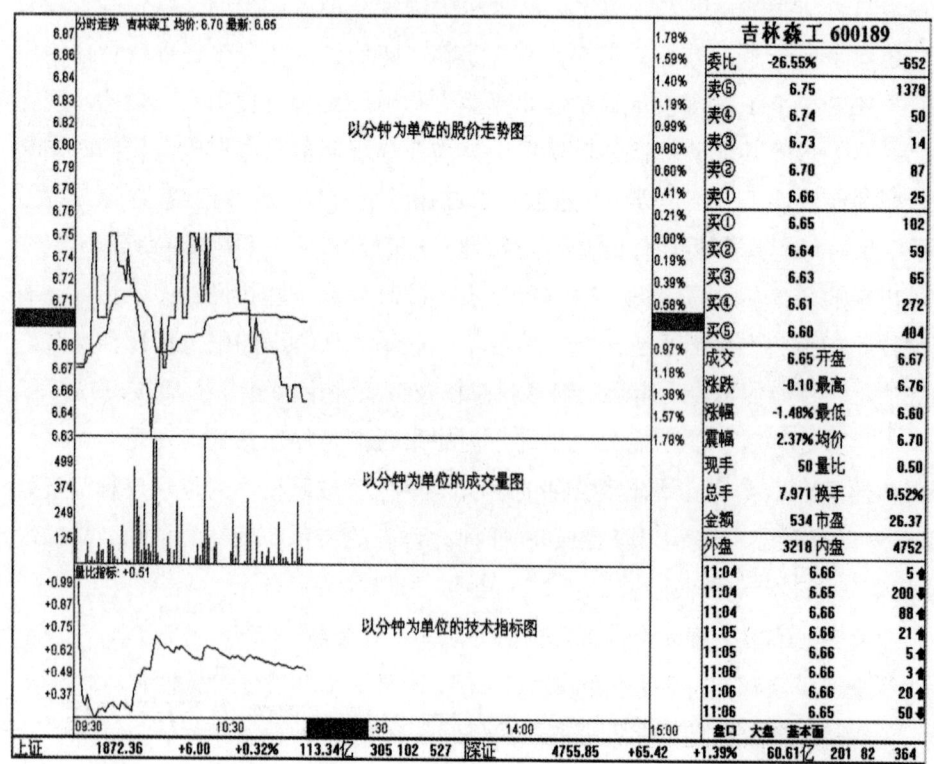

图 5-1

第五章　基本看图知识

　　大图一共有三个部分，上面是股价的走势图，用的是折线，时间是从最左边的 9:30 一直持续到下午的 3:00，中间 11:30 到下午 1:00 交易所停市，所以全图的时间长度是 4 个小时，间隔是 1 分钟。

　　中间是对应股价的成交量，用的是直线。

　　下面是对应的技术指标图。

　　右面最上面的"吉林森工"代表上市公司在交易所交易时的简称，边上的"600189"是公司的代码，每个在交易所交易的品种都有一个代码，当投资者在进行买卖委托时应该输入股票代码而不是公司简称。

　　接下来从"卖⑤"到"买⑤"共 10 行是当前最近的 5 个买卖报价和相应的委托股数。比如第七行"买②　6.64　59"表示在 6.64 元的价位上现在有 59 手的买单在等着成交。关于"手"与"股"的差别在上一章已经介绍过了。

　　"成交　6.65"表示最新的成交价是 6.65 元。

　　"开盘　6.67"表示当天的开盘价是 6.67 元。

　　"最高　6.76"表示 当天到此时为止的最高价是 6.76 元。

　　"最低　6.60"表示当天到此时为止的最低价是 6.60 元。

　　"均价　6.70"表示当天到此时为止的平均成交价是 6.70 元，以成交量作为加权系数。

　　"涨跌　-0.10"表示最新的成交价与上一个交易日的收盘价相比下跌 0.10 元。

　　"涨幅　-1.48%"表示最新成交价与上一个交易日的收盘价相比下跌 1.48%。

　　"现手　50"是表示最近一次传过来的成交量是 50 手，也就是 5000 股。

　　"总手　7971"是当天累计的成交量为 7971 手，相当于 797100 股。

　　"换手　0.52%"表示当天到此时为止累计成交量的换手率是 0.52%。换手率的计算公式是成交量/流通股本×100。现在成交 7971 手而上市公司的流通股本是 15249 万股（通过其他方式可查），所以换手率是 0.52%。

　　"金额　534"表示当天到此时为止的成交金额是 534 万元。

　　"市盈　26.37"表示市盈率为 26.37。市盈率（PE）是一个极其重要的指标，以后我们将会多次提到，稍后再详细介绍。

　　"外盘"和"内盘"是一个比较特殊的统计指标，要说清楚还必须花一些工夫。

最新传过来的成交价是 6.65 元,成交量是 50 手,而目前的"买①"的价格正好也是 6.65 元,所以这 50 手的成交量就被加到"内盘"中。反之,如果现在"卖①"的价格是 6.65 元,那么这 50 手就被加到"外盘"中。这就是"外盘"和"内盘"两个数据的来源。如果最新的成交价既不是"卖①"也不是"买①",那么这次成交的 50 手既不加入"外盘"也不加入"内盘",换句话说"外盘"和"内盘"的数据加起来有可能是小于"总手"的,现在"总手"比"外盘"加"内盘"多了 1 手,这可能是由零股引起的。

"外盘"和"内盘"统计指标最初来源于某软件,原来的设想是反映主动性的多空变化。

以现在静态的方式看,似乎有主动性的卖单以 6.65 元的卖出价申报进去,原来以 6.65 元挂在下面买进单子的就成交了。因为这笔交易的价格比"卖①"还要低,所以就说明卖出的迫切性就更强一些,反之,则说明买进的迫切性就更强一些。市场习惯把买方称为"多方",而把卖方称为"空方",所以"外盘"比"内盘"大就说明多方力量强,反之就说明空方力量强。

这种想法有些是不着边际的。

第一,统计的准确性无从谈起,第二,真正的多空力量并不准确。

我们要清楚,交易所传数据不是一笔一笔传的,而是按一定的间隔传的。比如现在一般的行情传输速度是每分钟 10 次左右,差不多每 6 秒钟一次。前面提到的 10 档行情传输的速度更高一些,可以达到每分钟 20 次,也就是 3 秒钟一次。尽管如此,但如果交易活跃的话,交易所一次传过来的数据极有可能是由多笔交易合在一起的,而最新的成交价也不过是最后一笔单子的成交价,至于前面几笔单子成交的价格我们一无所知。比如本例,假如这 50 手成交中前面 49 手全部是以 6.66 元即"卖①"的价格成交的,仅仅最后 1 手是 6.65 元即"买①"的价格成交,那么其中的 49 手应该加到"外盘"而不是"内盘",真正加到"内盘"的应该只有 1 手,与本例的实际结果差异很大。由于这种情况经常出现,所以"外盘"和"内盘"的统计结果完全不符合初衷,这就使数据的准确性产生了严重的问题。

就算数据统计全部准确,同样无法真正反映多空双方的力量变化。

以本例为例,最新成交价是 6.65 元,就是"买①"的价位。如果在几秒钟前买卖挂单的情况并不是这样,结果就会大相径庭。如果原来的"卖①"

的价位是6.65元，数量是50手，接着出现了一笔主动性的买单以6.65元的价格申报进来，数量是152手，结果"卖①"的50手接单全部成交还不够，还余下102手卖单未能成交，这样传出来的信息也是"卖①　6.65　102"，与本例结果相同。不过传过来的50手应该属于"外盘"而不是"内盘"。

由于这两个方面的不确定性，"外盘"和"内盘"应该是属于没有意义的统计指标，因此建议投资者不要在这种统计指标上多花精力，白白浪费时间。

右边最下面的一个小框有几行数字，比如最后一行：

"11:06　6.65　50"

从左到右的三个数字分别表示：传过来的时间、成交价格和成交手数。

其中中间的成交价格6.65元就是上面的"成交　6.65"，右面的成交手数50手就是上面的"现手　50"。

每次有新的数据传过来这一行数据就会向上移动一次。

在最下面的一行从左到右分别显示：上证（即上证指数）为1872.36点、上涨6点、上涨0.32%、当天累计成交金额为113.34亿元、上涨305家、平盘102家、下跌527家。再向右显示的是有关深圳市场的相应信息。

以上介绍了有关分时图的一些基本概念。由于软件设计的个体差异，有些方面在不同的软件上会不一样，但主要数据是一样的。

这里只是介绍了一些最基本的要点，但分时图中奥妙无穷。几乎每一个喜欢短线的投资者都会对分时图入迷，有关各式各样的短线技术也大都基于分时图。同样这些数据，对于投资者来说其含义可能是完全不同的。我在2006年出版了《看盘细节》，2016年出版了《盘面细节分析》，提倡一种新的分析理念，其中所用到的案例绝大部分依赖于分时图。

对于尚未真正进入市场的投资者来说只要能看懂分时图就可以了，至于其中所包含的深层次意义要等自己有了一定的经历以后才可以试着去理解，到时候才可以阅读较为合适的书籍如《看盘细节》《盘面细节分析》等。初入股市的投资者可以先熟悉静态行情走势图。

3. 静态行情走势图

所谓静态其实是相对于上面动态的分时图来说的。

在交易的时候，投资者一般都用前面讲的分时图。随着交易所不断将新的成交数据传过来，分时图上的数据和连线一直在变动，所以分时图被称为是动态的。而静态的行情走势图是以日、周、月、年为单位变动的，所以被称为静态图，投资者一般是在收盘以后，也就是停止交易以后再用来进行分析的图。

介绍静态行情走势图之前先要介绍一个概念：K线。

图 5-2 是一个 K 线的例子。

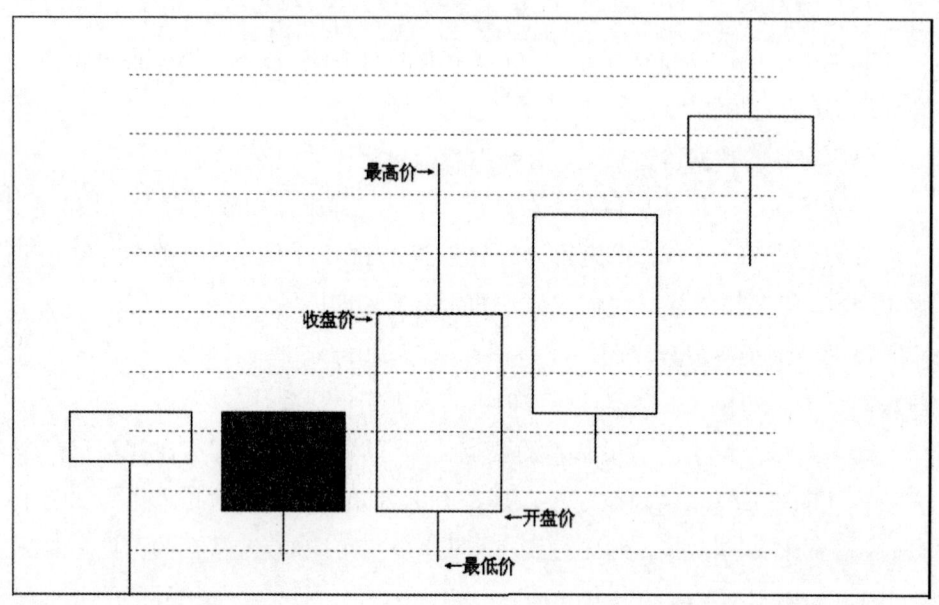

图 5-2

请注意图 5-2 中间一根写有最高价、收盘价、开盘价和最低价的棒状图，这就是著名的 K 线图。K 线图最上面的顶点是最高价，最下面的低点是最低价。由于开盘价和收盘价一定介于最低价和最高价之间，所以开盘价和收盘价一定在中间，分别用横线表示出来，再在中间画出一个矩形。如果收盘价高于开盘价就用空的矩形表示，市场上称之为"阳线"。如果收盘价低于开盘价就用实的矩形表示，市场上称之为"阴线"。

图 5-2 中有五根 K 线，从左数起，第一根 K 线是阳线，特点是收盘价就

是最高价。第二根是阴线，开盘价就是最高价。第三根是阳线。第四根阳线也是收盘价就是最高价。第五根同样是阳线。

对于一些特殊的K线我们还有特殊的称呼。

光头阴线：开盘价等于最高价。

光头阳线：收盘价等于最高价。

光脚阴线：收盘价等于最低价。

光脚阳线：开盘价等于最低价。

光头光脚阳线：开盘价等于最低价并且收盘价等于最高价。

光头光脚阴线：开盘价等于最高价并且收盘价等于最低价。

十字线：开盘价等于收盘价。

锤子线：开盘价等于收盘价等于最高价。

倒锤子线：开盘价等于收盘价等于最低价。

作为一种练习，我们可以试着把这些特殊的K线画出来，结果可以在书后的《附录——练习结果》中找到。

认识了K线以后就可以来认识静态行情走势图了。一般我们把这种图称为静态K线图，或者干脆就称为K线图。根据时间跨度的不同，这种K线图有多种类型，如日K线图、周K线图、月K线图甚至年K线图，现在还有季K线图、45天K线图等等。

我们在一般的讨论中都用日K线图。

图5-3是一张典型的日K线图。

在下面倒数第二行我们可以看到"20060719"和"20061110"两个日期，并且在右下角看到"中国联通"的字样，表示这是一张上市公司"中国联通（600050）"从2006年7月19日到2006年11月10日的日K线图。

整张图从上到下有三张主图，上面一张大图是股价以日为时间单位的K线图，上面还有三条连线，这是以每天收盘价计算的三条平均线，分别是10天、30天和60天均线。

中间一张图显示技术指标的走势，这部分内容将在稍后介绍。

下面一张图是相应的成交量，用柱状线表示，其中还有两根成交量的平均线以连线表示。

三张图只是一种形象化的表述，更确切的数据是通过左面显示出来的。

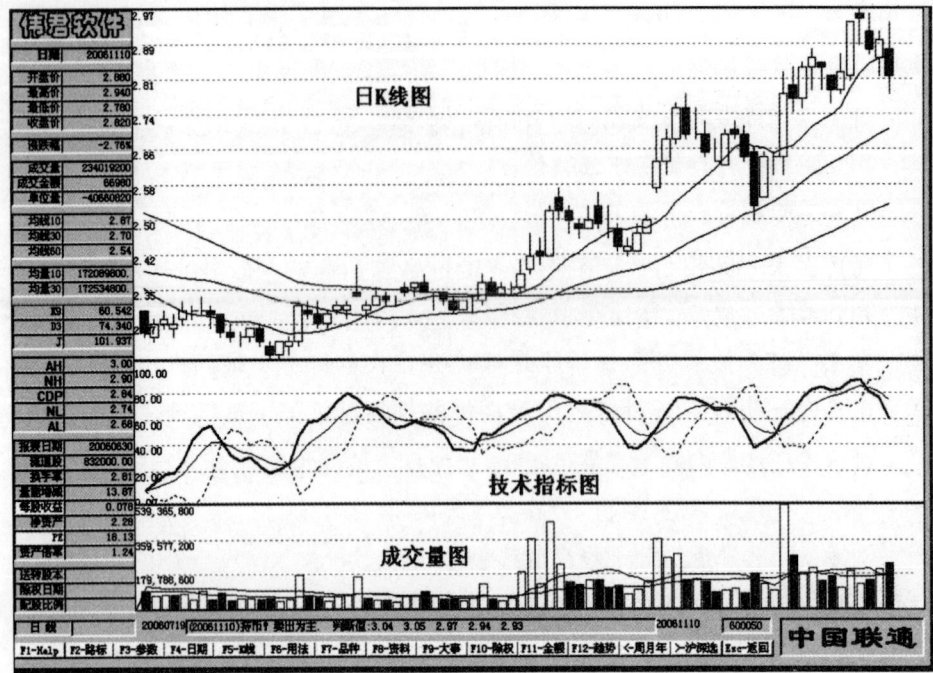

图 5-3

第六章 培养对数字的兴趣

　　做股票会涉及很多数字，除了买卖价格等一些基本数字以外，要了解上市公司也少不了数字，因此即使投资者是文科出身也应该逐步培养起对于数字的兴趣。好在这方面涉及的程度并不深，甚至有投资大家说过"做股票所需要的数学知识不超过小学水平"，所以投资者不必担心自己对付不了。

　　就我个人的经验而言，投资者除非想自己编制电脑软件，否则的话所需的数学知识确实只有一点点，当然要准备一只小小的计算器。注意不是计算机，只是一个能做加减乘除的小计算器就可以了，现在便宜的计算器只要十几元，几十元已经是属于高档的了。不过一些简单的财务知识也是必不可少的，这对于绝大多数没有相关知识的投资者来说是完全陌生的。不过这并不可怕，因为我们只需要了解其中几个常用的财务指标就可以了，而这几个财务指标又非常简单，下面会具体介绍，相信投资者只要花上几分钟的时间就可以记住。

　　掌握一些简单的数学知识和财务指标是非常容易的，但问题的关键还不单单在此。如果投资者希望通过投资股票获得成功，那么我真诚地希望投资者能够从心眼里喜欢这些看似枯燥的数字和财务指标，其中的道理大家可能不一定认同。

　　我始终以为，任何东西，只要你不喜欢，那就会缺乏感知度，缺少敏感性，就像一个不喜欢小提琴的小朋友在父母的威逼下学琴是无论如何也成不了小提琴家一样。所以为了最终拉好这把"股票投资"的小提琴，投资者一定要培养对数学和财务指标的兴趣。

　　以下将具体介绍一些最基本的数学知识和财务知识，看完以后投资者一定会惊讶：原来投资股票只需要这么一些简单的数字！

　　当然，仅仅如此还是不够的，这只是投资成功的一个重要台阶，跨上这个台阶，投资者基本上就可以入门了。

1. 数学知识

在这里我只是假设投资者对数字有刻骨的仇恨，反之则完全可以跳过这一节。

数学基本知识包括加减乘除运算、开 N 次方和 N 次根、算术平均数和加权平均数、百分比、增长（上涨）率和下降（下跌）率等等。

加减乘除是不用说的了，开 N 次方就是乘 N 次。如 5 的 3 次方就是 3 个 5 相乘，答案是 125。开 N 次根的方法用得不多，它只是开 N 次方的逆运算，一般在函数型的计算器上都有这个计算功能。

算术平均数

算术平均数就是普通意义下的平均数，如计算 5 个数的平均数就是把这 5 个数加起来再除以 5。在股票投资中经常会计算平均数，下面是一个计算平均价的实例。

〔实例〕 近五天股票的收盘价分别是 5.15 元、5.18 元、5.10 元、5.30 元和 5.25 元，计算这五天的平均价。

五天均价 ＝ （5.15＋5.18＋5.10＋5.30＋5.25）÷5＝5.196 元

加权平均数

加权平均数用得更多一些，计算也复杂一些，关键是在于每一个数字前增加了一个权。用得最多的是计算加权平均价。

下面是一个计算加权平均价的实例：

〔实例〕 如果 10 元买进 100 股，在 11 元又买进 300 股，在 11.50 元再买进 200 股，那么平均买进价是多少？

加权平均价是以股数为权的平均价，计算如下：

加权平均价 ＝ （100×10＋300×11＋200×11.80）÷（100＋300＋200）＝ 11.10（元）

因为要计算的是以股数为权数的平均价，所以 100、300、200 股的股数就是权数，分母是权数之和。

市场也称这种加权平均价为"平均成本"。

〔练习 1〕 如果 5 元卖出 120 股，5.20 元卖出 100 股，4.90 元卖出 280 股，请问平均卖出价是多少？

投资者自己试着计算一下，结果可以在书后的《附录——练习结果》中找到。

百分比

百分比的计算很容易，上涨幅度和下跌幅度的计算都用到百分比。

具体计算方法是：

$$（上涨／下跌）幅度＝（现价÷原价－1）×100\%$$

如果该值为正则表示股价的上涨幅度，该值为负则表示股价的下跌幅度。

〔实例〕 股价从 12 元上涨到 13 元，那么上涨幅度是多少？

$$上涨幅度＝（13÷12－1）×100\%＝8.33\%$$

〔练习 2〕 股价从 13 元跌到 12 元，那么下跌幅度是多少？

投资者自己试着计算一下，结果可以在书后的《附录——练习结果》中找到。

即使对数学一窍不通，以上这些运算也应该是一学就会的。

除此以外，还有一个比较常用的计算指标是**收益率**。

投资了一段时间，结果到底如何，一般我们用收益率来表示，其计算方法与前面讲的上涨或者下跌幅度的计算方法是一样的。

$$收益率＝（期末资产÷期初资产－1）×100\%$$

如果收益率是正的，那么投资结果是赚钱的，反之则是亏钱的。

〔实例〕 年初投入资金 10 万元，年末清仓后资金为 12 万元，一年的收益率是多少？

$$收益率＝（12÷10－1）×100\%＝20\%$$

年收益率为 20%，也就是获利 20%。

〔练习 3〕 年初投入资金 10 万元，年末清仓后资金为 8 万元，一年的收益率是多少？

投资者自己试着计算一下，结果可以在书后的《附录——练习结果》中找到。

如果期初、期末投资者的手中并不全是资金，还有部分股票，那么可以用股票的收盘价来计算市值，用资金加上股票市值代替资产。

下面我们要计算一些稍微复杂的收益率，如经常会用到的是年平均收益率。

假设期初投入 10 万元，三年后资金为 15 万元，那么这三年中的平均每年收益率怎么计算？

炒股从外行到内行(第二版)

在金融上有一个单利和复利的概念。单利的概念是每年结束以后将利润拿掉，接下来仍然用期初的资金进行投资。复利的概念是每年结束以后不拿掉利润，连本带利继续下一年的投资。单利的特点是每一年的期初资金是一样的，而复利每年的期初资金是不一样的。

如果我们把资金存入银行也看成是一种投资的话，每年的利率就是投资收益率，这种收益率是单利。

比如存三年，年利率是3.5%，那么投资者存入1000元的话，第一年的收益是35元(3.5%)，第二、第三年的收益率仍然是35元(3.5%)，因为计算利息的基数一直是1000元。这样三年下来的资金总额是1000+35×3=1105元。但如果我们在股票市场连续三年的收益率也是3.5%的话，结果就不一样了。

第一年的收益=1000×3.5%=35，资金余额=1000+35=1035元

第二年的收益=1035×3.5%=36.225，资金余额=1035+36.225=1071.255元

第三年的收益=1071.225×0.35=37.493，资金余额=1071.255+37.493=1108.72元

显然，这样下来的总收益108.72元(35元+36.225元+37.493元)要高于存银行的三年收益105元(35×3元)，其中的原因就在于每年投资基数的不同，这种不同就是单利和复利的差异，银行利息的结算采用单利，而在投资中我们一般都采用复利来进行收益率的计算。具体计算公式如下：

单利年收益率=[(期末资金－期初资金)÷期初资金]÷年数×100%

复利年收益率=[(期末资金÷期初资金)开N次根－1]×100%，N为年数。

[**实例**] 某投资者1998年初投资10万元，到2000年底为15万元，年收益率是多少？

先要确定投资期限。本例从1998年初到2000年底一共是整整三年，所以年数N是3。

单利年收益率=[(15-10)÷10]÷3=100%=16.67%

复利年收益率=[(15÷10)1/3－1]×100%=14.47%

[**练习4**] 某投资者在2002年底将11万元投资股市，2006年底全部退出，资金总额为25万元，其年收益率为多少？

投资者自己试着计算一下，结果可以在书后的《附录——练习结果》中找到。

在复利的计算方法中有一个开 N 次根号的计算,太简单的计算器可能没有这个功能。

作为入门类的介绍,本节没有介绍计算投资亏损的收益率。

从计算方法可知,复利比单利的升值要快得多,当然贬值也要快得多,而且时间越长差距就越大。

假设年收益率是 20%,根据单利计算公式,从 10 万元增值到 20 万元需要 5 年,而以复利计算的话只要 3.8 年。

假设期初投资 10 万元,以每年 20% 的收益率获取回报,那么在 20 年以后呢?

以单利收益率计算 20 年后的资金总额是 50 万元。

以复利收益率计算 20 年后的资金总额是 383 万元。

如果是 30 年以后呢?分别是 70 万元和 2374 万元。

如此巨大的差异正是吸引大量资金进行复利投资的关键所在。同时我们也应该清楚地认识到,在获取稳定的复利收益的基础上,时间是另外一个重要因素,只有在若干年后才能体现出复利收益的真正魅力。

投资股票必须做好打持久战的准备。

以上我们讨论了一些在股票投资中必须要用到的比较简单的数学知识,下面将介绍一些财务分析方面要用到的简单而又常用的指标。

2. 财务指标

每股收益(EPS)

这是一个在市场中出现频率相当高的指标,几乎每天都可以在媒体上看到。

市场上交易的每一只股票的背后都是一家上市的股份公司,是一个经营实体,其经营的好坏将直接影响到股票在市场上交易的价格,因此投资者要对公司的基本经营情况有所了解。了解公司最主要的就是业绩,或者说是赚钱还是赔钱,是赚多还是赚少等等,这就是税后利润。由于公司的规模不一样,所以绝对的利润数额无法进行相互比较,必须配合股本大小进行比较,这就产生了每股收益这个指标,简称 EPS。

EPS 计算公式如下:

$$EPS = 税后利润 \div 总股本 \times 100\%$$

也许有投资者对于股本还不太了解。每个公司在成立的时候必须有注册资金以便启动公司的正常运营,对于股份公司来说,注册资金就是股份。现在国内的股份公司每股股份的面值是 1 元,如果注册资金是 1000 万元就是 1000 万股。股份的持有者就是股东,也可以说是投资者。上市公司的股东如果要退出股份只要在市场上进行转让就可以了,这就是我们所说的二级市场交易。

EPS 的意义就是每一股股本赚的钱,这就为大小不同规模的公司设置了一个具有可比性的指标。如果 EPS 是负数,那么表明公司的经营是亏损的,对于亏损的公司,证券交易所有着比较严厉的措施,比如连续两年亏损要临时停牌等等。这些惩罚性的规则经常在变,投资者要时常关注。有些公司因为经营业绩持续恶化而会被勒令退市,这样以后投资者就无法进行公开交易了,而且公司也会有倒闭的危险,投资者就会面临重大损失。

每股净资产

公司的资产分为自有资产和负债两个部分,在资产负债表上表现为负债和股东权益两个部分,而股东权益又称净资产。

负债还可以分为长期负债和短期负债,这部分的资产是属于借来的,包括银行的贷款。

净资产是属于公司全体股东所有,也分为几个部分。其中有一个部分是股本总额,也就是我们经常会提到总股本,但一般来说,总股本不会等于净资产。当一个公司刚刚成立时,净资产中只有注册资金,也就是总股本,所以这时候总股本就是净资产。在公司的经营行为发生以后,就会产生利润或者亏损,因此净资产就会有变化。一般来说,只要公司有利润,净资产就会大于总股本,反之则有可能会小于总股本。

$$每股净资产 = 净资产 \div 总股本 \times 100\%$$

现在所有的公司在发行新的股份时(即 IPO)都以高于面值的价格发行。由于面值是 1 元,所以发行的价格都大于 1 元。已经上市交易的公司在增发股份或者配股时也采用高于面值的高溢价方式发行,这一点投资者必须了解。这样一来,每股净资产这个指标绝大部分是大于 1 元的,只有极少数业绩很差且经常亏损的公司每股净资产低于 1 元。

净资产收益率

统计收益可以从不同的方面来进行，每股收益是每一股股份所获得的收益，但它没有反映净资产的获利情况，而净资产收益率反映的就是净资产的获利能力。

能使公司产生收益的资产来源于两个部分，一是负债，二是净资产。净资产包括股本但大于股本，因此每股收益中的收益有一块其实并不是从股本里面产生的，所以每股收益这个指标有一定的片面性，这样就出现了用净资产作为分母的净资产收益率。计算公式如下：

$$净资产收益率 = 税后利润 \div 净资产 \times 100\%$$

其中的净资产也是股东权益。

与每股收益相比，净资产收益率更能反映企业的盈利能力，相互之间也更具有可比性，因此该指标非常具有实际意义。

市盈率(PE)

以上介绍的每股收益、每股净资产和净资产收益率只是描述上市公司经营状况的几个常用财务指标，但对于投资者来说最终是为投资决策做准备的，所以就不一定全面了。

投资者要投资好公司，以上这些指标当然是越高越好，但各个上市公司的股票价格是不一样的，往往好股票的价格也比较高。

那么如何来判定股票股价的高低呢？必须将交易价格和财务指标一起结合起来判断才可以，其中最常用的一个指标就是市盈率，市场简称为PE，计算公式如下：

$$PE = 股价 \div 每股收益 (倍)$$

如某上市公司的股价为12元，其去年的每股收益是0.30元，则：

$$PE = 12 \div 0.30 = 40 (倍)$$

由于股票每个交易日都在交易，而股价又是在不断变化着的，所以PE也在不断变化，但EPS是一个阶段性固定的指标，所以随着股价的上扬，PE也会不断上扬，反之亦然。

一般来说，股票市场的平均PE在20倍左右，但不同类型公司的PE定位也会有很大的差异。比如小盘股公司(即总股本或者可以流通的股份比较少的公司)的PE往往偏高。科技股的PE通常也比较高，这是因为科技股的业绩可能出现跳跃性的增长。在美国以科技股为主的纳斯达克市场中，PE高达数百倍的也很多，2001年初其平均PE居然达到811倍(据2001年2月16日的《国际金融报》报道)。在我国市场中，高科技股的PE达到100倍以上也不少见。而一些传统行业里面的股票则PE垫底，在10倍以下的亦不少。

以上指标中的前三个财务指标即每股收益、每股净资产和净资产收益率是最常用的。每年上市公司的年报和中报都必须在指定的媒体上公布，其中一定包括这三个指标，每一个投资者都必须熟知。至于其他的财务指标如现金流量、负债率、速动比、内部收益率等等则可以暂时放在一边，等以后需要的时候再研究。

在进入股票市场之前，投资者还必须知道，这些财务指标是已经发生的数据，一旦这些指标公布，市场上就已经对此做出了反应，也就是说市场上正在交易的股价大多数已经反映了这些财务指标的意义。

作为投资者，重要的并不是简单地分析已经发生的财务指标，而是要尽可能地挖掘未来有成长潜力的公司，也就是说未来这些财务指标会有大幅度提高的公司。这是投资者真正能够获得成功的关键所在。

第七章 投资过程

经过前面几个章节的介绍，投资者应该已经初步具备了股票买卖的能力，但这不是股票投资，只是买进和卖出这个过程，换句话说投资者已经可以进门了。

从本章起我们将逐步把股票买卖这个过程提高到股票投资这个高度，让投资者不但进了门而且成为内行。

如果把股票投资理解为简单的买进卖出股票，那么就错了，如果这样认为，投资者可能永远成不了大事。

中国股票市场已经经历了二十多年的成长过程，但绝大多数以为股票投资就是买进卖出的投资者并没有获取多少收益。

股票投资是一种需要耐心和毅力的投资活动，它除了前面所谈到的以外，还需要更多的东西。现在我们来了解股票投资的整个过程，它绝不是拍拍脑袋买卖股票那么简单。

在进入股票市场之前投资者就必须知道：整个股票的买卖过程看上去简单，但其中有很多个极其重要的步骤。

1. 了解大环境

股票投资就是投资上市公司，做上市公司的股东(尽管可能只是一个很小的股东)。因此公司经营业绩的好坏尤其重要，而公司经营好坏又与整个经济环境密切相关，因此所有投资者都必须关注整个宏观经济的形势，还包括公司所处行业的有关行业政策变动等等。

也许投资者会认为这有点小题大做，但绝对是必要的。投资者的资金可能很小，对于整个市场来说微不足道，对于整个宏观经济来说更是不值得一提，但对于投资者自身来说可能就是全部的积蓄，所以绝对不能有任何的大意。

如果宏观经济一蹶不振，那么上市公司的业绩也必然每况愈下，整个股票市场就是"跌跌不休"。这种市场对于投资者来说是应该远离的。

即使宏观经济向好也不一定表明股票市场就蒸蒸日上。从 2001~2005 年，国内经济发展良好，但股票市场却连年大幅度下跌，与经济形势完全背离，其中深层次的原因就是市场对于全流通的预期而并非经济环境。

中国股票市场上原来属于国家和法人的股份是不允许流通交易的，所以总数有三分之二的股份属于非流通股，但流通是必然的趋势，因此从 2000 年起，市场担心这些非流通股进入市场流通，从而颠覆整个市场的供求关系。股票的价格尽管会受到上市公司业绩的影响，但供求关系的影响也千万不可小看。2001 年到 2005 年的这一波长期跌势就是因为市场恐慌引起的供求关系变化。其实上市公司的业绩每年都在增长，但市场的平均 PE 还是在 2005 年达到了超低的 13 倍。这是股票市场的重大政策变化所带来的冲击，所以在认清宏观经济的前提下，还要关注股票市场本身的政策变化。

除了以上两个方面，还有行业的变化。

投资者买的是公司股票，如果公司所处的行业本身在走下坡路，那么公司业绩向好的可能性自然就小多了。有时政府对有关行业的政策变动对上市公司也会有很大的影响。

2. 选定目标股

大环境定了以后就是具体的股票了。

在开始进入市场的时候，投资者没有必要"在一棵树上吊死"，完全可以多选择几只股票进行跟踪分析，至于这些目标股的来源可以有两种。

一种是从业绩出发，选取未来业绩会快速增长的股票。方法有很多种，下一章会详细讨论。

另外一种是从股价走势中选择，选取有可能被主力资金推高股价的个股。方法也有很多种，属于短线交易的策略，一般来说只适合于参与资金较少而且时间又比较充裕的投资者。如果做得好的话，这种选股方法可以获取较大的收益，使小规模的资金在相对短的时间内实现快速增值，但当资金增值到一定的规模以后就不能再用这种方法了。本书后面有较多篇幅讨论这个问题。

3. 对目标股进行分析

目标股选出来以后再进行详细的分析和研判。

投资者一定要记住自己是在进行投资，所以案头工作做得越仔细越好。大机构比如基金公司在真正买入一只股票之前要进行多重的论证，研究员出具的详细报告仅仅是起点。作为普通的投资者来说，尽管资金的数量无法和大机构相比，但这些资金对于投资者个人仍然是一大笔钱，所以在正式下决定前还是要慎之又慎。

分析目标股应该从多个方面进行，比如公司的基本面。基本面是一个市场习惯的说法，它包含公司的经营情况、股本情况、大股东持股情况、资产重组情况等等。还有公司的技术面。技术面又是一个市场的习惯性说法，主要表示公司股价在市场上交易的情况，如成交是否活跃、波动是否大、是否有主力在其中运作等等。

具体的分析方法并没有统一的说法，投资者可以自己制定，而且可以不断修改，目的只有一个：最大限度保证投资成功。

4. 建立或更新股票池

投资者要将通过分析研判的股票放在股票池中作为投资的目标。

由于不断会有新的目标股通过分析研判，而且有些在股票池中的股票会因为某些原因而失去投资价值，所以投资者要经常更新股票池。

股票池只是一个形象的说法，但这种池却是近年来在机构投资中必备的。

以上四个步骤完成以后，投资者就可以进入买卖状态了。不过这四个步骤却并不是很容易就能完成的，特别是其中的第二和第三步是投资成败的关键所在，也就是说选择好股票是重中之重。

下面的各章内容都将围绕"选股"这个超级主题来进行，如果投资者能够吸收以下各章的内容，那么我相信成为"内行"已经不是空话了。

第八章　基本面分析入门

林林总总的股票投资理论其实都是探讨如何选股的难题，其中可以分成两种类型，或者说可以分成两种不同的选股方式。

方式①：按公司的基本面选股。

方式②：按股价的技术面选股。

根据公司基本面进行选股是一种非常有效的方法，很多投资理论都与此有关。这些理论都认为：既然投资标的是上市公司，那么公司的发展前景才是主要的，只要公司的前景看好就可以投资。以这种选股方式进行投资的特点是风险相对比较小，但获取收益的时间可能会比较长。

根据股票的技术面进行选股是属于技术派一类，这类理论更看重股价交易中市场的供求关系，毕竟市场供求关系的变化也会改变股价的运行趋势，至少在短期内会影响到股价。根据技术面选股的特点是风险相对较大，但收益也比较大而且时间比较短。

对于资金量达到一定规模的投资者来说，主要还是应该以基本面为主，但对于资金量比较小的投资者来说，如果仅仅依靠长线的基本面进行投资也许可以获得一定的收益，但很难在较短的时期内获得本质性的突破。

从另一个方面来说，选股就是寻找好股票。由于获取回报的方式有两种，所以也就出现了两种关于好股票的定义。

定义①：相对分红回报高的就是好股票。

定义②：股价上涨的就是好股票。

其实这是从投资与投机两个不同的方面来定义的。

对于以投资为主要目的的投资者来说，买进股票就成为了上市公司的股东，一般持有的期限比较长，因此每年的回报主要靠上市公司的分红，市场上交易价格的变动并不具有实际的意义。因此以投资者买入的成本计算，分红回报率的高低就是股票好坏的判断标准。

比如投资者买进股票的成本是每股5元，每年上市公司分红后的税后收益（目前中国股票市场要交纳20%的红利所得税）是0.30元，那么分红回报率为6%（0.30÷5×100%＝6%），差不多比银行的一年期利率高了两倍，应该是比较高的回报，所以投资者如果预计下一年依然有这样的分红水平甚至更高，那么就继续持有。

但有相当一部分投资者对于这种靠分红获取回报的投资方式不屑一顾，因为这种方法很难使投资者在较短的期限内获取较大的收益。

上市公司的股价由于不断会受到多重因素的干扰，所以变化比较大，这样就出现了一种仅仅通过股价的涨跌来获取差价收益的所谓做差价的投机方法。对于用这种方法投资的投资者来说，上市公司仅仅是一个可以在市场上交易的符号，只要未来股价上涨就买进，股价下跌就卖出。

比如投资者判断某股股价要上涨，就在5元的价位买进，某天上涨到6元，投资者认为股价要下跌便在此价位卖出，获取的利润是20%（（6－5）÷5×100%＝20%）。由于股价波动的幅度有时候会很大，所以这种做差价的方法受到不少投资者的喜欢。

对于靠分红获取回报的投资者来说，上市公司的内在价值是必须重点研究的对象，属于基本面选股类。对于做差价的投资者来说，揣摩股价的走势是关键所在，只有准确地把握了股价的运行轨迹才有可能获取其中的差价，才能完成"高抛低吸"的理想目标，这是典型的技术派。

很难说这两种方法到底哪一种更好，因为做股票还涉及投资者的个人性格等一系列其他因素。实际上在市场中这两种方法往往是一起使用的，我认为必须将这两者有机地结合起来，才能更好地适应现在的市场。

如果投资者只是将股票投资作为组合理财的一个部分，那么可以采用获取红利的稳健方法，这种方法只需要及时跟踪公司的基本面情况就可以了，买卖操作的频率比较低，基本上不会影响投资者的正常工作。

如果投资者希望在有生之年挤入富裕阶层而且手头资金又不是很多的情况下，做差价就不失为是一种较为快捷的方法。如果我们现在随便找一个完全从股票二级市场起家的成功者，一定会发现这个人在早期的投资生涯中几乎完全是靠做差价才完成资产的快速增值的。当然，这种方法的风险很大，因这种方法在市场上彻底失败的投资者不计其数。所以现在的投资者想通过这种方法快速实现资本的原始积累也要花费很大的精力，但我们可以对这种方法做一些调整，使它更适应现在的市场，更大限度地避免被市场消灭的下场。

由于市场已经越来越成熟，所以投资者也要成熟起来才能进入市场，否则的话无疑会成为他人的盘中餐。

其实即使是现在的大机构投资方式也很难确定是哪一种类型，但可以肯定的是，完全以拿红利为主的机构是没有的，但完全靠做差价进行投资的机构也是没有的。现在市场盛行的投资方法其实已经是这两种方法的结合，就是在研究上市公司基本面的基础上做波段差价。当投资者的资金积累到一定的时候这种方法是比较合适的。

先看一看现在一些大机构特别是基金的投资运作方式。

第一步：由各分行业的研究员进行上市公司基本面的研究，在此基础上对于有投资价值的公司写出投资报告以及买卖建议书。研究员不单要提出可以买进的股票，同时还要对已经买进的股票进行跟踪并及时提出卖出建议。

第二步：各研究员将自己认为值得投资的公司在部门的分析会议上提出，最终形成部门的投资项目。

第三步：各研究部门将各自选出来的投资项目在公司层面的分析讨论会议上提出，最终形成公司的投资项目并放入公司的股票备选池。

第四步：公司层面的决策委员会对股票备选池的项目进行论证，最后确定实施的项目。

第五步：公司领导层对欲实施的项目签署买卖指令单。

第六步：买卖指令单到达交易员手里并实施。

普通投资者没有这么繁杂的过程，不过大致几个步骤还是免不了的，如寻找好股票，然后选择合适的价位买进，最后在适当的价位卖出以实现盈利等等。

接下来我们将详细讨论这个过程的个人操作方案。

第一步：寻找好股票。

沪深两个市场现在已经有4000多家上市公司，以后会更多。对于我们准备进入市场的普通老百姓来说，由于资金比较少，只要能找到一两家好公司就可以了，但如何从这数以千计的公司中去寻找呢？如果投资者由于某种原因(比如自身是该公司员工等等)恰好了解这家公司的情况，而这家公司又确实不错,当然再好不过。这里假定投资者本身并没有这方面的资源,因此寻找公司就只能通过媒体。有几种方法可以试一试。

方法①:阅读三大证券报。

现在市场上影响最大的证券报是《上海证券报》《证券时报》和《中国证券报》,它们的特点是刊登的内容比较真实。如果投资者觉得订阅这些报纸比较麻烦的话也可以通过网上进行阅读,这些报纸都有网络版,内容与纸质报纸几乎一样。

其实对于寻找好公司来说只要关注报纸上几种类型的文章就可以了,比如《行业分析》《公司深度报道》《公司投资价值报告》等等。对于每天都充斥各报的个股点评或者个股推荐之类文章一般可以忽略,因为光靠几句话是说明不了什么问题的,除非这样的文章字数在 1000 字以上。

三大报纸加起来的信息量并不小,对于资金不多的投资者来说其实已经够了。

方法②:专业的证券网站。

上网现在已经非常普及了,不少投资者在上班的时候都一直挂在网上,因此可以利用网络信息寻找好股票。不过由于网络信息的真实性往往难以保证,所以投资者只能上一些比较专业的证券网站或者财经网站,一般可以先多看几家网站然后从中进行挑选。

有些网站会提供一些比较专业的服务但要收取一定的费用,投资者可以根据自身的情况进行选择。

方法③:行业信息。

有的投资者本身在某行业工作,因此具有本行业的信息资源。比如在化工厂从事销售工作,对于化工行业产品的价格波动非常了解,从而掌握化工行业的动态,也了解行业内有关上市公司的经营情况,对于寻找好公司非常有用。

对于没有行业资源的投资者来说,可以关注与大众接触较多的行业,比如化妆品行业、电脑行业、食品行业等等。

如果通过媒体或者网站投资者注意到了某一个行业,但这又是一个比较专业而且离老百姓生活比较远的行业,这时投资者可以通过网络了解行业的基本情况。

方法④：政策信息。

某些政策的推出或者改变会对相关上市公司产生较大的影响，所以投资者应该关心政策的变化。至于这些信息从各个媒体都可以得到，但往往会晚一些。

通过以上一些途径投资者是可以找到一些潜在的好公司的，不管投资者是以哪种方法找到这些公司的，但这些公司应该具备以下特征。

特征①：公司所处行业前景看好，而公司又是行业内的领袖型公司。

当整个行业蓬勃向上发展的时候带来的总是相关产品价格或者是量的提升，作为行业中的龙头公司必然会分享到其中的成果。比如前几年房地产行业的发展就带动了相当一批房地产股取得了相当不错的业绩增长，在市场上的表现就是股价的不断上涨。

特征②：公司进入良性发展期，业绩将每年有一定幅度的增长。

特征③：公司前期投资的项目开始产生效益，业绩跳跃式增长。

上市公司往往是通过新募集资金以后进入市场流通交易的，还有不少已经上市的公司在市场中再次融资。这些新资金一般会投资于前景看好的项目，但会有一个投资建设期。在投资建设期内，由于新募集资金是通过增发股份完成的，所以在募集完资金以后公司的总股本会增加，而募集资金又难以很快产生效益，因此体现在 EPS（每股收益）这个指标上就是下降。由于市场经常用 EPS 进行比较，所以在募集完资金以后似乎上市公司的效益下降了，随之很有可能股价也会回落。如果过了一年或者两年，投资的项目开始出效益了，那么就存在一个业绩跳跃式增长的预期，这是一种相当安全的选股办法。

有一点要注意的就是，如果当初以为前景很好的投资项目到了真正完成时，却发现市场已经发生了变化，预期利润大打折扣，这就不再是机会了。

特征④：公司经过资产置换后提升业绩。

资产重组在股票市场上是一个永恒的话题，它可以给上市公司带来脱胎换骨的变化，但也有可能使公司滑向深渊。

资产重组只是一个笼统的概括性说法，有多种形式。但不管怎么变，上市公司本身的经营方式和方法必将会有一个巨大的变化，掌握这一点就知道什么叫资产重组了。

我国市场上通过资产重组获得新生的公司相当多，往往会给投资者带来巨大的收益。

特征⑤：某种因素形成的市场热点，其中的代表性公司。

也有某些不属于业绩增长的因素也能够使股价出现大幅度的上涨。

2006年，中国金融期货交易所成立，并在当年11月进入模拟交易，舆论普遍认为真正的指数期货交易将在2007年初开始。在此预期下，市场各方开始哄抢沪深300指数中的成份股，目的是在以后的指数期货交易中掌握话语权，这就导致两市市值最大的工商银行(601398)连续上涨，但这并不是说该公司的业绩将在未来几年将大幅度增长，这就是典型的题材因素。但不管怎么说，这种因素将导致短期内股票的供求关系出现不平衡，使股价上涨。

通过一些公开的信息，根据一些基本面上的特征，投资者也会像大机构那样选中一批股票，也许只有两家或者三家，参与资金不多的话也用不着很多备选股票，但也不能只选一家，毕竟不能确保一定成功。

通过以上这些步骤，投资者已经建立了一个自己的股票池，这些公司由于种种原因都有业绩增长的可能，接下来的第二步就是确认合适的买卖时机和价位。

第二步：确认买入时机和价位。

也许投资者会说，好股票总会涨的，只要买进持有就行了，其实这样做会有很大风险。

并没有绝对意义上的好股票，我们所谓的好股票就是未来股价能够上涨的股票。如果现在股价已经非常高，那就表明该公司未来的业绩增长已经在股价上得到体现，通俗地说就是其他很多投资者对此也很清楚，这就是市场上所讲的"股价透支"。所以对于股票池中的股票，我们还必须探索它的合理买进价。

除了绝对价位以外，买卖的时机也很重要，因为供求关系会影响到股价的运行。比如股价已经上涨了一倍，但未来两年业绩还将大幅度增长，按行业平均PE（市盈率）计算，股价仍有较大上升空间。但现在获利筹码非常多，在其他因素（如市场整体下跌、年底结账等）的影响下，这些筹码会部分兑现，从而造成筹码供应过多，导致股价下跌。尽管最终股价会回升甚至创出新的高点，但能够买在更低的价位就能获取更大的收益，对于投资者资产的快速增长将起到重要的作用，所以买卖时机很重要。

在具体的买卖过程中，时机是第一位的，价位才是第二位的。

具体操作中，首先要定一个静态的基准买进价位，然后观察它的动态价位并确定买进时机。

比如静态计算某股票明年业绩增长后的业绩可以定位 6 元，那么现在 5 元的价位应该是可以买进的。但这只是一个静态的定位，所谓静态就是只考虑未来市场而不考虑当前市场的定位。回到现在的市场，如果股价处于下跌趋势中，或者股价已经上涨很多，获利筹码过多，那么最好再等待一段时间。至于具体的买进时机则可以观察股价的变化，如果股价继续跌到更低的价位比如 4.5 元，那么只要市场不再有恐慌性的下跌就可以买进了，比原来更低的价位买进并持有意味着未来有更大的收益。

我们可以把市场上买卖股票的人简单分成两类，一类是为自己进行投资的真正投资者，这类投资者拿自己的资金进行投资。另一类是行业的打工者，他们买卖股票用的是他人的钱，如基金公司、QFII、法人机构的员工。本书是为真正的投资者而写的，所以特别要提醒投资者确认买进时机和价位的重要性。时机选择不当的结果就是股价在投资者买进以后下跌，造成账面亏损。尽管未来股价会上涨，但任何事情都有不确定性，我们无法保证上市公司的业绩一定如我们所预期的那样出现大幅度增长。而且股价下跌带来的被套感觉也会极大地影响到投资者的心态，毕竟这是自己的钱。对于机构的员工来说，由于投资行为经过层层审批，任何一个人的责任都很小，即使亏损了也与自己的存款没有任何关系，最多只是奖金少一些而已。

再次强调，我们必须认真选择每一次买进的时机和价位。

第三步：确认卖出时机和价位。

卖出时机和价位的确认同样也是一个动态的过程。

公司基本面的变化有时候会持续好几年甚至更长，因此投资者开始的时候一般只有一个大概的时间概念，对于最终的定位也必须紧跟市场。

股价的定位从根本上来说是受到基本面的影响，但如果市场处于高潮期或者低潮期，那么股价的定位会相应偏高或偏低，市场的平均 PE 也会有不同的变化。因此在确定卖出的时机和价位时同样也以时机为第一位，但这里指的时机除了市场以外还有公司本身的因素。

合理的退出时机是公司业绩的大幅度增长暂时告一段落时。

炒股从外行到内行(第二版)

举个例子，如果某公司的业绩由于某些原因在 2007 年出现一次快速增长，但随后公司一直维持这样的业绩，也就是不再增长但也没下降，那么一般来说在 2007 年的年报出来之前就要考虑退出了，年报的利好因素一般会提前在市场中反映出来，股价也会提前到位。

买卖时机和价位的选择尽管与公司的基本面有关，但更多还是与市场因素有关，投资者可以通过后面的章节来逐步掌握分析市场的一些基本方法和手段。

现在我们讨论的似乎是一次买进和卖出的时机价位选择。的确，对于大资金的运作来说就是这样，然而对于小额投资者来说这样是不够的。

假如某股在三年内从 5 元涨到 7 元，上涨幅度近 30%，对于机构来说这是一个不错的选择，但对于小额投资者来说应该就是失败了。

股价的上涨过程相当复杂，所以涨涨跌跌是很正常的，其间会有比较大的下跌调整过程。如果投资者能够抓住这些下跌机会先卖出然后再在相对的低位买回来，显然可以增加获利的机会。如果多几次这样的进出，那么收益就要高得多。一些历史资料也表明，就算是市场指数不涨不跌的相对平衡市，作为小额投资者来说三年翻一倍是相当保守的估计，如果遇到像 2006 年这样的超跌回升大行情，一年是完全有可能翻两倍的。

既然投资者要从选中的股票中获取利润的最大化，那么在对备选股进行基本面上总体的分析判断以后，还必须把握住其股价的波段运作时机。对于尚未真正进入市场的投资者来说，开始的目标也许只是找到好股票，但对于期望成功的投资者来说，必须要用各种方法、理念和手段来解决后一个问题，即把握个股的波段。如果能够在这个问题上有所突破，相信随着时间的推移，投资者一定能够在自己仍然相对年轻的时候就获得成功。

股价的波段运行同样依赖两个方面，一个是基本面，一个是筹码的供求关系，也就是技术面。在本书的后面部分将介绍目前在市场上流行的各种有关技术面的投资理论，以期投资者对这些经典理论有一个本质上的了解。

这里先讨论基本面的影响。

当投资者选中一个股票的时候一定是有基本面方面的原因，而这个原因最后成为结果则需要不短的时间，比如一年两年甚至更长的时间。当投资者在合适的价位买进以后总体上是应该等到原因成为结果的那一天。但前面已经说过了，这样的话可以保证资金的增值但还无法保证超额收益，因此必须抓住其中股价回落的机会多做几次。

这里我们先讨论如何抓住股价因为基本面而回落的机会。

假设某股由于某个新项目的建成投产将会使后年的利润大幅度增长，EPS从现在的0.15元提升到0.40元，目前股价3.5元，PE为20倍，预期PE为8.75倍，该公司所在行业平均PE为22倍。

显然，目前3.5元的价格值得投资，投资目标是持有两年，或者在两年之内股价提前上涨到未来的22倍PE，即8.8元（0.40×22＝8.8）。

如果投资者买进以后每天就是看一下股价是不是到了8.8元，那是非常不负责任的，因为公司的新项目还在建设当中，谁也不能保证一定建设成功，而且在新项目建成之前，产品的原料和价格都会在两年内不断变化，也许原材料的成本会上涨，或者产品的价格会下跌，这些因素都将对公司两年后的预期业绩带来影响。有些项目原来是非常赚钱的，但几年后就会成为亏损项目，所以投资者要持续跟踪新项目的行业收益情况。当然，也有可能到时候的业绩比自己当初预期的还要好。不管怎样，投资者必须关注这方面的行业变化。

另外一个主要的观察点是公司的有关公告和报告。

尽管新项目还没有建成，但有时候会由于某种原因引起市场的关注。比如新项目所属的行业出现的一些积极变化，或者是政策性的或者是市场需求性的，一般来说这些变化以好的居多，因为上市公司当初投资新项目的时候本身也对市场做过充分的调查。现在这些变化会引导市场注意到这家公司还在建设中的新项目，在各大证券媒体上会出现一些推荐性的文章甚至较大篇幅的投资研究报告，而股价在买盘增加的推动下会上涨。然而毕竟新项目还没有完成，公司的当前业绩还无法支撑过高的股价，加上一些技术面的因素，一旦市场的热点转移之后股价就会下跌。

综上所述，基本面变化带来的机会，是增加收益的极好时机。

投资者对公司的研究应该比绝大多数的市场参与者更细，因此在市场热捧的时候可以在技术面的确切提示下果断卖出。在市场热点转换之后耐心等待股价的回落并再度买进、继续持有。

这种方法中有一点要注意，第一次买进是3.5元，随后假设在4.8元卖出，然而回落后的股价很可能跌不到3.5元，因此再买回来的价格可能会比原来的买进价格高，这是因为经过一次市场的换手，公司未来的成长性被更多的投资者所了解，随着新项目建成日期的临近，股价也会逐渐向未来的定位靠拢。

市场中有很大一批投资者是彻头彻尾的短线客，他们的投资特点就是快进快出，紧跟市场热点。当我们手中的股票成为市场热点以后就会吸引相当一部分短线投资者，一旦热点转移这些投资者的筹码就会出来，也许其中的一部分筹码并没有获利，但对于短线投资者来说卖出亏损的筹码是常有的事，因为他们对股票的基本面了解实在有限，长期持有心里没底，更何况一旦长期持有就失去了短线出击的子弹。

所以投资者一定要在长期看好的基础上抓住市场上短线投资者参与的时机适当卖出做空，这样才能在同一股票上获取更大的收益。

基本面上变化是非常多的，投资者绝对不能忽视其中的任何一个变化。

请记住：当我们已经在一家公司上花费了很多精力后，一定要设法把钱赚足。

上面的例子中多次提到了技术面，这同样是相当重要的一个方面。当股票成为市场热点时，要选择一个相对的高位卖出绝不是一件容易的事。假如卖出以后股价继续上涨，那么即使以后股价回落，也可能在投资者卖出价之上。要做好这部分工作必须对于技术面有深刻的了解。

经过前面三个步骤，投资者应该可以通过基本面方法完成一次完美的投资过程，其中最重要的无疑还是第一步——选股。通过分析我们已经知道了选股的关键在于公司业绩的成长性，因此这里还要再深入分析公司成长性的判断方法。

上市公司业绩增长的方式有各种不同的形态，根据这些不同的增长方式，我们可以制定出不同的估值选股策略。

估值选股策略一：业绩静态增长。

如果一家公司业绩的增长完全是依靠自身的主营业务，那么我们可以把这种公司的业绩增长称为静态增长。

比如公司通过上调产品销售价格从而带动业绩增长，这就是静态增长的典型。再比如公司通过扩大产品的市场占有率从而带动销量上升，最终促使业绩上涨也属于静态增长，还有推出新的升级产品等等。不管通过何种形式，只要业绩的增长是通过主营利润增长得来的就属于静态增长。

静态增长是一种最常见的业绩增长方式，可以说绝大多数公司都是通过静态增长的方式进行发展的，所以也最容易在研究报告上看到。

静态增长有两个特点。

特点①：增长幅度一般不会很大。通常在30%以下，但只要超过20%就会引起行业研究员的关注。

特点②：报告有一定滞后性。当我们看到业绩增长时股价往往已经上涨，业绩效应已经在股价中得到了体现。

由于股价对于20%以内的业绩增长不会有很大的反应，所以即使达到30%的增长我们也不要轻易选择，这样做只是为了降低风险。另外作为最普通的投资者，我们看到的研究报告无疑是最普通的，一些好公司的研究报告肯定早已在特定的范围内传阅，相当一部分先知先觉者已经在前期介入，股价也有了一定程度的上涨。因此这类业绩静态增长的公司是很难让我们下决心投资的，毕竟上涨后的股价可能已经吞噬了未来可能的上升空间。

当然，如果经过了一系列估值选股过程之后觉得结论依然可信，但股价已经有一定的涨幅，那么我们还是可以将它列入候选名单并保持关注。一旦由于大盘下跌等某些原因促使股价回落，那么只要价位合理仍然可以进行投资。

其实这类业绩静态增长的公司并不是我们最希望寻找的，除非实在找不到更好的公司，因为经验告诉我们，总会有人更早地找到这些公司，从而抢在我们的前面介入。

估值选股策略二：业绩动态增长。

除了通过本身的主营利润增长达到业绩增长以外，上市公司还可以通过其他非主营业务提高自身的业绩，这种方式可以称为业绩动态增长。

比如一家公司原来以番茄酱为主营业务，但后来增加投资了化工行业，导致公司总的业绩大幅度上升，这就是典型的业绩动态增长。

与静态增长方式相比，动态增长方式有几个不同的特点。

特点①：动态增长的等待时间较长。

业绩静态中的涨价等方式可以起到立竿见影的效果，但业绩动态增长是一次重大的新行业投资结果，所以耗时较长。也许在投资前由于要融资等会引起市场的关注，但当一年甚至数年以后投资完成产出效益时已经被市场遗忘。

特点②：动态增长的幅度可能会相当大。

一般来说静态增长很难有大幅度的提升，但动态增长却有可能会带来质的变化，比如一家微利的公司或许会一跃而成为绩优公司。

特点③：动态增长有可能是一次性增长。

新的投资项目全部完成以后，公司的业绩尽管突然得到了大幅度的提升，但随后的业绩却有可能不再继续增长，即使以后再增长也应该属于静态增长范畴。

对于普通投资者来说，业绩的动态增长比静态增长更具有吸引力，因为当这类公司的业绩得到提升时很容易被市场忽略，而且业绩增长的幅度会比较大。当然，各大机构的行业研究员绝不会放过它。但较大的股价上升空间还是能够保证我们获取部分利润。

不管怎么说，研究员的分析报告必然会重新提醒市场注意这家公司，所以我们只能牺牲一些时间，在更早的时间提前介入，等待市场被研究报告唤醒的那一天。

由于动态增长很可能是一次性的，所以一旦业绩增长实现以后，如果没有静态增长的能力，那么新的估值必然会趋于合理，这时我们就不应该再留恋其中了。

估值选股策略三：业绩跳跃增长。

前期我们分析了公司业绩增长的两种方法，一种是靠原有主业的增长（静态增长），一种靠新项目的业绩增长（动态增长）。动态增长方式的特点是本身的主营业务还在。如果原来的主营业务大幅度减少或者干脆全身退出，而公司以后的业绩增长完全依赖于新的业务，那么这种业绩增长的方式可以称为业绩的跳跃式增长。

判断公司业绩是否跳跃增长要注意以下几个特点。

特点①：新旧业务之间关联度很低甚至毫不相干，前后业绩没有可比性。

特点②：新业务的收益远高于旧业务。

特点③：公司有合理的业务转型理由。

比如一家公司濒临连续亏损的窘境，随后被置换成新的其他资产，只要新进的资产盈利水平较好，就形成了业绩的跳跃增长，这种类型往往发生ST公司(满足某些条件的公司被冠以ST的字样，比如连续两年亏损等等)中。

由于公司前后判若两人，所以只要公司未来的业绩有跳跃式的增长，我们就可以在此跳跃增长发生前买进。这样做其实是买进了另外一家好公司，也就可以顺利获取前后两家定位不同的公司之间的差价收益。

这类公司的跳跃式发展一般历时较短，不会多于两年，大多在一年之内，有的甚至只要更短的时间，而股价的上涨幅度则有可能达到数倍。一家静态增长的公司即使业绩再好也很难在这么短的时间里让股价以如此速度上涨，因此这类公司应该是那些更愿意冒一些风险的投资者所关心的重点，它有可能使我们在相对短的时间里获取相当大的收益。

由于这类公司一般都有被ST的经历，因此之前的股价都比较低，其中的一个重要原因是一些大的投资机构，比如基金之类，很少买入ST股票，尽管他们的研究员对此也有所了解。这样在公司脱胎换骨前股价上升的速度会比较缓慢，能够让我们有足够的时间进行分析和判断。

这类公司的风险是比较大的，有些公司自身已经难以维持，如果资产重组失败的话可能就会面临退市甚至倒闭的风险。这里充分体现了股票市场中"收益大风险也大"的特征。

还有一点要注意：当跳跃式增长完成以后，公司的业绩很有可能不会再增长。如果再增长也可能只是静态增长。

当然，从基本面出发选择上市公司的具体方法会有很多，前面也只是谈了一些个人的想法，投资者不必拘泥于某一种特定的方法，完全可以放开思路，只要是适合自己的就是好方法。

也许有投资者会提出这样一个问题："如果我随便指定一家上市公司，该如何去判断它的投资价值？"

有关如何判断一家上市公司的价值是另外一个方面的问题，其中涉及很多财务知识，而且真正有效的方法恐怕到现在为止还没有定论，投资者有兴趣的话完全可以阅读有关这方面的专业书籍，不过我认为普通投资者大可不必在这上面花大力气。现在真正在做这方面工作的主要是行业研究员，但也并不是只靠以往的财务报告，一般是对公司的整体经营进行研究。对于普通投资者来说，行业研究员的很多报告都会通过报刊或者网络的渠道流入市场，只要拿来就可以了。也就是说，我们的选择范围中应该包括研究报告这一部分，应该充分享受他人的劳动成果，这也是社会资源共享的一种体现。

现在我们已经讨论了一些通过公司的基本面进行选股的方法，但不可否认，一定会有相当一部分投资者认为这样选股难以实施，有些行业性的东西可能永远也搞不懂，因此就希望直接通过K线图进行投资，做一些波段操作，这就是纯技术操作方法。

不论投资者是做长期投资中的波段操作还是做纯技术性的波段操作，都离不开K线图，因此就出现了形形色色的用于类似图表分析的所谓技术分析方法。

从下一章开始将介绍和讨论各种常见的技术分析方法。

第九章　经典理论概述

从世界范围来说，股票市场的发展已经有 200 多年的历史，产生了很多不同的理论。有的理论从基本面上即价值投资方面探讨投资，但更多的是从技术面上探讨股价的走势。当然也有一些普通投资者可能一辈子也很难搞懂的理论，比如"螺旋周期法则""易经法则""混沌理论"等等。就国内而言，成气候的理论还没有，大多还是在运用国外的一些理论。

我在 1993 年 2 月 17 日的《上海证券报》上发表了一篇《乖离率参数的探讨》的文章，这是我的第一篇有关技术分析的文章，恐怕也是国内第一篇有关技术分析的文章。此后我花了多年时间用来钻研各种投资理论。由于当时市场规模相当小，所以股价都远高于业绩，基本面上的价值投资无法套用，因此主要研究的对象是技术分析，深感疲惫。

其实股票投资的实质是股权投资，而股权投资与实业投资是有很多相似地方的。都是投资一家企业，其中的主要差异就是起点不同。股权投资可以在企业已经经营正常的情况下介入，接受的股份是别人转让出来的，股份的数目可以很小。如果企业的发展前景不妙又可以马上转让，脱手很容易。明白了这个道理，一般的投资者或许根本就没有必要去学习有关价值投资方面的理论。本书在前面一章介绍了从基本面选择股票的一些方法，但并没有介绍价值投资的理论，道理也就在于此。投资者完全可以采用自己熟悉的方法，但我相信大致的思路肯定是差不多的。

至于技术分析的一些理论，我认为在分析股价走势的时候还是有作用的，但并不是这些理论的初衷。很多技术分析理论都认为自己就是一种投资的方法，按照这样的方法进行买卖交易就可以获利。不过我在本书开始就提到过，世界上没有可以保证赚钱的理论，否则的话就没有人会投资失败了。但即使这样，技术分析仍然有它的可用之处，所以我将在后面的章节重点介绍一些在市场上经常会用的，投资者也经常会听到的技术分析理论，包括"波浪理论""技术指标理论""量价形态理论"等等。

其实已经通过基本面研判的股票肯定是好股票，股价上涨是早晚的事，我们现在学习有关技术面的理论不过是为了能够掌握其中更多的买卖机会，以便获取更多的收益。尤其是当市场上短线投资者非常多，而他们都把技术面当作一回事时就更重要了。我希望投资者不但自己要懂得股价和成交量变动的精髓，更重要的是要知道其他投资者对同样一幅图表的认识。

预测股价的走势与预测天气截然不同。天气的变化是自然现象，它并不会因为我们预测它要下雨就下雨，预测它要出太阳就出太阳。股票市场不同，对它的预测可能会有一种互动性，通俗地讲就是会相互影响。比如投资者看好股票，就会预测股价要上涨，就会去买它。买盘多了，股价自然就会继续上涨，于是好像预测准了，而实际上是我们自己的资金把它推上去了。反之亦然，投资者预测股价要下跌，卖出股票，卖压增大，股价真的下跌，预测正确。由于股价预测的这一特定因素，使得股价预测从根本上来说是不可能众说一致的。假如大家都看好，都预测股价要上涨，那么就没有人会卖出；没有人卖出，想买进的人买什么呢？所以在有人看好的时候，一定会有人看坏，这就是多空两方的力量，哪一方的力量强一些，股价就往哪一方倒。但我们在分析的时候并不知道这两股力量的强弱，所以就只能从技术上去判断，这就需要我们熟悉一些常用的技术分析理论，同时千万要想一想，当其他投资者在看同一张图表或者同一个技术指标时会得出什么结论，这才是进行技术分析的关键。

下面先简单介绍一些经典投资理论的概念。

1. 江恩理论

首先要说明的是，这个理论的提出者威廉·江恩(William Gann)本人是期货市场的佼佼者，而这一套理论亦来自期货市场。

在期货市场中，由于实行的是保证金交易制度，所以任何一点小小的价格波动都会给投资者带来收益，当然反之则有可能亏损。因此江恩理论更注重价格的微小变动，但这一特点对股票市场来说并非理想。现在股票交易的成本远比期货高，所以我们对于一些来自期货市场的理论要多一份警觉。

江恩理论是一种指导买卖时机的理论，即通过它可以计算出股价的买卖点位。

江恩理论最著名的部分是它的几何角度和江恩线，后者也被称为"甘氏百分比线"，主要用于分析价格和时间的关系，一般的股票分析软件中都有。

我们先从江恩设定的比例来计算几何角度，其比例定义为从 1 到 8，如 1×1，1×2，3×1 等等，最大为 1∶8 或 8∶1。

表 9-1 已经列出了所有比例以及相应的几何角度和百分比线（甘氏百分比线）。

表 9-1

江恩线	几何角	百分比
8×1	7 1/2	12.5
4×1	15	25
3×1	18 1/4	33
2×1	26 1/2	37.5
1×1	45	50
1×2	63 1/4	62.5
1×3	71 1/2	67
1×4	75	75
1×8	82 1/2	87.5

为什么按这样的比例来划分？不知道，因为江恩没有说明。

然后选取一个起始点，该时间点应该是一个相对的高点或者低点，然后通过该点画江恩线，股价将在未来的运行中受制于这些江恩线。如股价上冲遇到江恩线将回落，而股价下跌遇到江恩线将反弹。

江恩线的操作法则：股价上涨遇到江恩线为卖出点，股价回落遇到江恩线为买进点。

有一点要说明：买卖点所遇到的江恩线不是同一条江恩线。

下面举例说明具体的应用方法以及我们的疑问。

〔实例 1〕

图 9-1 选取的是 2006 年 3 月 8 日到 2006 年 9 月 26 日之间"上证指数"的日 K 线图，2006 年 3 月 8 日的 1238 点正好是一个相对的低点，在此低点画出江恩线，应该可以画出 8 根江恩线，但为了简单起见只画了 3 根，从上到

下分别 L3(1×2)、L2(1×1)、L1(2×1)。

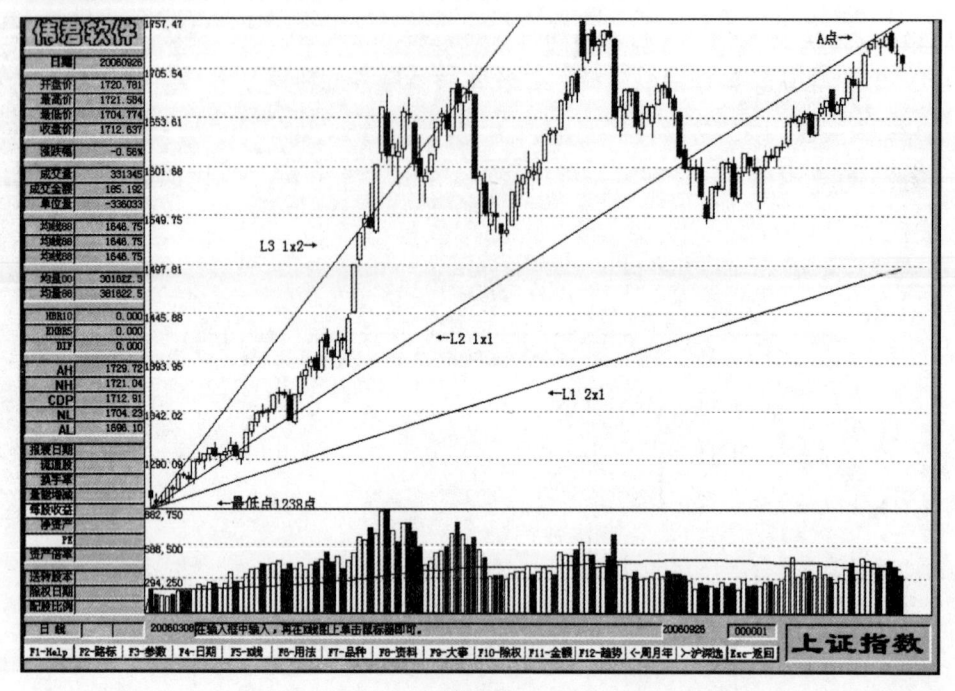

图 9-1

请注意，图中形状并非正方形，所以其中的 L2 线的 45°角并不准，比例也不对，但这并不违背江恩的原意。江恩线是画在正方形图形中的，所以其 1×1 线的角度自然就是 45°了，"伟君软件"以及一般的市场软件都采用自然的长方形图而不是正方形，角度也就不对了，但只要比例对就行，对于江恩线并没有影响。还要特别指出的是，这里的比例是指价格与时间的比例，由于这两者之间并没有统一的计算单位，所以在图形上即使画成正方形也并没有实际意义。江恩之所以要画成正方形图是因为当时还没有计算机，他是通过手工画在 8×8 的方格子图纸上的。

现在我们观察图 9-1 中的 A 点。由于 A 点的价位（指数是点位，如果是个股就是股价了）已经向上触及到 L2 线，所以应该是卖出的时机。

分析结果：卖出。

随着时间的推移，图 9-1 演变成了图 9-2。

图 9-2 的起点与图 9-1 的起点相同，不同的是终点，图 9-2 的终点是 2006 年 11 月 17 日。

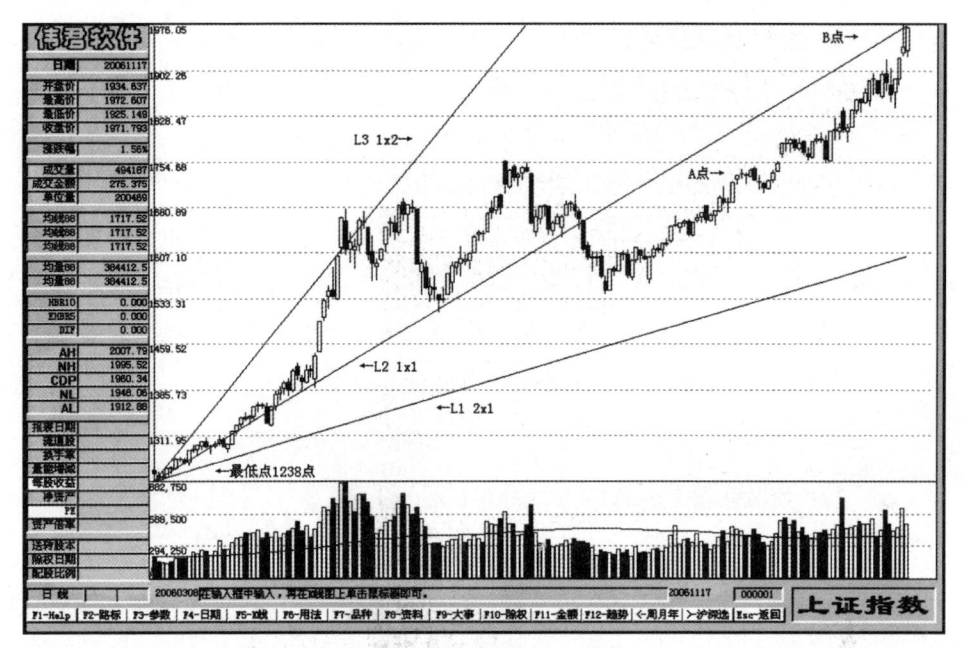

图 9-2

很明显，原来的 A 点并不是一个阶段性的高点，至少指数是一路上涨到图 9-2 的 B 点。如果我们在 A 点卖出的话就完全错了。由于有了 A 点的错误，所以我们也无法判断现在的 B 点（同样向上触及 L2 线）是不是卖点。

这个例子已经说明这种方法没有什么价值。江恩的理论有很多内容，但现在还能够被人提起的恐怕就是这些。如果投资者有兴趣对江恩理论进行系统的研究，那么可以在市场上找一些专门介绍江恩理论的书，但我觉得意义不大。

2. 市场轮廓理论

市场轮廓理论讨论的是市场中的四个主要交易元素，包括价格、时间、参与者（买卖双方）和买卖方向（买进和卖出），所以有时候也被称为四度空间理论。该理论根据时间的变化，画出在不同的价格范围内交易的方向（上涨还是下跌）和成交时间以及成交量的图形。该类图称为 TPO 图，现在一般的软件也都配有 TPO 图。

该图在制作中要确定几个重要的参数，至于如何确定，理论并没有给出具体的方法，似乎还是以经验为主。

比如确定价格单位，也就是分析价格的最小单位，这首先是一个很大的难题。由于理论本身没有给出任何指示，我们只能在实践中去摸索。如果分析期货市场的话小一些，如果分析股票市场就大一些。时间单位的确定也是一个不小的问题，这涉及分析的周期是长还是短，也得靠经验。

由于这两个基本参数的不确定性，已经把这一理论给扼杀了，而且手工画 TPO 图的过程还相当复杂，不借助于计算机恐怕很难真正实现，因为要经过无数次的试验。我在"伟君软件"中花了不少工夫把这一功能做了进去，但经过反复测试后再也没有用过这套理论。

有兴趣的投资者可以找来专门的论著进行研究。

3. 薛氏通道理论（Hurst Envelope）

通道理论是从另外一个角度对股价的运行趋势进行研判。

在 K 线图上，将两个相对的低点用直线连接起来，然后再寻找一个相对的高点，过这点作前面低点连线的平行线，这两根平行线就构成了股价在一段时间内的运行通道，上面一根线称为通道的上轨，下面一根称为下轨。

如果平行线向上被称为上行通道，反之则是下行通道。

通道理论认为：当股价碰到下轨后会回升，当股价碰到上轨后会下跌。股价应该在通道中继续运行，如果 K 线走出通道就表明走势将出现变化。

图 9-3 中画出了一条典型的上行通道，具体画法如下。

在一段明显上升的时段内，先选定两个低点 A 和 B，将 A 点和 B 点连接起来得到 L1 线。然后在上面选择高点 C，过 C 点作 L1 线的平行线就是 L2 线，L1 与 L2 组成了一对平行线，其中就是股价运行的通道，L1 线是下轨而 L2 线是上轨。

本实例是先画低点连线，再画高点平行线，如果反过来也是可以的，不过一般在画上升通道时先画下面的线，在画下行通道时先画上面的线。

A 点和 B 点的选取原则是尽可能将 K 线的最低价包含在内。

C 点的选取原则就是使画出来的 L2 线尽可能将 K 线的最高价包含在内。

画出来以后我们得到了一条明显的通道，基本上 K 线都在其中运行，但并不是全部。如果用 D 点来代替 C 点可能包含的最高价更多一些，但漏掉一些是允许的。

第九章 经典理论概述

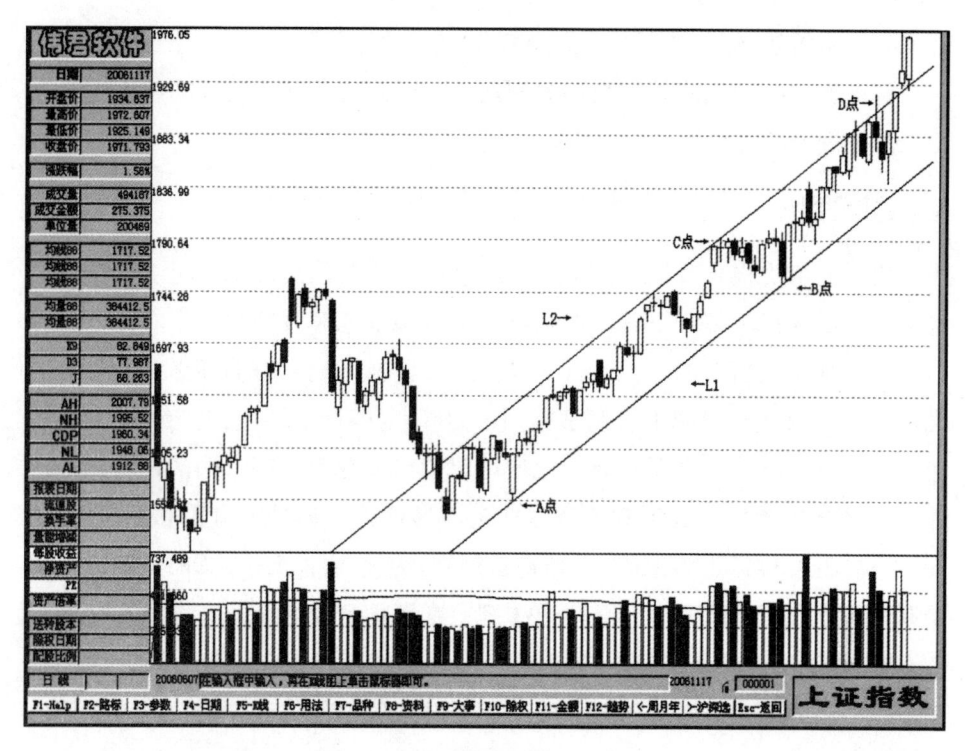

图9-3

本实例中最后两天股价向上突破通道的上轨线。

有关这类直轨道的应用在本书后面的章节有大量涉及。

本实例只是一个非常简单的通道案例，其可信度实在不怎么样，因此很多人提出了似乎更为有效的通道理论，薛氏通道就是其中比较重要的一种。

薛氏通道的画法如下：第一步，在通道高度一致的情况下尽量把所有的价格（包括最低价和最高价）都包含在内。

薛氏通道与前面介绍的通道有很大的差异，它不一定是直的，实际上几乎都是歪的。在画的过程中也是先画一条上轨或者下轨，然后再根据"高度一致"的原则画另外一条。

第二步，计算周期，即每一个相对的高点和低点的间隔时间有多长。由于每两个高点或低点之间的间隔不可能都相同，这样我们不得不忽略一些我们自认为不影响大局的高低点。

第三步，画出第二条通道，这条通道以第一条通道中相对的高低点为依据再从细划分，称为通道之通道，随后我们可以根据第二条通道的趋势来预测未来价格的趋势。

薛氏通道的理论基础是循环周期理论,因此这一理论的成功与否完全取决于周期理论的可靠性。

4. 周期理论

股票的价格很少有横盘不动的,总是在一段时间后出现一个阶段性的高点或低点,这是上涨和下跌后的必然结果。如果把 K 线图拿出来看一下就可以发现,如果把所有的低点都看作是最低的价格,把所有的高点都看作是最高的价格,那么价格的走势似乎有一定的周期性,即重复它的上升—下跌—再上升—再下跌的周期循环。因此便出现了很多有关周期方面的理论,像前面介绍的薛氏通道理论的理论依据便是周期理论。另外还有伯恩斯坦(Jake Bernstein)、布莱斯特(Walter Bressert)等人提出的理论。艾略特的波浪理论从概念上也属于周期理论范畴,该理论在国内特别有市场,我将在后面专门分析该理论。

投资者进入市场以后经常会听到"时间之窗"的讲法,其实就是周期理论中新周期开始的一种说法。

5. 技术指标理论

随着交易的继续,开盘价、最高价、最低价、收盘价、成交量等等一些数据频繁地冲击着投资者的脑神经,因此利用这些数据来设计一些公式,再根据这些公式的计算结果来预测股价的变动便成为证券市场的一种必然选择,这些公式中的绝大多数被叫作技术指标。利用技术指标来分析股价的走势是目前市场上相当流行的一种短线操作方法,因此几乎所有的行情软件都配备品种繁多的技术指标。现在不少软件还可以让使用者在软件中设计自己创立的技术指标,输入计算公式。

技术指标五花八门,数量巨大。从理论上来说,任何一个人都可以随心所欲地设计技术指标,因为它并没有像波浪理论那么神秘,现在,至少相当一部分的普通投资者对一些常用的技术指标已经有了很深的造诣。我将在后面专门介绍常用的技术指标。

6. 量价形态理论

在一天的交易中，股价是会不断变化的，因此就出现了最高价和最低价，加上第一笔成交的开盘价和最后一笔收盘价，每天的交易就有四个重要的价格。日本人利用过去米市交易的记录方法在股票市场上推出了K线图，并利用开盘价与收盘价的高低定义了阳线和阴线。这种K线图由于对当天的交易状况描述比较形象化，因此对传统的美国线图形成了挑战，我们的大多数分析软件都配有K线图和美国线图，但几乎没有人去看美国线图。

既然K线图对一天或一段时间范围内的描述比较形象化，自然也就会想到用这种图形去分析股价的运行态势乃至运行趋势，这就是通常所说的K线图理论。

股价的涨涨跌跌使得K线的运行也是弯弯曲曲，市场将其形象地描述为头肩顶（底）形、双顶（底）形、圆顶（底）形、上升（下降）三角形、箱形等等，并期望通过对这些形态的分析来预测股价的走势，这就是市场上所推崇的形态分析理论。

如果某一个股票的交投相当清淡，成交量几乎没有，那么对它进行单纯的股价分析就失去了市场意义，因此市场就在股价分析的基础上增加了成交量这个变数，可通称为量价分析理论。这一理论尚未得到市场的公认，原因很可能是因为股票的成交量有时候有人为操纵的因素。比如我们经常会听到的"主力在盘中进行对倒交易"，就是"不转移所有权的交易"，这些成交量就不是真正的市场自然交易。

我认为以上三种方法即K线图理论、形态分析理论和量价分析理论可以统称为量价形态理论。该方法并不复杂，运用起来也非常方便，只是最后会出现什么结果需要分析者自己判断。我会在后面的章节专门探讨。

在市场上参与的各类投资者中，有一类我们把他称为主力，在本书中"主力"这个概念提到的不会很多，但在我的另外一本较为职业化的投资书籍《看盘细节》中几乎就是围绕"主力"展开的。

尽管到目前为止还没有对主力公认的定义，但我认为主力就是在一只股票中投入较多资金并有意干扰股价运行态势的投资者。

比如某股票在市场上流通的股份是1亿股，某投资者（也有可能是机构）

买进了其中的很大一部分，比如 2000 万股或者 3000 万股，这样市场上的流通股票就少了，该投资者就会在以后的买卖中有意或无意地影响到股价的运行。这样的投资者就可以称为"主力"。如果持有更多股票的话是可以被称为"庄家"的。

主力的存在有好处但也有坏处。主力介入的目的就是想获取更多的收益，因此在主力建仓（大量买进）完成以后会采用各种操作方法将股价尽可能地推高，如果投资者跟进及时的话可以获取更高的利润。但如果主力要全身而退的话股价就会因抛压过重而大跌，投资者此时介入必将遭受重大损失。

对于期望成功的投资者来说，仅仅依靠公司本身业绩的增长是不够的，即使是中线操作也应该尽量寻找有主力参与的股票，以获取超额收益，这就自然会遇到"与主力在市场上进行对话"的问题。

我始终以为，通过量价形态分析，普通投资者是可以和市场主力进行对话的，揣摩到主力的意图和心态的。也就是说量价形态是市场主力与投资者最主要和最直接的交流渠道。

我在《看盘细节》《盘面细节分析》中对此有相当深入的分析，由于本书的对象是刚刚进入市场的投资者，所以很少涉及这方面内容，如果投资者觉得需要，可以进一步阅读《看盘细节》《盘面细节分析》。

在接下来的几个章节中我将要详细地探讨波浪理论、技术指标和量价形态。之所以要在这三个方面花大力气是基于以下几个原因。

首先是这三种理论在市场上广受欢迎，不论是已经在市场中的人或者是希望进入这个市场的人都在关注甚至研究这些方法。其次是我本人参与这个市场二十几年，同时也研究了这个市场二十几年，心得体会颇多，对这些理论的内涵比较能够把握，也希望投资者对此有比较清醒的认识。最后是希望通过自己更细致的分析使投资者在投资过程中尽可能利用其中的精华，但不迷信这些理论。

第十章　波浪理论及其缺陷

如果投资者稍微注意一下的话，就会发现很多篇幅较长的分析预测文章中都用到了波浪理论。与图形和技术指标等方法相比，波浪理论在普通投资者中的普及程度并不高，原因有两个，一是波浪理论很难用图表的方式在软件中表示出来，二是波浪理论的论证过程比较烦琐，不像技术指标那样一两句话就可以解决的。

波浪理论可以说是又难又简单。说简单是因为理论很简单，说难是因为用起来很难，下面就会详细说明。

什么是波浪理论？该理论源于查尔斯·道（Charles H. Dow）的道氏理论。

道氏理论的要点有三个。

要点①：市场（股价）已经反映了一切。

要点②：股价运行具有趋势性。

要点③：股价运行具有历史的再现性。

这三个要点是道氏理论的精华，然而我们目前仍然无法找出其成立的依据。

要点①"市场（股价）已经反映了一切"，这一结论至今仍未得到有效的证实。实际上这也是市场的"有效性"问题。市场本身存在着巨大的非系统性因素，仅仅依赖系统性因素来分析市场，是非常片面的。

要点②"股价运行具有趋势性"似乎不错，现在一般投资者都知道，跟着趋势走是不会错的，即在上升趋势中买进，在下跌趋势中观望或者卖出。但问题出在趋势的判断上，也就是如何来判断当前的趋势。可惜道氏理论仅仅提出了这样一个结论，但没有给出寻找的方法。

要点③"股价运行具有历史的再现性"我们经常可以在市场中听到。比如"历史将惊人地再现"等等，这到底是受到了道氏理论还是其他理论的影响，确实不得而知，但不可否认的是"随机漫步"理论也在市场上拥有众多的追随者，尤其是在海外市场。"随机漫步"理论的精髓就是完全否定股价的记忆性。该理论认为股价不存在记忆性，股价的走势就像一个醉汉在酒后漫步那样是完全"随机"的，是"漫无目的"的，走下一步的时候已经忘记了前一步所走过的路。其实股价的运行到底有没有记忆性是一个无法解答的问题。但如果我们不是很苛刻的话，不妨这样考虑：股价在一个比较短的时期内是有记忆性的，随着时间的延续，股价将完全遗忘过去的痕迹。所以从根本上来说，我个人认为股价的运行不具有历史的再现性。

以上分析表明，我们根本无法毫无保留地相信道氏理论，而且就算相信，该理论也无法应用于实际的投资决策中，因为它只是说明了股价运行的三个正在受到质疑的规律。

20世纪20年代，艾略特(R.N.Elliott)提出了波浪理论(Wave Principle)。

波浪理论在道氏理论的基础上，也就是在肯定市场的现实性、趋势性和记忆性的前提下提出了进一步的数量分析方法，在可操作性方面有了很大的提高。也正是由于波浪理论在运用上的具体化，使得该理论在后来的几十年中被运用到股市、外汇、黄金和期货等市场分析中。

详细论述波浪理论的专著有很多，投资者如果要想全面了解波浪理论的话可选购此类专著。我的目的仅在于分析该理论，并不想把过多的篇幅花费在详细介绍波浪理论上面。

波浪理论的本质比较简单，就是将股价的波动看做是大海中的波浪，把每一次股价的上涨过程看作是上升浪，把每一次的下跌过程看成是下跌浪。波浪理论认为，每一波大的上升浪中必然包括五个小浪，其中三个是上升浪而另外两个是下跌浪。接着出现一波大的下跌浪中必然包括三个小浪，其中两个是下跌浪而另外一个是上升浪。

图10-1是波浪理论中一个完整的循环浪，一共有八个浪型组成。

图10-1中的折线是股价的运行轨迹，其在第三次上涨以后到达高点，接着经过两次下跌到达低点。

股价的整个一次波动一共是八个小浪，其中在前面的五个浪中有三个是上涨浪(第一、第三和第五)，两个是下跌浪(第二和第四)。特别要注意：第二和第四浪是属于上升过程中的浪，但其实是下跌的，所以我们把这两浪分别称为第二下跌浪和第四下跌浪。

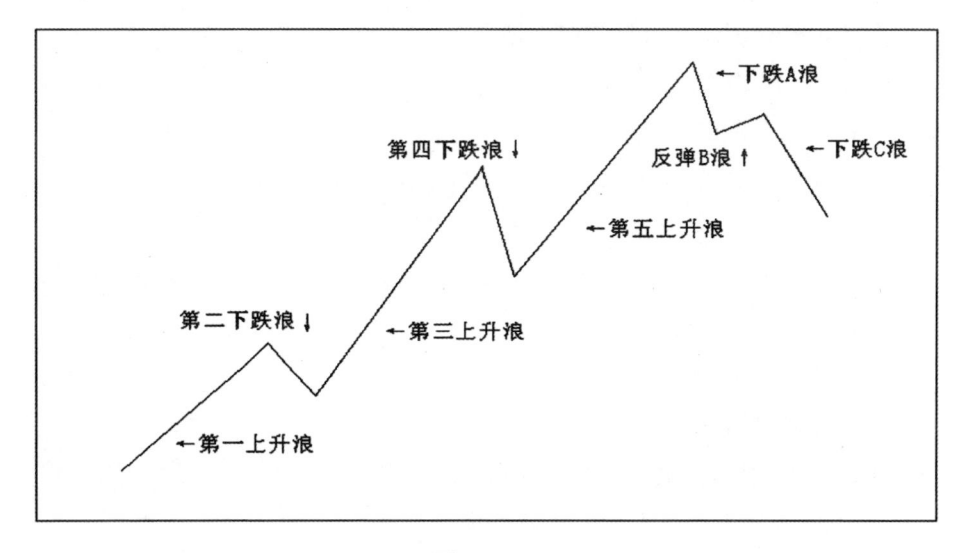

图 10-1

在第五浪走完以后股价开始走下跌三浪,其中下跌 A 浪和下跌 C 浪是真正下跌的,而 B 浪其实是上涨的反弹浪,因此称为反弹 B 浪。

现在我们对波浪理论已经有点初步印象了,下面就来看一个实例。

图 10-2 是 1995 年 12 月 22 日到 1999 年 5 月 21 日的"上证指数"周收盘指数图。

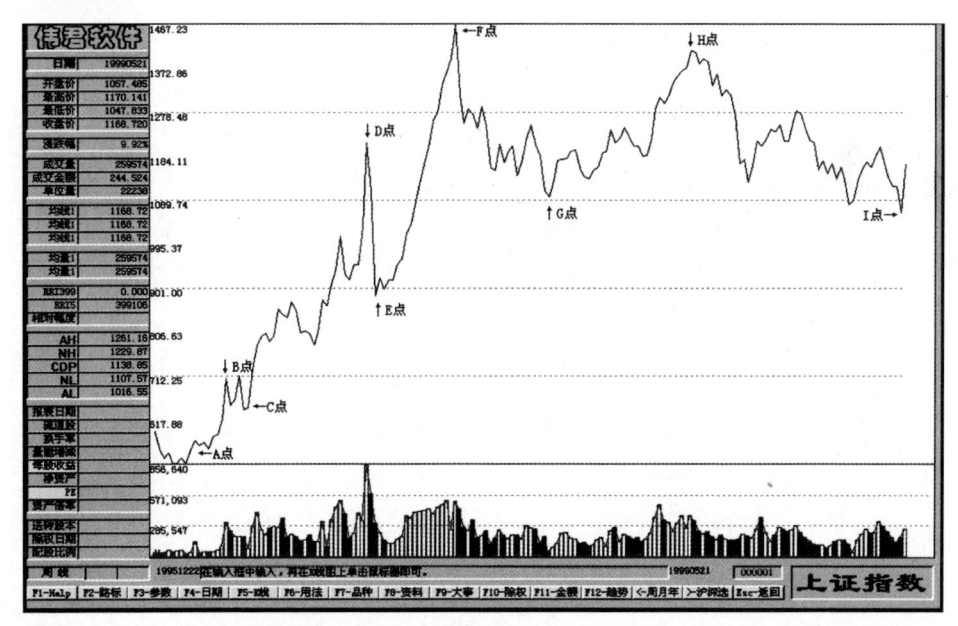

图 10-2

根据图 10-2 所示，具体的波浪划分如下：

A—B 第一上升浪（上升）

B—C 第二下跌浪（下跌）

C—D 第三上升浪（上升）

D—E 第四下跌浪（下跌）

E—F 第五上升浪（上升）

F—G 下跌 A 浪（下跌）

G—H 反弹 B 浪（上升）

H—I 下跌 C 浪（下跌）

如果我们再把 A 点到 F 点合并为第一上升浪的话，F 点到 I 点就是第二下跌浪，后面还会有第三上升浪、第四下跌浪、第五上升浪、调整 A 浪、反弹 B 浪和调整 C 浪。然后还可以再继续扩大。相反如果我们把图 10-2 中的上证指数周线改为日线的话，从 A 点到 B 点还可以再细分出这一波上升浪中的五个小浪，而 B 点到 C 点也还可以细分出三个调整小浪。也就是说波浪可以不断地向下细分，也可以不断地向上扩展。

这个过程我们把它形象地叫作"数浪"，也就是划分波浪。艾略特对于具体的波浪划分定下了三条原则。

原则①：第四下跌浪不能与第一上升浪重叠。

原则②：第三上升浪通常很长，绝对不会是第一、第三和第五上升浪中最短的一个上升浪。

原则③：第二下跌浪不会调整到第一上升浪的起始位置。第五上升浪可能不会超过第三上升浪的结束位置。

只要在八浪的划分过程中不违反以上三大原则，那么就是艾略特波浪理论意义下的波浪划分。

现在我们已经知道了，根据波浪理论进行数浪很简单，但这只是回答了本章开头所说的波浪理论"又难又简单"的后一个问题，下面的探讨将解释前一个问题。

以图 10-2 为例，简要说明以上三条原则的用法。

原则①说明 E 点不能和 B 点重叠，也就是说 E 点的上证指数不能低于 B 点的上证指数。

原则②说明第一、第三、第五三个上升浪中，最短的一个上升浪只能是第一和第三中的一个，如果 C 点到 D 点的幅度比 A 点到 B 点的幅度和 E 点到 F 点的幅度都小，那么就不是波浪理论意义下的波浪划分。

原则③是说 C 点的上证指数不会低于 A 点的上证指数，另外第五上升浪的终点 F 点可以低于第三上升浪的终点 D 点。

除了以上三条原则以外，艾略特还提出了几条非原则性的要领。

要领①：调整幅度。调整 C 浪的最大幅度往往在第五上升浪的起点。

在图 10-2 中 I 点位置最低不低于 E 点，也就是说经过 ABC 三个浪型的调整，第五上升浪的涨幅将悉数被抹掉。

要领②：交替性。第二下跌浪与第四下跌浪通常交替出现。

如果第二下跌浪以简单形式出现且历时较短，那么第四下跌浪的浪型就会比较复杂，历时也会比较长。

要领③：浪的等量性。在前五个浪中的三个上升浪中，如果其中一个浪是延长浪的话，另外两个浪在时间和幅度上往往非常接近。如果第三上升浪出现延长，则第一上升浪和第五上升浪等长的可能性很大。当然它不能违背"第三上升浪不是最短的上升浪"的原则。

请注意这些要领的描述都用到了"往往""通常""可能性"这些字眼，表明这几条要领不是绝对的，并没有必然性。

以上介绍了波浪理论的含义和具体的数浪方法。

现在我们自然而然就会想到：数浪的目的是什么？

当然是为了预测股价的运行趋势。

如果我们经过数浪以后判断股价处于第二下跌浪中，那么可以买进股票，然后等待第三甚至第五上升浪的到来。如果股价已经处于第五浪，那么我们就应该注意及时获利了解，以避免后面的下跌三浪。

这就是波浪理论吸引市场的关键所在。

不过有一点要注意：我们在图 10-2 中画出完整五浪的前提是股价已经走完五浪，我们是在事后进行的数浪。

也许投资者在拜读有关波浪理论的专著时会觉得该理论深奥莫测，在数浪时感觉无从下手。这一点也不奇怪，我在 20 世纪 90 年代初开始研究波浪理论时，同样带着一种诚惶诚恐的感觉，甚至异想天开地把波浪理论中的数浪方法

炒股从外行到内行(第二版)

用到技术指标走势的研判上。如 1994 年 11 月 30 日刊登在《上海证券报》上的拙作《重新认识 MACD》就是一例，通过对技术指标 MACD 的浪型划分来提高上证指数浪型划分的可靠性。然而经过几年的努力我最后还是放弃了波浪理论。

为什么要放弃波浪理论？有时候一个很简单的道理却往往要在付出巨大的代价以后才能明白。

由于我学理科，专攻数学，因此习惯于逻辑思维，对应于任何一个结果都会想到条件。

现在举一个简单的例子。

已知 $Z=X+Y$，求 Z。

众所周知，Z 的结果取决于 X 和 Y 这两个条件。如果 $X=2$ 和 $Y=3$，那么我们才能知道 $Z=5$。假设 X 和 Y 可以是任何一个数字，那么 Z 也可以是任何一个数字。就算 X 和 Y 有一些限制性的条件，比如 X 是实数，Y 是偶数，那么 Z 的答案依然是任意数。如果 $X=1$ 但 Y 不知道，那么 Z 还可以是任意数。只有当 X 和 Y 都给出了精确的数据之后，我们才能得出明确的 Z 的结果。

现在我们回到波浪理论上面来。用波浪理论数浪是为了进行投资，为了高抛低吸，进而在证券市场上获利，因此数浪的结果应该是能够告诉我们股价接下来将往哪里走，高点或者低点在哪里等等。然而数浪的条件是什么？就是前面所说的三个要点，至于几条非原则性的要领不能算是条件。三个要点是否就能得出唯一的结论了呢？答案是否定的。那么也许是有几个结论？有时候即使是几个结论也总比没有结论好，但实际上更大的可能性是有很多个结论，而且更糟糕的是其中有些结论可能是完全相反的！也就是说可能会有一种数浪的方法告诉你股价将会上涨很多，但另一种数浪的方法告诉你股价将会下跌很多。为什么会出现这种情况呢？因为这三个要点的变数太大了。就像 $Z=X+Y$ 中求 Z 那样，条件是 X 为实数以及 Y 为偶数，那么 Z 是什么呢？答案是任何实数！

假设现在开始数浪，碰到的第一个问题就是起点起点到底在哪里。比如上证指数，上证指数的历史起点是 1990 年 12 月 19 日，如果把那一天算作第一上升浪起点的话，当时市场仅有八个股票在交易，呈严重的供不应求状态，每天八个股票都是以涨停价报收的，这种超小型市场的指数与现在根本就没有可比性可言，把波浪理论运用在这样的市场上自然是没有意义的。那么如果不以这天的上证指数作为上升浪的起点,到底用哪一点?也许 28 年后的今天我们会对上证指数的某一个起点如 1992 年 11 月 17 日的 386 点或者 1994 年 7 月 29 日的 325 点做出认同,但再过 10 年也许我们会认同其他的起点如 1996 年 1 月 19 日的 512 点或者 2005 年 6 月 6 日的 998 点。就算我们现在认同了某一个起点,也不能说明这个起点一定正确,我们之所以认同它,只是因为到目前为止"这个位置比较像起点"而已。

波浪理论并没有告诉我们如何选择循环浪的起点。

好了,这还只是一个起点问题,接下来的每一个浪型都是非常模糊的。下面将以图 10-3 为例,说明数浪的模糊性。

图 10-3 是 1998 年 10 月 23 日至 2001 年 1 月 19 日上证指数的周 K 线图,图中方括号内的数字为相应的上证指数数值。现在以 A 点的 1047 点为起点,进行数浪。

方法①

第一上升浪:A 点到 B 点,即 1047 点到 1756 点。

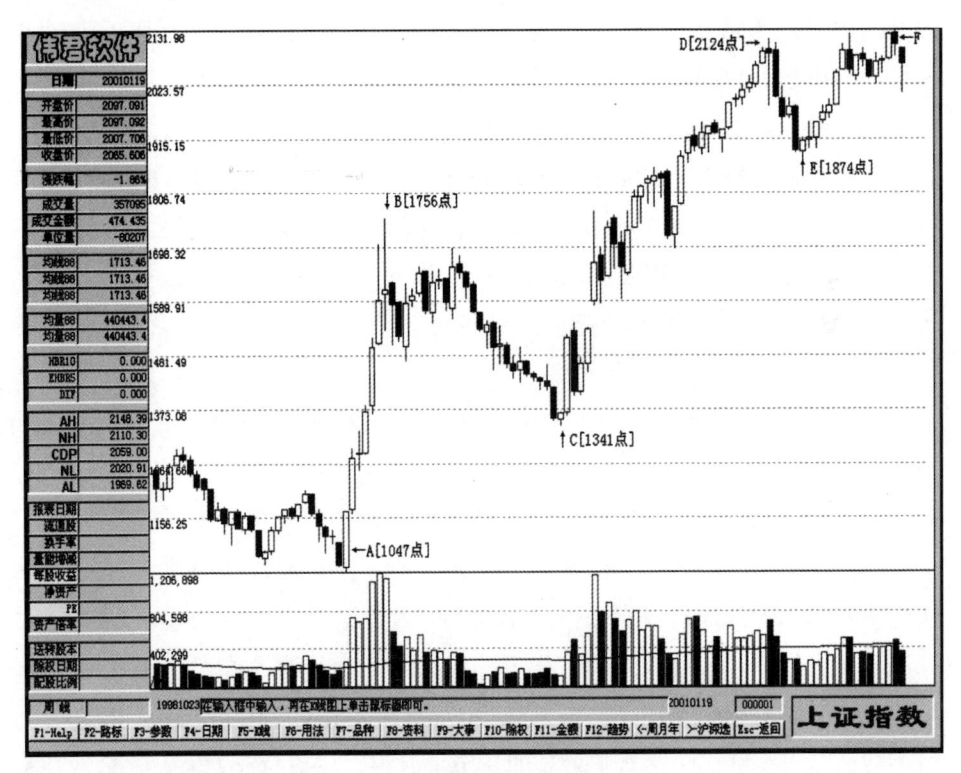

图 10-3

第二下跌浪：B 点到 C 点，即 1756 点到 1341 点。

第三上升浪：C 点到 D 点，即 1341 点到 2124 点。

第四下跌浪：D 点到 E 点，即 2124 点到 1874 点。

第五上升浪：E 点到 F 点，即 1874 点到 2131 点。

方法①数浪的结果：

从 F 点即 2131 点开始，上证指数进入 ABC 三浪的调整，最终要调整到什么位置，波浪理论没有给出任何结果，只是在不一定要遵守的数浪要领中有一条涉及调整幅度。要领①表示有可能调整到第五上升浪的起点，在图 10-3 中是 E 点即 1874 点。要注意这仅仅是"有可能"，实际上它可以是更高或更低的位置，也就是说，通过这种数浪方法我们仅仅知道上证指数要下跌，但最终要跌到哪里并不知道。也许我们会觉得这还是值得的，因为我们至少知道了它要下跌！在操作上我们就可以知道目前的位置是出货位置，原则上应该只卖出而不买进。但 ABC 三个调整浪的走法在波浪理论中并没有明确的结论，如果投资者仔细研究其他波浪理论的专著的话就会发现，调整浪有各种演变的方式，其中每一种演变都是可能的。既然都是可能性，而且又没有可能性的大小之分，因此实际上就等于没有任何确定性。既然调整浪的走法没有明确的结论，那么调整反弹 B 浪就可以超过第三上升浪或者第五上升浪的高点，甚至创出整个上升浪的新高，而且这个新高还有可能是很高！如果这种可能性出现，那么现在就不是出货时机，因为 B 浪反弹力度很大的话最终下跌 C 浪的终点也可能不会很低。

显然，数浪方法①没有可操作性。

方法②

第一上升浪：A 点到 B 点，即 1047 点到 1756 点。

第二下跌浪：B 点到 C 点，即 1756 点到 1341 点。

第三上升浪：从 C 点开始，即从 1341 点开始，尚未结束。

与方法①相比，方法②的最大差异在于第三上升浪以后的数法。方法①认为不但第三上升浪已经走完，连第五上升浪也走完，但方法②认为第三上升浪还在进行中，其终点并没有出现。那么第三上升浪的终点在哪里呢？波浪理论的三条原则中有一条涉及第三上升浪，"第三浪上升浪通常很长，绝对不会是第一、第三、第五中最短的一个上升浪。"从目前的数浪来看，"第三上升浪通常很长"是没有问题的，而且已经比第一上升浪长，因此它"绝对不会是第一上升浪、第三上升浪、第五上升浪中最短的一个上升浪"，然而数浪原则没有告诉我们计算第三上升浪的办法。

不过波浪理论也提出了一些并不绝对、仅仅是建议的方法，参阅其他的波浪理论专著我们知道第三上升浪的高度可以通过第一上升浪的高度来确定，比如第三上升浪的高度是第一上升浪高度的 0.618 倍（这样第五上升浪的高度将低于第三上升浪，否则第三上升浪成为三个上升浪中最短的一个浪，与数浪原则②相违），或者是 1.0 倍（即相等），或者是 1.328 倍、1.50 倍、1.618 倍甚至 2.0 倍。还有没有其他的可能？有，只要是整数倍或者是半整数倍都可以，只要是费波纳茨（Fibonacci）数列中的任何一个数作为倍数都可以。那么费波纳茨数列共有多少个数？答案是无限个。根据这些比例计算出来的第三上升浪高度将有无限多个！无限多个结果与没有结果在本质上并没有什么差异，因此算与不算也就没有什么区别了。

除了上升或者下跌的幅度以外还有时间。第三上升浪的历时会有多长？波浪理论也提供了一个方法，同样可以通过第一上升浪的历时来计算，同样是整数倍、半整数倍、费波纳茨数列中的任何一个数作为倍数，同样有无限个可能性。

假设数浪方法②成立，我们得到什么结果呢？第一，目前上证指数处于第三上升浪中。第二，第三上升浪的高度未定。第三，第三上升浪的时间未定。

这个结论会如何指导我们的操作呢？上升浪没有完，可以继续增加买进的力度，但如果目前正好是第三上升浪的高点怎么办？那样不就是要反过来考虑卖出了吗？

显然，数浪方法②也没有可操作性。

以上这些分析已经足以说明波浪理论之"难"了，也就很顺理成章地解开了同一种走势会配以几种浪型的谜。

这里顺便谈一下费波纳茨数列。

费波纳茨是 13 世纪的一个数学家，他根据兔子的繁殖问题提出了一个数列：

1、1、2、3、5、8、13、21、34、55…

其特点是每一项数据等于前面两项之和，如 3＝2+1，5＝3+2，8＝5+3，13＝8+5，34＝21+13 等等。当然还有另外一些特点，如：任意两个相邻的数都没有公因子；任何 10 个连续的数之和能被 11 整除；任何一个数的平方值等于前一项与后一项之积加 1 或减 1 等等。

最重要的是在费波纳茨数列中前一项与后一项之比约为 0.618，而后一项与前一项之比约为 1.618，而且越是到后面的数字比例越是接近 0.618 和 1.618。另外，任意一项与前两项之比约为 2.618，与后两项之比约为 0.382。这四个数字之间还有如下一些特性：

1) $1.615 - 0.618 = 1$
2) $2.615 - 1.618 = 1$
3) $1.000 - 0.618 = 0.382$
4) $1.618 \times 0.618 = 1$
5) $2.618 \times 0.382 = 1$
6) $0.618 \times 0.618 = 0.382$
7) $2.618 \times 0.618 = 1.618$
8) $1.618 \times 1.618 = 2.618$

0.618 成为费波纳茨数列中一个最重要的数据，也被广泛地称为黄金比率或黄金分割点。它的用途极其广泛，从结构严谨的数学到充满想象力的艺术品结构，甚至银河系的构造、音乐中的音阶、DNA 遗传因子、脑与神经系统、光在玻璃表面的反射、人体结构等等。也许正是由于 0.618 的神秘性，使得它成为波浪理论的重要计算工具。几乎可以这样说，如果没有了 0.618，波浪理论将成为一门挑战投资者想象力的"艺术"，因为它几乎没有任何数学意义下的数字运算。

关于波浪理论的精髓已经全部介绍完毕，也许投资者在想，厚厚的一本波浪理论专著难道只有这么几句话？以我个人多年的研究和实用经验，确实就是这么几句话。其实我们都知道这么一个道理：书是越读越薄的。当然投资者也可以去花费数月乃至数年的时间去研究波浪理论，到时候再回过头来看看是不是我在这里所说的这么几句话。

现在我们回过头从实战的角度评判波浪理论。

如果波浪理论在实战中起不了什么作用甚至是相反的作用的话，我们就完全有必要重新审视一下我们的思路，是否还要像以前那样依赖它。

波浪理论的精髓就是在承认市场(特别注意：个股的股价很容易被主力所

操纵,因此绝不能将波浪理论运用于个股之上)的运行态势是分成八段涨跌浪型的基础上确定目前所处的浪型位置,根据未来浪型的假设来决定当前的投资决策。

八浪组成一个循环浪是波浪理论的基础,那么为什么一定是八浪一个循环?是经验?是历史?或者只是一种想象?

大多数波浪理论追随者认为,每一波行情的第一上升浪是市场先知先觉者发动的,买盘并不强,之所以能够推动第一上升浪是因为经过较长时间的下跌后市场抛压不重的缘故。随着上涨幅度的增加,市场抛压增加,最终导致第一上升浪的结束,市场回落,运行第二下跌浪。在大多数投资者逐步看好市场的影响下,指数再走第三上升浪。随着买方力量的消耗,市场转入第四下跌浪。在最后一批踏空者的支撑下,市场重回上升浪,走出最后一波第五上升浪,随后进入调整三浪。在这三浪中,反弹B浪是由在下跌A浪中未来得及出逃的多头主力营造的,在随后的下跌C浪中,市场已经完全失去买方的支撑。

以上观点没有任何统计资料作为依据,只是一种单纯的想象。

试想一下,市场的运行为什么不能是七浪上升而后五浪下跌?指数每天都在上蹿下跳,浪型要多少有多少。就算是五浪上升三浪下跌,也可以把第一第三浪合并,或者把第三第五浪合并,变成三浪上升三浪下跌。也可以把下跌三浪合并成一浪,变成五浪上升一浪下跌甚至三浪上升一浪下跌。当然这样数浪都不属于艾略特的波浪理论,因为已经不能满足三个原则,但又为什么不可以这样做呢?图10-4是一个很说明问题的实例。

图10-4为1996年年初到7月中旬的一波行情(从A点到H点)。当时市场普遍把它作为第一上升浪,起码是一波完整的上升浪。根据波浪理论,这一波上升浪一定可以分成五个低一级的浪,如何划分呢?我已经在每一个行情的转折点都标上了字母,从A点到H点共有八个较明显的转折点。由于F点到G点的跌幅较大,因此从G点到H点只能是第五上升浪了,从F点到G点为第四下跌浪。如果把位于894点的D点作为第一上升浪的终点的话,而第四下跌浪的终点是G点,位于855点,明显低于D点,因此违背波浪理论"第一上升浪不能与第四下跌浪相交"的原则,这一方法是错误的。剩下的就只有把B点作为第一上升浪的终点了,C点就是第二下跌浪的终点和第三上升

浪的起点。通过计算我们知道，D 点到 E 点的下跌幅度为 15.88%，B 点到 C 点的幅度是 14.75%，因此选择 B 点而不是 D 点作为第一上升浪的终点只是为了满足波浪理论的原则而已。然而无论怎么看，从 G 点到 H 点的第五上升浪一点也不像市场最后一批踏空者所支撑出来的行情，倒像是第三上升浪的特征。由于 F 点到 G 点的跌幅巨大，达到 32%，因此不论是 B 点到 C 点的调整还是 F 点到 G 点的调整都不能与 F 点到 G 点的调整相比，所以我以为上证指数从 A 点即 512 点上涨到 H 点即 1510 点，只有第一上升浪（到 F 点）、第二下跌浪（到 G 点）和第三上升浪（到 H 点）。

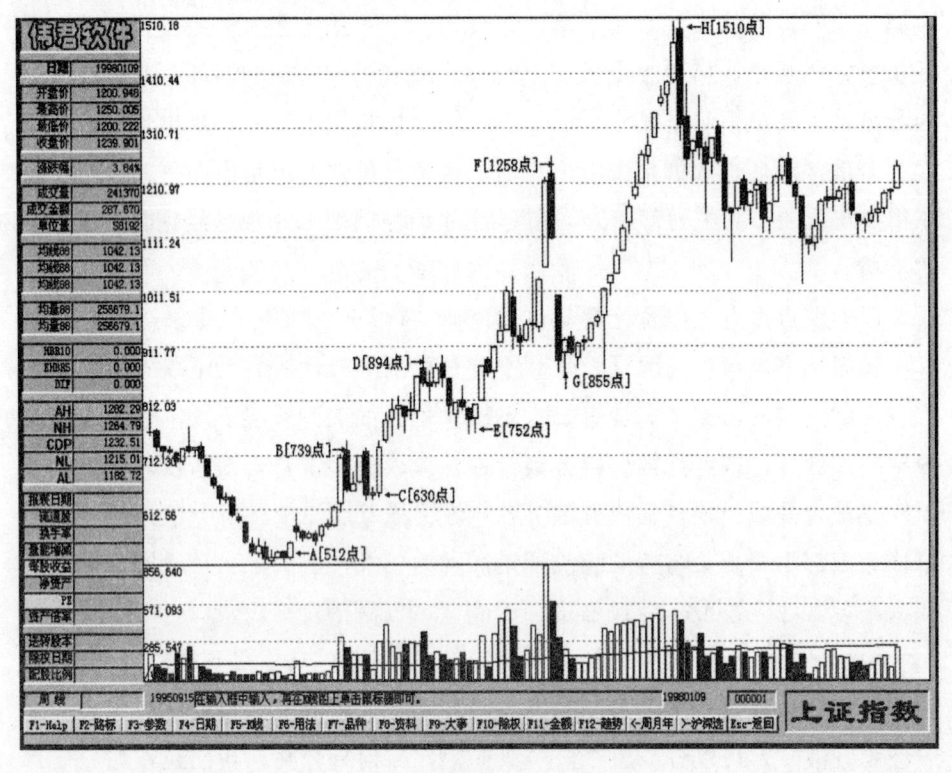

图 10-4

从上面的例子可以看出，三浪上升合情合理，在某些情况下甚至更容易被投资者接受。既然我们找不到明确的理由来证明八浪一个循环的结论，那么我们就不得不认为波浪理论存在着巨大的缺陷，是一种没有坚实基础的理论。

退一万步来说，就算八浪一个循环是成立的，其用来计算波浪终点的位置和时间的数学基础仅仅是一个费波纳茨数列，而且结论竟然可以是无限多个,对实际操作来说是毫无意义的。因此波浪理论的缺陷不仅仅在于其基础的想象性,还在于其结果的多重性。

无论如何,波浪理论的缺陷是致命的。

然而恐怕到目前为止还是没有多少人会注意到波浪理论的缺陷,在这里我不得不佩服艾略特先生的智慧,他把他的关于波浪理论的专著命名为《大自然的规律》(Nature's Law)。既然是大自然的规律,自然就是无可非议的了。问题就在于股票市场的价格波动并不像下雨打雷那样具有自然性,否则我们就不要再谈什么基本面、技术面了。如果我们把一个完全由人类自己建立起来并在其中进行交易的市场比作大自然,认为其运行的规律是大自然的规律,那无论如何是有一点唯心主义的影子的。唯心主义的直接危害就是欺骗性,但波浪理论的欺骗性还远远没有被投资者所真正认识,其中原因有两个。

原因①:认为波浪理论是大自然的规律。既然是大自然的规律,当然是不能怀疑的了。在不少论述波浪理论的书中我们都会读到类似的意思:读者不必去打破砂锅问到底,暂且相信波浪理论的确是一种大自然的规律吧。其实从中我们也可以看出不少波浪理论的"开拓者"以及"追随者"也注意到了波浪理论的缺陷。

原因②:波浪理论的结果具有不确定性。前面已经提到,不确定的结果等于没有结果,但它的欺骗性也往往在此。如果实际走势与数浪者选定的不符,那就是数浪出了问题,问题并非出在波浪理论本身,而是数浪者的能力不够。因此如果我们要数浪就必须不断地否定自己,往往每过一段时间回过头来却发现"一定有一种浪型是如此的完美",似乎自己当时都曾经提出过,但也否定过,现在看来是"不幸言中",只是浪型已经走完。

基于以上两点,我以为波浪理论的欺骗性非常隐蔽,投资者应该对此有充分的认识。毕竟投资不是在进行学术探讨,结论错了会直接导致亏损。

鉴于此,我个人认为投资者要远离波浪理论。

第十一章 技术指标之本质

波浪理论由于基础的可疑性以及结论的不确定性使得其在投资者中并没有得到多少喝彩，但说起技术指标来，投资者可能更感兴趣，因此在本章我们将讨论一些最常用的技术指标以及这些技术指标在市场中的运用。

对于我个人来说，研究市场源于1992年，曾被誉为市场技术分析的扫盲者。从1992年到1998年在各类媒体发表了大量有关市场技术分析的文章，因此结识了不少技术分析爱好者。随着时间的推移，艾略特的波浪理论已经被逐渐抛弃，但技术指标仍不时被用到，而且随着自己运作资金的不断增加，原先并不看好的量价形态分析也越来越被重视，在后面的章节里将详细论述量价形态。

1. 技术指标的种类

其实这是一个没有人能够解答的问题，因为从来就没有一个公认的标准来认定什么叫真正的技术指标。现在有很多分析软件都配备了这样的功能：由使用者自己输入计算公式，然后创立使用者自己的技术指标。从这个意义上说，技术指标可以有无限多种，所以探讨一共有多少种技术指标也就有点不切实际了。我在技术指标中浸淫多年，从照搬前辈的经典指标发展到创立自己的技术指标，仔细研究了各种流行的技术指标，仅自己设计的软件就重新开发了好几次，从1992年的TB版到1997年的VB3.0版再到1999年的VB5.0版直到后来的VB6.0，操作系统也从DOS到Windows 95再到Windows XP。因此也自以为能为投资者尤其是刚刚入市的投资者在技术指标方面提供一些建议。

2. 什么叫技术指标？

技术指标就是对一堆数据进行计算，然后根据运算的结果来判断股价的趋势。

技术指标的原始数据一般来自交易结果，比如收盘价、成交量等。从这个意义上来说，我们每个投资者确实都可以创立技术指标，只要设立一个公式就可以了。

根据经典理论，投资者可以通过技术指标的提示进行买卖交易以达到高抛低吸的目的。但这是一个非常容易误导人的概念，希望投资者特别是刚入市场的投资者不要把它当回事。

我个人的忠告：

技术指标有一定的作用，但无法提供买卖信号点。

3. 根据技术指标买卖的依据

经典理论认为根据技术指标的提示可以进行买卖操作，但是，它没有理论基础。

如果我们问：技术指标的结论是否一定正确？答案也是否定的。为什么？既然没有理论基础，答案也就不一定正确。

既然这样我们还要用它干什么？这确实是一个必须回答的问题。

前面我们进行了一些有关基本面方面的讨论，其实也是一种买卖行为的选择。但对于希望获得成功的投资者来说，仅仅依靠基本面而长期持有的话速度显然太慢，股价也不可能一路上行，中间的回调其实已经提供了更多的获利机会，所以我们最好不要放弃这些机会，而这些机会的把握则必须在基本面清楚的前提下更多地依靠技术面。

技术面是一种笼统的称呼，除了现在谈到的技术指标以外，还包括其他有关价格和K线的任何分析方法，比如形态理论等。通过这些技术面方面的分析，我们就有机会获得更多的高抛低吸的机会，所以就这个意义上来说技术指标还是有一些作用的，只是它的作用并不是直接提示买卖点，在下一章我们会详细地讨论技术指标的功能和使用方法。

4. 依靠技术指标高抛低吸的可能性

投资者总想买在较低的价格、卖在较高的价格，也就是所谓的"高抛低吸"。绝大部分股票理论都在解决或试图解决这个问题，但可惜的是至今没有一种理论能够圆满地解决，所以我们对技术指标的期望不能太高。但股票市场非常大，目前沪深两市有4000多家，这么多的股票每天都在进行交易，因此每天都会有不少的机会，只要有足够的耐心和信心，通过对技术指标的合理研判，我们是能够抓住不少机会的。

一般来说，任何一个投资者在买进股票以前总会研究一下该股票最近一段时间的走势，包括最高价、最低价、成交量等等，也就是说该股票近期的走势会对新投资者的操作有比较大的影响。技术指标恰恰就是用这些交易价格和交易量来进行计算的，因此技术指标会反映股票近期走势的某些方面。根据这一道理，研究技术指标就相当于研究市场，相当于研究股票近期及未来的买卖力量变化。

前面已经提到过，股价的近期波动在排除了基本面的变化之外，主要就是受供求关系的影响，而供求关系发生变化的原因就是买卖力量的变化，所以我们只要仔细研判市场的买卖力量变化，自然就可以制定出理想的买卖策略了。

尽管技术指标各有不同，但本质是差不多的。一般以股价的现状为主，即目前股价所处的位置，或者过高了（超买），或者过低了（超卖）等等。其结论的可靠性是有限的，但并非不可捉摸，即结论在一定的条件下是非常可靠的，这一点与波浪理论有着本质的区别的。也许某一个技术指标在某一个股票上一年也难得出现一次非常可靠的信号，但一年之内在这个股票上出现可靠信号的技术指标肯定有。从另一个方面来说，一个技术指标在这个股票上没有出现可靠信号，但它可以在其他股票上出现。4000多家股票加上几个威力较大的技术指标，还有后面要谈到的量价形态，一年之内不说几百次，起码几十次的机会是有的，这对于投资者来说已经足够了，这也就是我们还需要技术指标的原因所在。

5. 技术指标的短期性

前面已经谈到，一个股票在近期的交易情况会影响到近期股价的运行趋势，但是必须注意"近期"这两个字。投资者都有这样的体会：在准备买进某个股票前很少会去看这个股票两年前的走势，甚至一年前、半年前的走势。因此技术指标的应用范围只能是短期。虽然很难明确具体的期限，但要分析半年以上的股价走势最好不要用技术指标。当时间期限达到半年以上时，往往基本面对股价的影响更大。

6. 技术指标的可塑性

技术指标的计算一般是以成交价和成交量为原始数据，因此原始数据的可靠性就是一个非常重要的问题，如果原始数据可以人为操纵，那么指标结论的可靠性就要大打折扣。

这种可能性大不大呢？只要个股中有主力存在，只要主力需要，大部分原始数据都有被操纵的可能。

先看开盘价。

开盘价是通过集合竞价产生的，因此只要在某一个价位同时有大笔的买单和卖单，这个价位就是开盘价了。除非受到重大消息的影响，一般情况下市场本身是不会在集合竞价时出现大量的买卖委托单子的，所以操纵者只要在某个价位上分别挂出买卖大单，集合竞价就定了。

判断集合竞价是否被操纵的方法可以在实时行情中观察，这样比较容易，而且操纵者也希望投资者注意到非正常的开盘价，否则的话就白忙活了。如果投资者没有时间看实时行情而只能看日K线图，那么可以通过分析成交量的方法来研判，不过当日成交量比较大的话很难判断。只要成交量处于低迷状态，那么开盘价就很容易被操纵。因此开盘价异常的高或者低，那么投资者几乎就可以肯定开盘价被操纵了。

如图 11-1 所示，该股 2000 年 9 月 21 日上午的集合竞价开盘价为 36.80 元，比前一天 34.19 元的收盘价高出 7.64%。

现在假设我们只能观察到日K线图。当天该股成交量为 9.19 万股，5 天、10 天的平均成交量在 10 万股左右。很显然，这个集合竞价出来的开盘价是有人为操纵因素的。

只有在一种情况下开盘价是很难操纵的，这就是集合竞价量很大。如果集合竞价的量很大，那么操纵者为了达到高开或低开的目的就需要很多的筹码或资金，一般来说是不值得的。比如一些数十亿规模的大市值股票就很难看到被操纵的开盘价，另外新股上市第一天的开盘价也不太会被操纵。

再来看最高价。

最高价的人为操纵也是可以做到的，唯一的条件就是当天某个时段的成交量相对小一些。

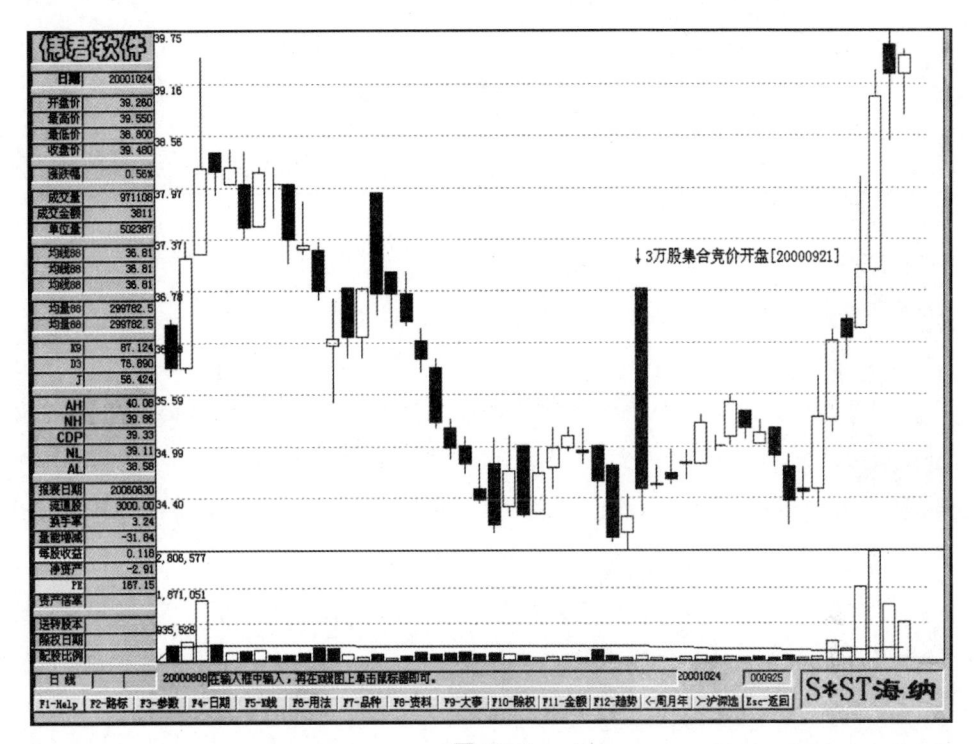

图 11-1

操纵者会在一天的交易过程中寻找一个交易相对清淡的时机，用较大的一笔买单以较高的价格报进去，比如当前的成交价是 10 元，希望出现一个 10.88 元的高价，而且在这个价位以下卖盘也不是很多，因此以 10.88 元报进去一笔大买单，将 10.88 元以下的卖盘全部买进。为了保证 10.88 元一定成交，可以在 10.88 元预先挂一笔卖单，量不用大，100 股就可以了。这主要是为了避免在 10.88 元恰好没有挂单的情况，以确保 10.88 元的成交价出现。

操纵最高价的前提是上档抛压不重，否则的话操纵者就会买进大量的筹码。因为市场买单并不会马上在最高价附近跟进，而操纵者也只是想得到一个理想的最高价，所以并不会继续维持这个股价，这样股价就会以较快的速度回到原来的成交价附近。要判断一个股票在某天出现一个很高的最高价是不是被操纵，可以分析一下当天的成交量。如果最高价确实是由市场自己交易出来的，那么股价在冲高回落的过程中应该有比较大的成交量。

如图 11-2 中的 A 点，2001 年 1 月 18 日。当天盘中创出 28.76 元的最高价，该价位比前一个交易日的收盘价 26.54 元上涨 2.22 元，升幅达 8.36%。

纵观全天交易，成交量仅为3.8万股，5天平均成交量为10万股，10天平均成交量为12万股，远远大于当天成交量。很明显，28.76元的最高价是被操纵出来的。

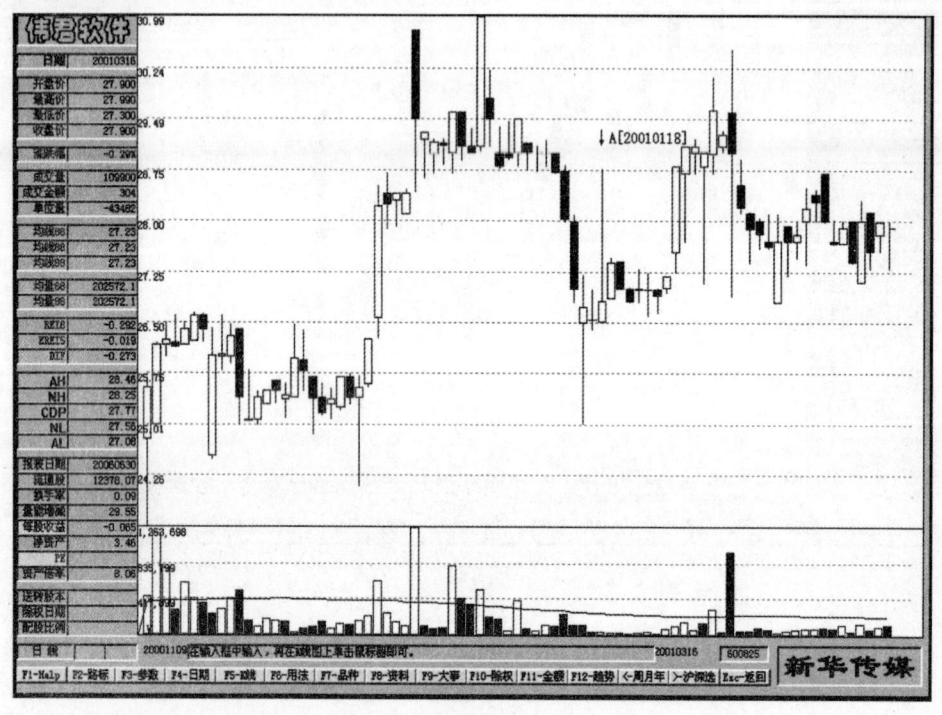

图 11-2

上例的特点是当天的成交量比较小，如果成交量大的话就比较困难了。

注意图11-3中的A点，2000年12月8日。

该股当天盘中创出16.98元的最高价，该价位比前一个交易日15.58元的收盘价高出1.40元，升幅达到8.99%，已经接近涨停价位。

从全天交易来看，成交量1185万股，而当时5天平均成交量383万股，10天平均成交量238万股，如此大的成交量为确定16.98元的最高价是否被操纵带来了很大的困难，因为确实有可能是市场行为，但也不能完全排除被操纵的可能性。比如操纵者有可能在开盘以后利用市场交易还不是很活跃的情况进行大笔的对倒，就是自己进行大笔的买和卖，制造虚假的成交量，在短时间内使股价上冲到16.98元的最高价，然后改为单向卖出或者离场不再干预股价。

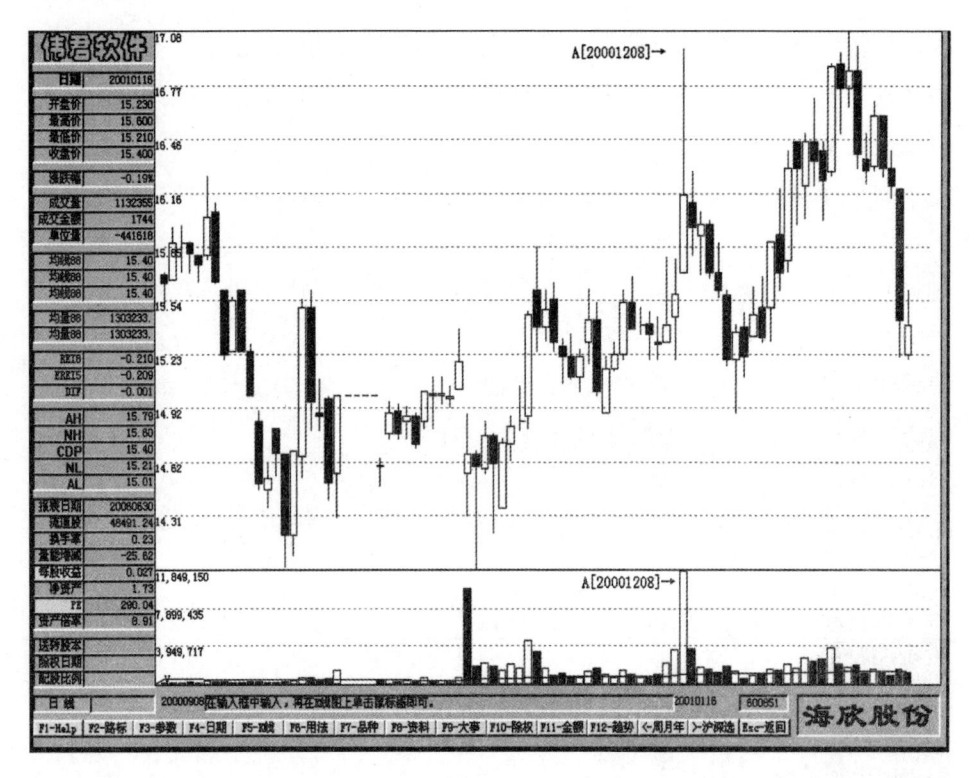

图 11-3

显然，只要成交量不大，出现异常的最高价是可以确认为被操纵的，但是成交量大的话就无法立即确认了，还得借助于其他方法。一般来说，像一些大盘股、盘子较大的活跃股，由于平均成交量都比较大，最高价被操纵的可能性就相对小一些。

最低价的情况与最高价的情况差不多，结论也是一样的，在此就不再重复了。

在所有的特殊价位中，收盘价是最重要的，因为它留给市场的影响最大，时间也最长，遇到周末甚至逢年过节它影响的时间还要更长。此外收盘价还被用来计算收盘指数；现在上市公司进行再融资比如配股增发等等，也都与收盘价有关，融资的价格都要以收盘价为计算依据；法人投资者用收盘价来计算自己运作资金的净值；证券投资基金用收盘价计算基金的净资产；绝大多数的技术指标都用收盘价作为原始数据等等，所以收盘价被操纵的可能性相当大。

在以前庄股横行的时代，做收盘价似乎成了庄家每个交易日的必修课。

炒股从外行到内行(第二版)

到了开放式基金发展的年代，各家基金为了争夺在基金净值表上靠前的排名也往往在报表截止日这一天狂拉自己重仓股的收盘价，后来发展到同时反向打压其他基金的重仓股。

如果能够看到当天的实时行情，即每分钟走势图，那么判断收盘价是否被操纵是很容易的，只要看一看尾市几分钟股价是否大幅上升即可。如果只知道几个交易数据如开盘价、最高最低价、收盘价和成交量等，那么判断收盘价是否被操纵还是比较困难的。不过也可以通过日K线图先分析一下成交量和成交均价。如果成交量并没有随股价的上涨而相应地放大，成交均价远离收盘价，那么收盘价被操纵的可能性就比较大了。

如图11-4(点A)，在2000年12月29日(即当年最后一个交易日)，"强生控股(600662)"以16.43元报收，比前一个交易日上涨4.45%。那么这个收盘价有没有被操纵呢？

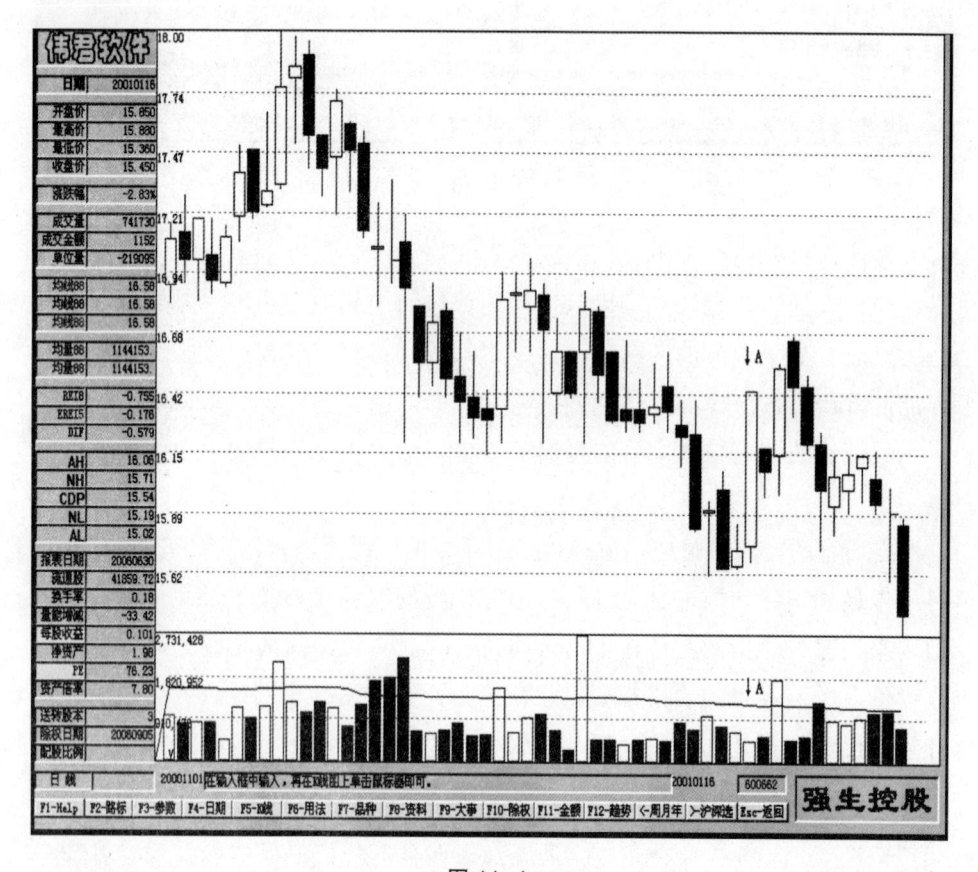

图 11-4

这里假设我们没有看到当天的实时交易情况。该股当天共成交 45 万股，而 5 天日平均成交量是 71 万股，10 天日平均成交量是 62 万股，因此成交量没有同步跟上放大是肯定的，再加上当天的成交均价（即成交金额除以成交量）是 16.009 元，低于 16.43 元的收盘价 0.421 元，所以 16.43 元的收盘价几乎可以肯定是被操纵了。

为了账面上的漂亮，每年最后一个交易日的收盘价经常会出现被操纵的现象，现在这种现象比以前少了，但并不会消失。

前面谈了各种价格的操纵情况，现在来看看成交量。

有一种说法是这样的："千骗万骗唯有成交量骗不了人"。也许这句话对整个市场来说还有点意义，但对个股来说意义就不大了，因为操纵者只要通过自买自卖就可以实现较大的成交量。不过操纵者没有办法让成交量变得越来越小，所以我们可以这样说：如果成交量非常小，那么这个成交量就非常值得信任，换句话说，我们应该相信"小量的真实性"。

"小量的真实性"是我个人坚持的一个重要理念，如果投资者希望自己能够在市场上获得成功，那么也请记住这句话，在以后的讨论中我们还会经常提到这句话，在针对内行的《看盘细节》一书中对此有更多的提及。

我始终认为要中长线投资一家股票，一定要对其中的参与者有一个大致的了解，比如其中有没有大资金的介入等等。尽管有时因为成交量稀少而显示没有主力在活动，但这只是一个阶段性的现象。由于各种原因，主力也常常会有休息的时候，比如被套，比如等待基本面变化的时点等等，所以我们不能因为某一段时间成交量的低迷就轻易认定其中只有普通投资者参与。

如果股价上涨以后再回落，这时候成交量是否明显萎缩非常值得研究，因为从这里可以分析主力出逃的可能性。

操纵者扩大虚假的成交量是比较容易的，代价无非就是增加一些印花税和手续费的成本。因为操纵者持有大量的筹码，所以摊到每一股上面的成本将非常低。然而要明确地判断成交量是否被操纵，尤其是其中到底有多少是虚假的成交量则是相当困难的。

困难归困难，办法还是有的。首先可以参考同期指数的走势。

如果指数在盘整或慢慢下跌而个股的成交量却在股价变化不大的情况下放大（不是放巨量），那么是正常的。这有两种可能：一是该股有利好消息，先知先觉者已经开始买进；二是该股有主力介入收集筹码。前者预示该股会有一定的行情，但高度将受制于利好的程度，一般来说，消息明朗之日也就是行情的终点。后者预示该股将有较大的行情，升幅会相当大，后续必有较大的利多题材支撑。

如果指数在小幅上升，则个股的成交量随价格的上升而放大也是必然的，如果成交量不是放得很大属于正常，毕竟市场总体在上升，投资者看好市场，愿意以更高一些的价格买入，而前期的获利盘兑现也在情理之中。

如果指数暴跌，则个股的成交量随股价的暴跌而同步放大也是合理的，甚至可能放出巨量，这取决于指数的暴跌程度。我在分析时经常采用的一个指标是"单位量"，在本书的任意一张"伟君软件"的插图上都可以在左边的一列数据中看到"单位量"这个指标。它的意义就是在当天（如果是日K线图的话）的交易中，股价每变动一个百分点所花费的成交量。如图11-4中当天"单位量"指标为219095（取绝对值，负数说明股价下跌），表明在当天的交易中股价每变动一个百分点成交量为219095股。按照与平常同样的单位量，如果随指数暴跌而股价暴跌的话，其成交量大幅增加是正常的。

如果股价的变化方向与指数的变化方向不一致，但个股的成交量却大幅放大则要注意了，尤其是在个股没有新的消息公布的情况下更要当心，一般情况下最好还是相信此时的成交量已经被操纵了。

图11-5中的A点很说明问题。

当时该股没有任何消息在媒体上公布。在A点，即2006年10月10日，当天成交1233万股，前一天成交786万股，而在此之前的5天和10天平均日成交量均不足百万股，因此成交量属于明显放大。这两天指数以盘整为主，该股的收盘价前一天也基本持平，但10日当天却上涨2.93%，而且带有很长的上影线。这一切似乎告诉我们："价涨量升"，股价还会上涨。但过于放大的成交量告诉我们，如果仅仅是上涨不到三个百分点的幅度是不会放出那么大的成交量的，其中必然有主力在操纵成交量并使之快速放大。

随后上证指数一路走高，但该股却连续下跌。

主力利用虚假的成交量来吸引市场的买单，目的是出货。

做一定的成交量是非常有效果的，但这里有一个度的问题，市场上很多操盘手对此只有质的理解，但没有考虑过量的问题，也就是说只知道要放量

(不断对倒)，但不知道到底要放多少量。这对于一个操盘手来说不能不说是一个遗憾，但对于投资者来说却是一个福音，因为我们可以知道主力的一个常规性缺陷。

图 11-5

下面再通过一个实例来分析虚增的成交量。

图 11-6 中的"上海医药"走势为下跌后的盘整，后来再跌，我们关注其中盘整时段的 A 点和 B 点。

很明显在 A 点和 B 点区域成交量明显放大，A 点的 3 天为 320 万股、344 万股、385 万股，而在前一天的 5 天平均日成交量为 64 万股，属于明显的放量态势。B 点的几天，从 2000 年 8 月 8 日开始，连续 5 天的成交量为 489 万股、442 万股、117 万股、386 万股和 334 万股，而在 8 月 7 日，其 5 天的日平均成交量为 66 万股，10 天的平均成交量为 71 万股，亦属于明显的放量态势。从 7 月 12 日到 8 月 14 日，上证指数从 1973 点上升到 2076 点，属于上升态势，但该股的股价却基本没动，成交量又两次阶段性的明显放大，这是一种很典型的操纵成交量现象。

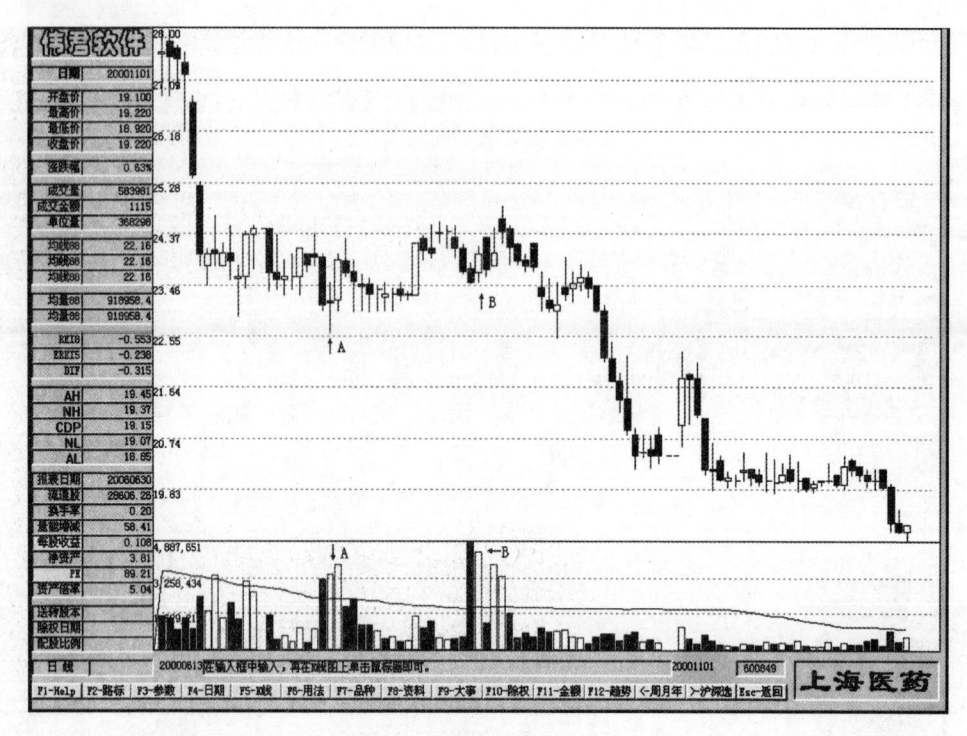

图 11-6

这次操纵成交量的目的只有一个，就是吸引市场的买单，因为量增的结果并没有使股价上涨，因此操纵成交量的主力有出货的可能，而且主力并不打算再增加筹码，否则的话顺势将股价随大盘一起推高更有效果，这也表明主力或者筹码已经不多，或者资金已经不够。不管怎么样，主力出货的意图已经非常明显。后面的股价走势已经充分说明了这一点。

本案例在 K 线图中出现的频率是非常高的，属于投资者要牢记的案例之一。

好了，现在我们已经知道，用于计算绝大部分技术指标的五个最主要的原始数据开盘价、最高价、最低价、收盘价和成交量被人为操纵的可能性很大，也就是说计算技术指标的原始数据在某种程度上可以由操纵者来决定，这样技术指标的计算结果也相当于是可以由操纵者来决定的，只要操纵者愿意。因此我个人认为，技术指标是具有很大可塑性的。

但我们也不必过于担心，根据市场的现状，即使是盘中的主力想要操纵的数据也多数是收盘价和成交量两个，而且操纵的目的并不是为了通过它们来操纵技术指标的结果，只是为了让 K 线图更好看或者难看一些。所以在排除了这些因素以外，某些技术指标是有参考价值的，对于我们了解当前股价的技术状态也还是有用的，只是在运用中要多一个心眼，特别是要在K线图中分析一下有没有明显的操纵数据痕迹。

对于主力自己的操盘手来说，通过"操纵基本的原始数据从而达到改变有关的技术指标值以达到吸引买盘或卖盘的目的"，这本身是一门相当深的学问，操纵者必须具备以下几个条件：首先是要有相当的数学知识，必须具备数字的敏感性；其次是要完全透彻地了解和掌握技术指标的公式，这里至少包括相当一部分常用的技术指标；再次是要有相当的计算机软件开发能力，这种工作靠手工或小小的计算器是无法完成的。从目前的市场情况来看，具备这些条件的操盘手凤毛麟角，绝大多数的操盘手对于操纵股价后对技术指标的影响恐怕根本就没有注意到，或许觉得也没有必要。因此我们对技术指标的研究还是会有一些用处的。

至于如何为了达到修改技术指标值而进行原始数据的操纵是一个更深层次的课题，我在下面介绍技术指标的章节中会有所涉及，但不会详细探讨。

第十二章　主要技术指标

在上一章我们已经对技术指标做了一个概括性的分析，结论也很明确，尽管它有短期性和可塑性，但我们还是可以有选择、有条件地应用。

目前市场上技术指标比较流行，但我注意到投资者在查阅技术指标时只看指标值的绝对高低，一般也不考虑修改技术指标的参数。如果自己已经持有这种股票，就希望指标值越低越好，这样股价似乎就可以上涨。如果自己想买进这种股票，就希望指标值越高越好，这样股价似乎就会回落。以这样的心态进行技术指标的分析与求神拜佛似乎没有什么两样，技术指标已经退化为一种心灵安慰的工具。因此如果投资者确实想通过技术指标的研判来增加投资成功概率的话，首先应该放下任何主观的愿望，要尽量调整到"手中有股而心中无股"的心态，完全以理性的态度对待技术指标的演变。

不管怎么说，技术指标毕竟是对近期的相关交易数据进行了一些汇总统计，因此不同的技术指标会得出某个市场交易方面的结论。比如：

目前的收盘价处于近期的最高价和最低价之间的什么位置？

近期涨跌力度如何？

收盘价离平均线的距离有多少？

平均线的演变情况如何？

成交量与股价的变化情况如何？

整个市场中个股的涨跌力度如何？

创出近期新高和新低的股票有多少家？它们占市场的份额有多少？

收盘价在平均线以上的股票有多少家？它们占市场的份额有多少？

成交量最大的前几家股票成交量合计占市场的比例有多少？

……

以上这些问题在具体的市场分析中肯定会被经常提及，但如果没有技术指标，谁有能力回答这些问题？

技术指标几乎可以完成所有的市场统计工作。

这是技术指标的核心和灵魂。

比起直接看 K 线图来说，通过技术指标我们能够得到更多的统计结果，这样投资者对股价近期的运行也会更加心中有底，所以说技术指标的分析还是必要的。

经典的技术指标使用方法中有很多买卖法则，告诉投资者可以按此法则进行股票的买卖，但我认为这些结论并没有实际的应用价值，或者干脆说不记这些法则也罢，关键是要知道技术指标告诉了我们什么统计结果。

在本章中我将逐个分析几个常见的或者我认为是一些有用的技术指标，包括这些指标的背景、计算公式、含义、公式中的参数、使用法则、指标缺陷、甚至我个人推荐的参数、指标值被操纵的可能性和方法以及应用反例等等。

由于本书并非专门论述技术指标的教材，因此以上内容在每一个技术指标的分析介绍中不会面面俱到，但我会尽可能将自己积累十多年的技术指标应用经验罗列出来，希望能给投资者带来一些帮助。

另外，我这里所说到的"被操纵"并不一定是指有人故意操纵，也可能是非主观意愿的操纵。比如某投资者急需资金便急于出货，结果便在日 K 线图上出现了很低的最低价。再如某投资者把一大笔买单的价位填错，导致出现一个非理性的最高价等等，这些现象我也将它归入"被操纵"一类，但并不是被市场主力故意操纵的。

还有一点要请投资者牢牢记住的是：

任何一次投资决策决不能单单依靠一两个指标的研判结果。

投资决策涉及方方面面，包括大势、个股的基本面、技术指标、量价形态、主力的实力、主力持仓成本、主力操作手法等等。有些方面投资者可能一无所知，如公司未来的基本面变化等。有些方面投资者可能很难完全掌握，如主力的实力、主力的持仓成本等。但无论如何仅靠几个技术指标的研判是远远不够的。

我在下面所分析的技术指标中也会提出一些买卖建议，不过为了简单起见，采用就事论事的办法，省略了其他分析结果，投资者千万不要以为凭一个技术指标的结论就可以做出投资决策了。

在本书的后面章节里，我会精心挑选一些个股的实例，从各个方面进行综合分析，最终做出投资决策。投资者如果有兴趣，也可以根据我在本书中介绍的方法或者其他方法自己进行分析决策，看看我们的观点是否一致。

特别提示：本章中 O 代表开盘价，H 代表最高价，L 代表最低价，C 代表收盘价，V 代表成交量。

1. KD 指标

指标背景

KD 指标，中文译为随机指标(Stochastic)，其创立人是乔治·蓝恩(George Lane)博士，其来源实际上是 W%R 指标(将在后面介绍)，但比 W%R 指标更科学，更有实用价值。从我国股票市场的现状看，KD 指标无疑是比较受欢迎的指标，尤其是对于短线操作的投资者来说，几乎无人不知 KD 指标。不少专著在论述 KD 指标时还带有一个 J 指标，包括在大部分分析软件中 KD 指标也是以 KDJ 指标的形式出现的。但我认为 J 线的意义不是很大，只要掌握 KD 就足够了。

指标公式

首先假定其中的 4 个参数分别为 t、n、o、p，其中 t 为时间序列，n 为天数，o、p 为自然数。

$$RSV(t) = [C(t) - L(n)] \div [H(n) - L(n)] \times 100$$
$$K(t) = [RSV(t) \times 1 + K(t-1) \times (o-1)] \div o$$
$$D(t) = [K(t) \times 1 + D(t-1) \times (p-1)] \div p$$

其中 C(t) 为当天的收盘价，H(n) 和 L(n) 为 n 天内的最高价和最低价，而不是当天的最高价和最低价。一般来说，o 和 p 这两个参数都设置为 3，而 n 的变化较大，5、9、20、30 都有，但以 9 居多。行情分析软件中的三个原始参数就是 n，o，p，用 KD(n,o,p) 表示，一般只修改 n。

根据指标的计算公式，因为 L(n)≤C(t)≤H(n)，所以 0≤K(t)，D(t)≤100，也就是说 K(t) 和 D(t) 都在 0 到 100 之间波动，以 0 为底，以 100 为顶。

指标含义

初看上面的公式很复杂，实际上很简单，而且现在也用不着手工计算，所以关键还在于搞清楚它的含义。

RSV(t) 计算公式的含义是：到目前为止，收盘价[公式中的 C(t)]在最高价[H(n)]和最低价[L(n)]之间的位置。如 n 为 9，RSV 就是在最近 9 天的时间内,最后一天的收盘价位于最高价和最低价的什么地方。

假如这段时间内即 9 天内股价最高为 13 元,最低为 10 元,收盘为 11 元,那么

$$C(t)=11$$
$$RSV(t)=[C(t)-L(9)]\div[H(9)-L(9)]\times 100$$
$$=(11-10)\div(13-10)\times 100$$
$$=33.33$$

表明收盘价离最低价的位置较近,大概在最低价到最高价中间偏下的三分之一位置。

本指标中出现的 t 在接下来的指标中几乎都会出现,因为股价 K 线图是一个以时间为横轴,价格为纵轴的二维图形,因此对应的指标图大多也是以时间为横轴,指标值为纵轴的二维图形,这里的变量 t 是为了与相应的股价对应,所以也是日期的概念。也就是说在日 K 线图上每一天都会有一个指标值与 K 线图对应。

在下面的指标分析中将不再解释 t 的含意。

如果理解了 RSV(t) 的意义,KD 指标的精髓就掌握了。至于 K(t) 和 D(t) 的含义与 RSV(t) 是相同的,只是 K(t) 对 RSV(t) 做了一次平滑,D(t) 对 K(t) 又做了一次平滑。这里所说的平滑是一种数学上的概念,目的是过滤掉一些偶然性的波动干扰,通俗地说就是使得 RSV(t) 的波动更平滑一些,尽可能多地排除掉一些偶然的干扰。W%R 指标与 RSV(t) 类似,但缺少了两次平滑的过程,指标值就变得比较敏感,波动也就比较大,因此源于 W%R 指标的 KD 指标更科学。

也许对于初入门的投资者来说,KD 指标的含义还是有点不清晰,那不妨说得更加简单一点。

KD 指标的意思就是:股价越接近近期的最高价,KD 值就越高;股价越接近近期的最低价,KD 值就越低。这里的"近期"是与参数有关的一个日期,如 KD(9,3,3) 中的 (9,3,3) 参数,那么"近期"大概在 12(即 9 天加上 3 天)天以上。掌握了这个"精髓",对于 KD 值的高低就会有一个大致的概念。

如果我们单纯以教条的方式去看 KD 指标,那么会有一些奇怪的想法出现,比如"KD 值很高那么股价一定已经涨了很多"就是一例。

假定近期股价一直在 10 元到 10.50 元之间波动,而现在股价收于 10.50 元,

第十二章　主要技术指标

那么 KD 值一定很高,这是必然的,计算公式已经告诉我们这一点。但这并不表明股价已经上涨了很多,因为股价实际上最多上涨 0.50 元(最高价 10.50 元减去最低价 10 元)的可能。

〔练习 1〕　"KD 值很低那么股价一定跌了很多"是否一定正确?举例说明。

投资者自己试着计算一下,结果可以在书后的《附录——练习结果》中找到。

经典使用法则

KD 指标显示目前股价在近期所处的一个相对的高低位置。根据跌多了要涨,涨多了要跌这样一个最平常不过的道理,如果 KD 值很低的话是买进的时机,KD 值很高的话就是卖出的时机。因此经典技术指标理论提出以下使用法则,

法则①:K 值在 20 左右,K 线从下往上穿越 D 线时是买进信号。

法则②:K 值在 80 左右,K 线从上往下穿越 D 线时是卖出信号。

法则③:K 值低于 20 时,通常会出现短期底部。

法则④:K 值高于 80 时,通常会出现短期顶部。

法则⑤:股价一浪高于一浪,但 KD 线一浪低于一浪,表明股价要回落。

法则⑥:股价一浪低于一浪,但 KD 线一浪高于一浪,表明股价要上升。

以上法则也可以称为买卖法则。

应用实例

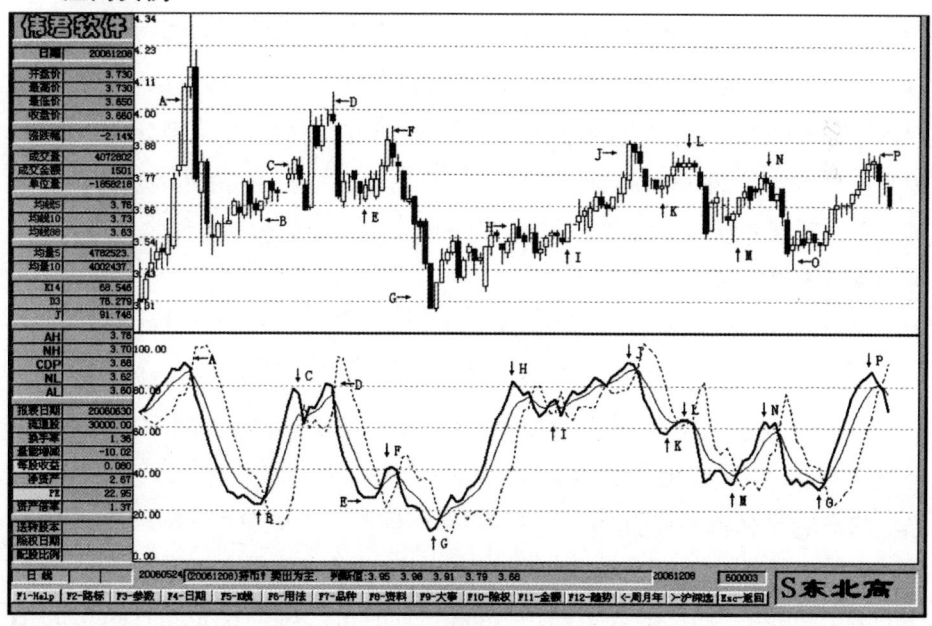

图 12-1

图12-1为2006年5月24日到2006年12月8日的"S东北高(600003)"日K线图,这是我随意选出的一张图,根据一些明显的转折点画出了从A到P共16个点。

根据指标应用法则这些点的分类如下。

买进信号(法则①):G

卖出信号(法则②):A、D、H、J、P

买进信号(法则③):G

卖出信号(法则④):A、D、H、J、P

卖出信号(法则⑤):无

买进信号(法则⑥):无

对照实际的K线图和KD指标的买卖法则,我们可以发现,至少实际操作起来比较困难,最主要的问题是指标的滞后性比较明显。

上面的KD买卖法则在任何一本技术指标分析专著中都可以找到,我之所以要把它列出来完全是为了让投资者对该指标有一个更加全面的了解。实际上这些通常的经典用法并不能给投资者带来什么帮助,因为这是理论上的结论,与实际有着不小的差距。我在使用技术指标时也提出了一些自己的方法,有的比较接近通常的方法,因此在本章的探讨中会同时罗列出两种使用的法则。

KD指标的使用法则从其本质上来说是有道理的。KD线上升,表明投资者愿意出更高的价买进,这背后可能是大盘总体走好,可能是公司后面有利多消息等等,总之收盘价在逐步抬高。但经过一段时间的上涨,抛盘也会增加,因此只要KD线上涨到一定的位置是可以考虑卖出的,反之亦然。然而在实际买卖中如果投资者过于拘泥于使用法则,就可能会成为教条主义的牺牲品。

推荐应用法则

法则①:K值跌到20以下,股价处于短期低点,有买进的可能。

法则②:K值升到80以上,股价处于短期高点,有卖出的可能。

注意:这里并没有明确的说要买进或卖出,而是有买进或卖出的可能性。道理很简单,我们做股票并不依靠一两个技术指标的分析结果,因为每一个指标都不是有100%把握的。

应用反例

图12-2是"S佳通(600182)"2000年9月15日到2001年1月19日的

日K线图。

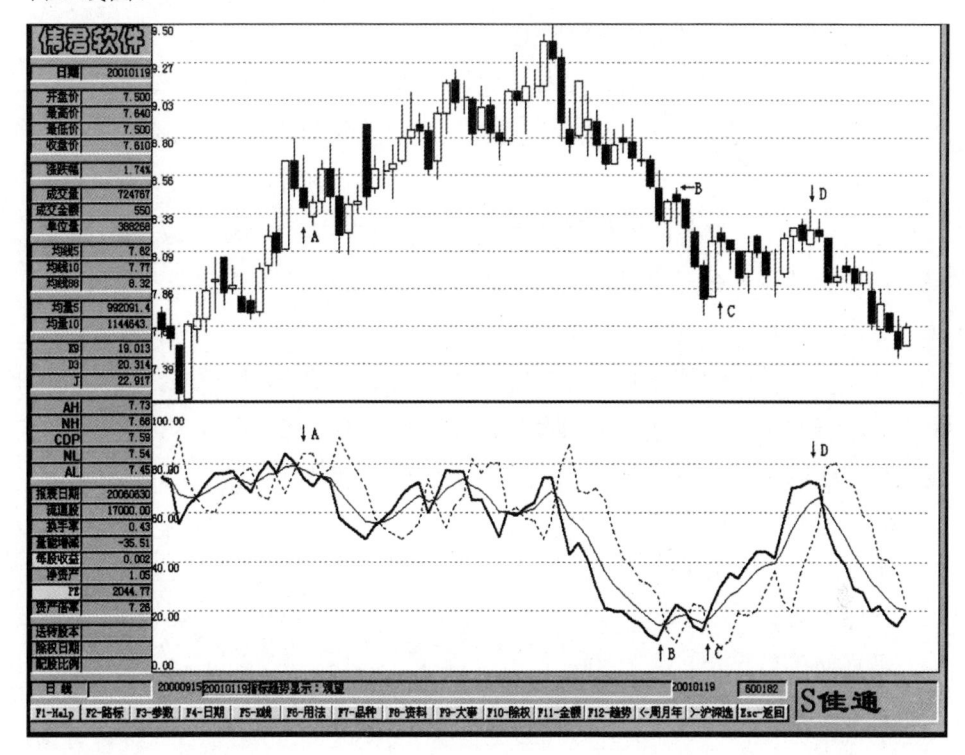

图 12-2

图中A点时K线从80以上的高位往下击穿D线，根据法则②是卖出信号，事实证明是错误的。

图中B点和C点是标准的背离走势，就是股价一浪低于一浪，而KD线一浪高于一浪，根据法则⑥也是买进信号，实际上股价在此盘整三周后破位下跌。

真正的卖出点D点却没有提示，因为在D点时K值和D值都在80以下，法则没有提示。

指标缺陷

公式中的参数并没有统一，具有不确定性。

实际上几乎所有的技术指标中都有这个缺陷。

如果我们将公式中的参数进行修改的话，结果是不一样的，买卖点也会不同，这就是说不同的参数就会有不同的买卖信号。

有很多结果其实就等于没有结果。

所以我们在实际运用这些技术指标时还必须先设定参数，然后再来进行

99

分析，这样至少有可比性。

那么参数到底如何设定呢？比如KD指标中的天数n到底是用9天还是14天、20天、30天甚至60天？没有定论，一般的技术指标分析专著中往往推荐14天，而在投资者常用的软件中是9天。这个n参数的大与小的区别就在于指标对股价反应的灵敏度。参数取得越小，指标的波动就越大，买卖信号增加，错误信号也增多。参数取得越大，指标的波动就越小，买卖信号减少，错误信号也减少，很多机会也就容易失去。所以正确选取参数是一项非常艰难的工作。

在一些经典的专著上有一种非常圆满的说法，那就是让投资者根据自己的经验来确定参数。其实完美的参数也许根本就不存在，所以投资者最好还是放弃寻找最佳参数的努力，好在我们不是靠一个指标过日子。

参数推荐

中短期：指数为10天。

个股为5天。

中长期：30天。

可操纵性

一个指标本来就不是十分可靠的，如果再被人为操纵的话岂不是更加不可靠？但我们只要掌握了操纵指标的方法，那么就可以识破。KD指标的基本含义我们已经知道了，实际上操纵该指标的方法也就知道了，那就是指标中所涉及的收盘价、最高价和最低价。下面举几例说明操纵者的操纵手法和投资者的应对方法。

下面举例说明如何做高KD值。

如果操纵者希望在目前或更低的价位买进更多的筹码，可以在相对高的价位多挂一些卖单，这样股价就难以上涨，而收盘价则尽量往最高价靠，如果交易时段内出现接盘清淡的话可顺势抛出一大笔低价卖单，做出非正常的最低价，这样KD线就会迅速上升，给人短线见顶的感觉，从而带出市场的卖单。

如图12-3，A点一个低开盘和当天的光头阳线使得KD线开始快速上升，在B点，K为80.61，D为71.79，根据法则④属于卖出区域，而实际上股价几乎没有涨过。接下来KD指标向下调整了三周，股价却在原价位进行整理，根本就没有跌下来。事实证明B点的卖出信号完全是错的。也许A点的超低价是某个投资者填错单子所为而不是操纵者的刻意行为,但不管怎么样,事实上还是起到了修改 KD 指标结果的作用。从后面的一波行情来看,我们更愿意相信 A 点的开盘价是被操纵的,因此 B 点的 KD 超买值也是被操纵出来的。

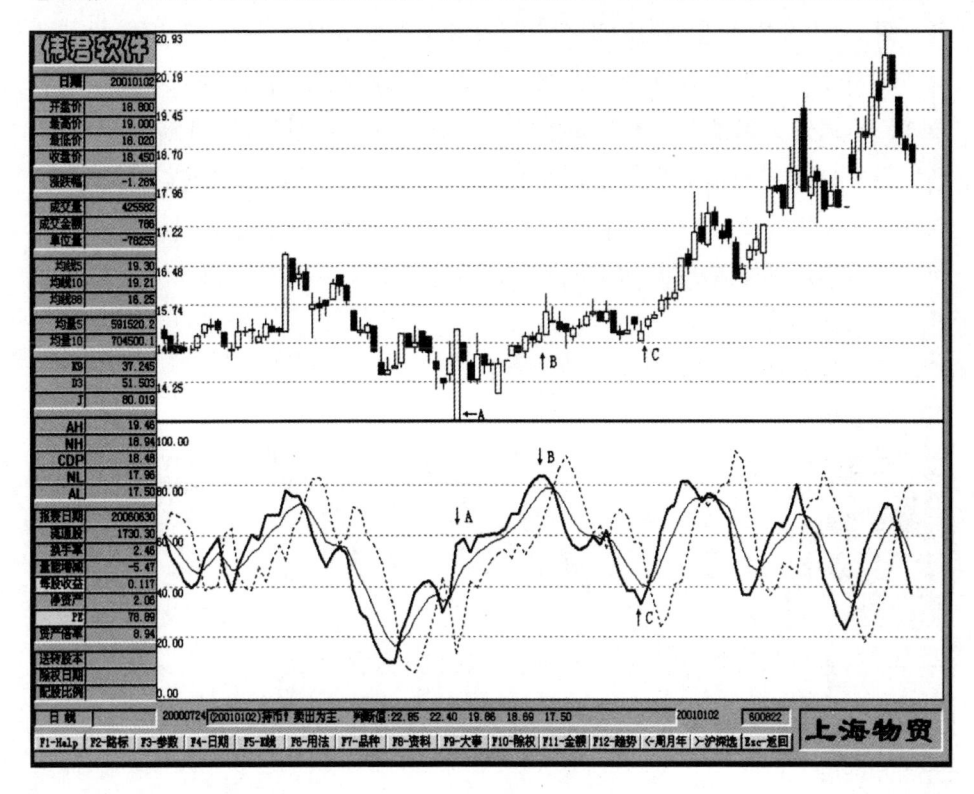

图 12-3

投资者如果是想买进的话 C 点是一个极好的机会,因为这天 K 线已经从 31 上升到 50 并且上穿 D 线,形成一次买进机会。如果想卖出就不必了,因为 A 点的最低价有可能是被操纵的,即 KD 值被刻意地做高,那么操纵者是想买进筹码,结果当然是股价要上涨,卖出也就没有意义了。

下面举例说明做低 KD 值。

如果操纵者希望吸引更多的市场买盘,以便维持住目前的股价,或者是操纵者自己出掉一些筹码,则做法与前一例相反。一种是在盘中交易时寻找卖压较轻的机会(一般是在开盘后)迅速往上打进一笔买单,使股价出现一个被操纵的最高价,同时在回落时控制住最低价,避免出现过低的最低价,因为操纵者一般都有较多的资金和筹码,因此在较低的位置再接一点筹码也是完全做得到的；另一种方法是一旦开盘就拉开对倒的架势，用较大的买盘和卖盘自己成交，然后在到达预期的最高价后停止对倒，股价一般会自然回落，再通过控制最低价，最终达到做低 KD 值的目的。

图 12-4 中的 A 点是我们关注的点，当天盘中出现了一个一年以来的最高价 20.98 元，而当天收盘价只有 20.41 元，从成交量的放大情况来看，这个最高价是通过大量的对倒形式做出来的，属于上面所说的后一种情况。正是由于这一最高价的出现，使得当天的 K 值只有 61.52，而且在随后的几天 KD 值也没有大的变化，K 值最高也没有超过 65，远低于 80 的超买值。然而后期的走势显示，股价再也没有创出新高，5 天后进入一轮下跌周期。

图 12-4

如果 A 点当天的最高价就是收盘价 20.41 元，那会是什么结果呢？我们模拟计算一下就可知，当天的 K 值是 72.50，要比实际的 61.52 高出约 11 点。要知道 K 值的范围不过是从 0 到 100，因此不管 20.98 元的最高价是故意的还是无意的，至少客观上起到了操纵 KD 指标的作用。对于投资者来说，如果认识到操纵者做低 KD 值是为了吸引市场买盘,那么短期内上升的力度就很有限了,卖出就是唯一的选择,即使在 A 点没有卖出的话至少还有 4 天的时间可以从容决策出逃。

上面我用比较多的篇幅介绍了 KD 指标,主要是因为技术指标中的有些东西具有共性,某些差异不大的内容在后面的技术指标介绍中就不再重复了。

2. W%R 指标

指标背景

W%R 指标又称威廉超买超卖指标(Williams Overbought/Oversold Index),是由拉瑞·威廉(Larry Williams)创立的,1973 年发表于他的《我如何赚取一百万美元》书中。由于威廉用 1 万美元赚到 100 万美元,因此他创立的指标自然引起了世人的关注。

其实在我国的股票市场上用 1 万元赚到 100 万元并非稀罕事,因此我们完全没有必要因为这一点而对 W%R 指标产生盲目崇拜。实际上 W%R 指标几乎已经被淘汰,起码源于它的 KD 指标已经完全可以替代它了。我之所以还要在这里提到完全是因为市场上很多投资者知道它。

指标公式

假设天数为 n。

$$W\%R(t) = [H(n) - C(t)] \div [H(n) - L(n)] \times 100$$

其中 t、H(n)、C(t)、L(n) 等在 KD 指标中已经详加说明,所以从现在开始一般情况下不再说明。

参数 n 的选取以经验为主,一般推荐 10 天或 20 天,喜欢短期的投资者可以选 5 天。

W%R 指标的值在 100-0 之间波动,与 KD 不同,它以 100 为底,以 0 为顶。由于几乎所有的波动在 0-100 的技术指标都是以 0 为底、以 100 为顶,为了适应这个习惯,市场提出了倒 W%R 指标,即用 1 去减以 W%R 指标值而得到的以 0 为底、以 100 为顶的指标,它与 W%R 指标的差异就是把指标图通过 50 这根中心线上下颠倒一下。我在"伟君软件"中采用的是倒 W%R 指标,没有什么道理,只是为了习惯。

倒 W%R 指标公式:

$$倒 W\%R(t) = 1 - \%R(t)$$
$$= [C(t) - L(n)] \div [H(n) - L(n)] \times 100$$

经典应用法则

法则①：倒 W%R＞80，股价即将见顶，跌破 80 为卖出信号，80 为卖出线。

法则②：倒 W%R＜20，股价即将见底，升破 20 为买进信号，20 为买进线。

推荐应用法则

首先计算倒 W%R 指标的 m 天平均线。在"伟君软件"中，m 是可以重新设定的，它是一个参数，一般来说 m 设定为 5 天。这样在指标图中就有两根曲线，其中波动较大的一根是倒威廉指标线，较为平滑的一根是倒威廉指标平均线。

法则① 平均线由 80 以上回落，有卖出可能。

法则② 平均线由 20 以下上升，有买进可能。

指标缺陷

缺陷①：参数的不确定性。

缺陷②：对股价变动过分敏感，容易出现假信号。

参数推荐

中短期：10 天。

中长期：30 天。

指标含义

KD 指标实际上就是 W%R 指标的进一步平滑，因此 W%R 指标的含义也就是 KD 指标的含义。以倒 W%R 指标为例，收盘价 $[C(t)]$ 等于最高价 $[H(n)]$，倒 W%R 指标为 100，收盘价 $[C(t)]$ 等于最低价 $[L(n)]$，倒 W%R 指标为 0，收盘价越接近最高价，指标值就越接近 100，反之收盘价越接近最低价，指标值就越接近 0。

假设 5 天内最高价是 15 元，最低价是 14 元，收盘价是 14.80 元，则：

倒 W%R＝(14.80－14)÷(15－14)×100

＝80

如果当天是光头阳线而且创出近期新高，那么不用看软件，闭着眼睛也知道倒 W%R 指标冲顶并达到 100；如果当天是光脚阴线而且创出近期新低，则倒 W%R 指标肯定是 0；如果当天收盘价在近期最高价和最低价的中间，那么倒 W%R 指标就是 50。

显然这个指标过分简单了，简单的结果就是对股价的波动十分敏感。

应用实例

图 12-5 是体现倒 W%R 指标敏感性的一个很好的例子。

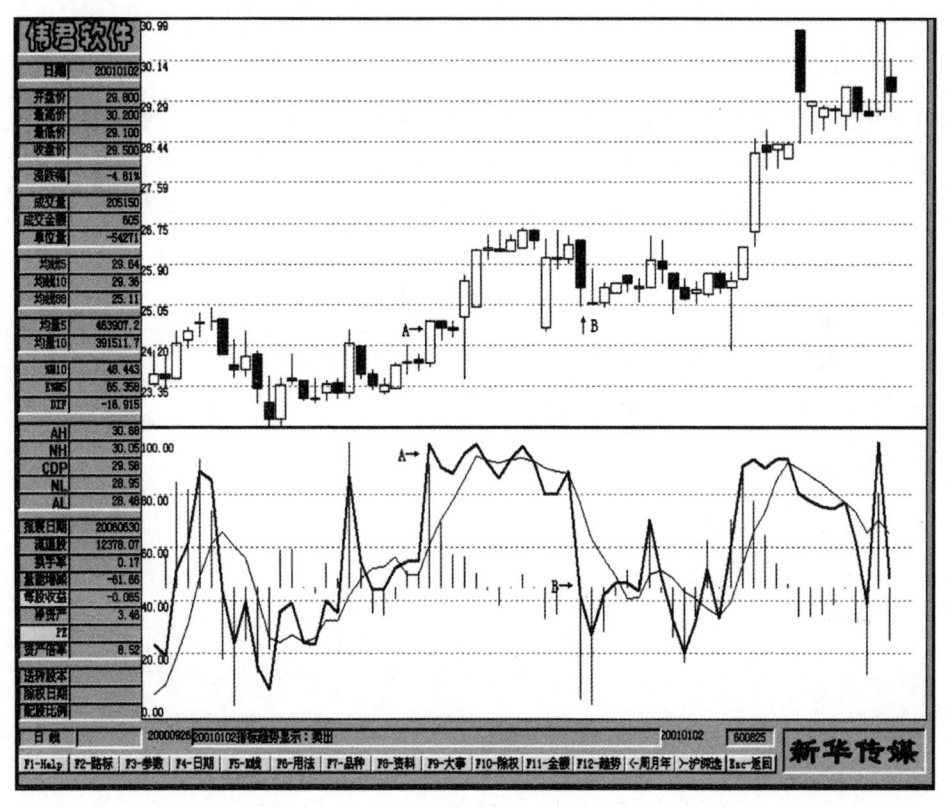

图 12-5

在 A 点，当天股价收在 24.69 元，当天最高价也是 10 天内的最高价是 24.70 元，10 天内的最低价是 23.06 元，因此当天的 10 天倒 W%R 指标值为 99.39，接近 100。如果当天收在 24.70 元的话，指标值就是 100 了。按经典应用法则①，行情即将见顶，但实际上上升行情并没有结束。在 B 点，倒 W%R 指标向下跌破 80，根据经典应用法则②，应该是卖出的信号，实际上股价已经下跌到位，这时卖出，很难再有机会买回。

下面重点论述一下指标线的平均线。

众所周知,股价的波动有一定的偶然性,其中还有被操纵的可能。但股价的运行还是受一些自身因素影响的,因此我们在技术指标的研判中要尽量避免这一类异常的波动,理论上最容易也是最简单的办法就是对原指标线进行平滑处理。

对于一系列的数据进行平滑处理的方法有很多种,但最实用的、可能也是最简单的方法还是平均线法。早在二十几年前我就在有关的技术分析培训班上力荐指标均线法。现在有一些软件已经可以让使用者输入有关的公式,自己创立技术指标,因此投资者完全可以将指标均线作为一个新的技术指标而设置其中。我在"伟君软件"的技术指标设置中把指标均线画在同一张框图中,如图 12-5 中的倒 W%R 指标图就是。

可操纵性

W%R 指标的简单特性和简单公式使得这个指标很容易被操纵,做法与操纵 KD 指标值相同,效果远比操纵 KD 指标明显。当然是否有人愿意去操纵 W%R 指标值倒是令我怀疑,因此我也不在这里提供实例了。

3. RSI 指标

指标背景

RSI 指标又称相对强弱指标(Relative Strength Index),是威勒斯·威尔德(Welles Wilder J.)在其专著《技术分析新概念》(*New Concept of Technical Analysis*)中提出来的。由于该书注重于新的计算公式而轻视了新概念的阐述,使得书中的许多新指标无法推广开来,但 RSI 指标的概念较为明确,结论也不错,在市场上有很好的口碑,我也认为该指标是不可轻易放弃的指标之一。

指标公式

假定公式中的参数为 n,n 为天数。

RSI(t)=n 天内涨幅之和÷(n 天内跌幅之和+n 天内涨幅之和)×100

其中涨幅和跌幅都是用收盘价计算的。

RSI 指标的公式有几种,但意义和结果都是一样的,上面给出的公式是最容易记住的。也许一开始比较难以理解,这里只要举一个例子就一目了然了。

设 n 为 5 天。

序号	收盘价(元)	涨幅之和(元)	跌幅之和(元)
0	10.00	--	--
1	10.50	0.50	--
2	10.20	0.50	0.30
3	10.80	1.10	0.30
4	10.90	1.20	0.30
5	10.70	1.20	0.50

RSI ＝5 天内涨幅之和÷(5 天内涨幅之和＋5 天内跌幅之和)×100

＝1.20÷(1.20＋0.50)×100

＝70.59

从公式进行分析，如果 n 天内股价天天上涨，那么 RSI 指标为 100，反之为 0，其他情况下数字在 0～100 之间变动。

指标含义

RSI 指标的公式表示的是在某段时间内上涨幅度占整个波动幅度的比，就是说在上上下下的波动中，有百分之多少是升幅。根据一般的规律，如果股价上涨的时间长了，上涨的幅度大了，新的买盘就会减少，股价回落的可能性就会增加。

如果投资者对诸如"某段时间""上涨幅度""整个波动幅度""百分之多少"等等还是觉得过于抽象的话，可以这样简单地理解：RSI 指标过高就是最近上涨过多，股价要下跌；RSI 指标过低就是最近下跌过多，股价要上涨。

经典应用法则

法则①：RSI>80，股价进入超买区，有回落可能。

法则②：RSI<20，股价进入超卖区，有上升可能。

法则③：股价一波比一波低，RSI 却一波比一波高，则股价有上升可能。

法则④：股价一波比一波高，RSI 却一波比一波低，则股价有回落可能。

在有些常用软件中有两条 RSI 指标线，一般称为快线和慢线，天数短的称为慢线，长的称为快线。

对于这两条指标线有这样的用法：

用法①：RSI 短线在 20 以下向上穿过 RSI 长线，为买进信号。

用法②：RSI 短线在 80 以上向下穿过 RSI 长线，为卖出信号。

设置快慢两条RSI指标线的目的是减少一些随机性的干扰。这种思路是对的，但我认为还是设置一条RSI指标的平均线更加有效一些。我在"伟君软件"中加入了RSI指标线的平均线即ERSI指标线，因此"伟君软件"中的两条RSI指标线与某些常用软件的两条指标线是不同的概念。

增加一根RSI的平均线后，我提出以下使用方法。

推荐应用法则

法则①：RSI指标线向下击穿RSI平均线，平均线转为下跌，有卖出可能。

法则②：RSI指标线向上冲破RSI平均线，平均线转为上升，有买进可能。

这两个应用法则比较模糊，特别是其中没有位置的概念。在绝大部分技术指标的经典应用法则中都有位置的概念，如RSI指标应用法则中的80以上区域和20以下区域等等。但投资者即使现在不了解，以后也会碰到指标在高位或低位的钝化问题。所谓钝化就是指标高了，该卖出但股价却还能走得更高；指标低了，该买进了但股价却跌得更低。比如RSI到了80以上股价仍在上涨，或者RSI到了20以下股价还在下跌。为了尽量避免钝化的问题，我们应该尽量通过指标运行的趋势进行分析判断，而不是一些绝对的位置概念。

应用实例

图12-6

图 12-6 是"江南重工(600072)"从 2006 年 6 月 22 日到 2006 年 12 月 7 日的日 K 线图，指标图为 14 天的 RSI 指标线和 5 天的 RSI 指标平均线，其中比较光滑的是指标平均线。在图中共标出从 A 到 G 共 7 个点，这些点都是根据"推荐应用法则"得到的。其中点 B、D、E、G 为可能的买进点，而点 A、C、F 为可能的卖出点。对照 K 线图的走势可以发现，这 7 次买卖信号基本上正确，只有在 D 点出现了一些问题，如果严格按照买卖点进行操作的话，总体收益应该相当不错，主要是完全抓住了股价的波动机会，而其中唯一的一次小亏损是在 D 点之后马上出现了卖出信号，接着又出现 E 点的买进信号。

本例如果投资者从一开始就买进然后到最后卖出，其收益远远不能与我们现在依靠 RSI 指标进行波段操作相比。但我们必须记住：仅靠某一个技术指标是不全面的，本例并没有通用性。

指标缺陷

参数的不确定性。

参数推荐

中短线：5 天。中长线：14 天。

可操纵性

RSI 指标的计算公式中仅涉及收盘价一个数据，因此它的可操纵性是显而易见的，只要控制收盘价就可以了。

4. BIAS 指标

指标背景

BIAS 指标又被称为乖离率指标，源于葛兰贝尔(Joseph Granville)的移动平均线八大法则。考虑到本书的实用性，我并不打算详细介绍该法则。葛兰贝尔的移动平均线八大法则对股价与平均线的关系做了形象的描述，它成立的前提是股价围绕在其平均线附近运行，一旦股价远离平均线就会向平均线靠拢。

BIAS 指标就是为了能够精确地测量股价到平均线的距离而设定的。

指标公式

假设参数为 n，n 为天数。

$$BIAS(t) = [C(t) - MA(n)] \div [MA(n)] \times 100$$

其中 MA(n) 为 n 天平均值，也就是我们通常所说的平均线。

BIAS(t)的计算实例

先计算平均值 MA(n)，再计算乖离率 BIAS(t)。如下例：

序列	股价（元）
1	10.10
2	10.30
3	9.90
4	10.30
5	9.80

$$MA(5) = (10.10 + 10.30 + 9.90 + 10.30 + 9.80) \div 5$$
$$= 10.08$$
$$BIAS(t) = (9.80 - 10.08) \div 10.08 \times 100$$
$$= -2.78$$

根据计算公式可知：BIAS 指标的值域从 $-\infty$ 到 $+\infty$，一般会围绕 0 波动。

指标含义

有了 BIAS 指标，我们就知道目前的股价离开 n 天平均线有多少距离了，而且也可以知道股价离开的平均线是正距离（在平均线上方）还是负距离（在平均线下方），这样就使得葛兰贝尔的移动平均线八大法则有了精确的数量概念。

如果 BIAS(5) 为 8，表明股价在 5 天平均线的上方，高于 5 天平均线的 8%；如果 BIAS(10) 为 -5，表明股价在 10 天平均线的下方，低于 10 天平均线 5%。

我们也可以用更通俗的方法进行理解。

BIAS 指标过高，表示股价高于平均线很多，也就是最近买进的人都获利，因此股价要下跌的可能性比较大；BIAS 指标过低，表示股价低于平均线很多，也就是最近买进的人都亏损，因此股价要上涨的可能性就比较大。

这里所指的平均线天数就是指标的参数。

经典应用法则

既然我们已经把葛兰贝尔的移动平均线八大法则数量化了，因此在理论上就具备了可操作性。根据葛兰贝尔的移动平均线八大法则，也就是平均线是市场平衡位置的标志，远离平均线只是暂时现象，平均线对股价有一种神秘的拉力，这样就有以下经典应用法则。

法则①：BIAS(10)>8 则进入超买区，为卖出信号。

法则②：BIAS(10)<-8 则进入超卖区，为买进信号。

为什么是±8而不是其他数字？没有找到理由，应该是经验之谈。

应用实例

图 12-7 是"海泰发展(600082)"从 2006 年 6 月 22 日到 2006 年 10 月 12 日的日线图。通过 BIAS(5)大于 8 或者小于 -8 判断，我们一共可以得到从 A 到 E 点共五个买卖点。

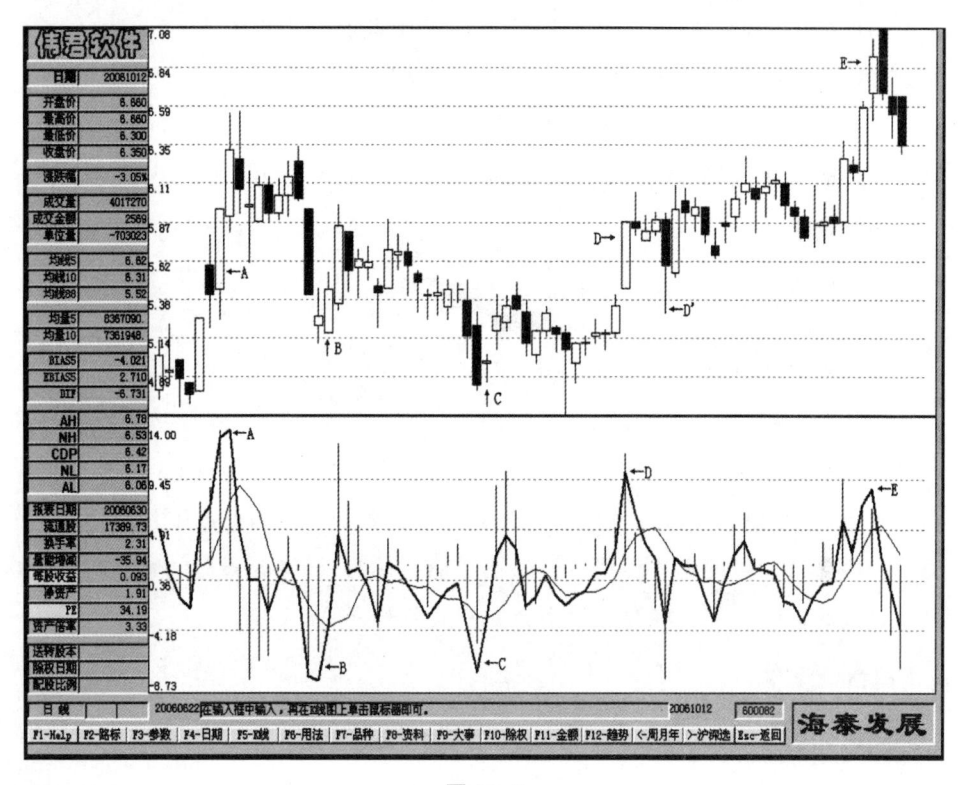

图 12-7

这五个买卖点提供的买卖信号基本正确，但 D 点的卖出点之后，BIAS 指标没有再提供买进点，因此机械地按照 BIAS 指标操作将会失去最后一段上升幅度的收益。其实在 B 点和 C 点之间也有这个问题。

由于 BIAS 指标的参数取为 5(天)，而且判断值又是±8，所以它提供的是

111

超短期的买卖点，也就是说这时候出现的买卖信号只有极短期的有效性，或者干脆说就是只有一到两天的实效。如果我们按照一两天的周期进行买卖，那么这几次出现的买卖都是有效的，但这样做似乎又放弃了比较大的收益机会。

超短线还是短线或者中线，这永远是技术分析的难题，关键在于正确掌握技术指标本身的长短性和其中的参数。

一般来说，BIAS 指标属于超短线指标，仅仅用于研判股价是否超买或者超卖。

推荐应用法则

在 BIAS 指标图中增加一条 BIAS 指标的平均线即 EBIAS 指标，观察 EBIAS 指标与股价的走向。如果股价在一个起码是中期高位上继续上行而 EBIAS 指标却在掉头下行，则是难得的卖出信号，反之是买进信号。

法则①：BIAS 指标线向下击穿 RSI 平均线，平均线转为下跌，有卖出可能。

法则②：BIAS 指标线向上冲破 RSI 平均线，平均线转为上升，有买进可能。

指标缺陷

参数的不确定性。

推荐参数：

中短期：10 天

中长期：30 天

可操纵性

由于 BIAS 指标仅涉及收盘价，即使在平均线 MA(n) 的计算中也只涉及收盘价，因此要操纵的话比较简单。然而目前市场对于 BIAS 指标的重视程度已经日趋淡薄，因此其可操纵性也不会受到太多的重视。

5. MTM 指标

指标背景

MTM 指标又称动量指标(Momentum)，与 RSI 指标一样，同样是由威尔德提出来的，也许是该指标意义明确，计算又简单，因此在市场上已不再流行，命运同 BIAS 指标差不多。

指标公式

假设参数为 n，n 为天数。

$$MTM(t)=[C(t)-C(t-n)]\div C(t-n)\times 100$$

计算实例

序列	收盘价(元)
1	10.10
2	10.80
3	10.50
4	10.20
5	10.60
6	10.90

设 n＝6 则

MTM(t)＝(10.90－10.10)÷10.10×100

＝7.92

特别指出：MTM 指标原始的计算公式是：

$$MTM(t)=C(t)-C(t-n)$$

这一公式与上面所列的计算公式在本质上是一样的，差异在于原始公式计算绝对的差异，而现在的公式计算的是相对的差异。从理论上来说，绝对差异没有可比性，只有相对差异才具有可比性。所以现在一般采用相对差异的计算公式。

根据公式，MTM 指标是以零为中心上下波动的，值域为 $-\infty$ 到 $+\infty$，也就是说在理论上没有上限和下限。

指标含义

很明显，MTM 指标表明的是股价上升或下跌的百分比。比如 MTM(6)＝7.92，就表明收盘价比 5 天前上涨了 7.92%。如果现在收盘价是 10.90 元，那么 5 天前的收盘价一定是 10.10 元。

当 n＝2 时，正好就是今天与昨天相比的涨跌百分比。

通俗理解，MTM 过高就是收盘价与前几天相比上涨过多，股价涨多了可能就要下跌；MTM 过低就是收盘价与前几天相比下跌过多，股价跌多了可能就要上涨。其中所说的前几天就是参数中的天数。

经典应用法则

MTM 指标的使用法则中没有明确的买卖信号，只是反映股价所处的状态。

法则①：MTM＞0，MTM 指标上升，则上升趋势继续。

法则②：MTM＞0，MTM 指标下跌，则上升趋势延缓。

法则③：MTM＜0，MTM 指标下跌，则下跌趋势继续。

法则④：MTM＜0，MTM 指标上升，则下跌趋势延缓。

推荐应用法则

在计算 MTM 指标的基础上，再计算一条 MTM 指标线的平均线 EMTM。

法则①：MTM 指标在高位向下跌破 ETMT，同时 EMTM 也掉头由升转跌，有卖出可能。

法则②：MTM 指标在低位向上突破 ETMT，同时 EMTM 也掉头由跌转升，有买进可能。

这两条应用法则的增加使得 MTM 这个几乎被市场遗忘的指标爆发出惊人的能量，尤其是在大势研判方面。

该指标是我向投资者推荐的少数指标之一，建议每天必看。

应用实例

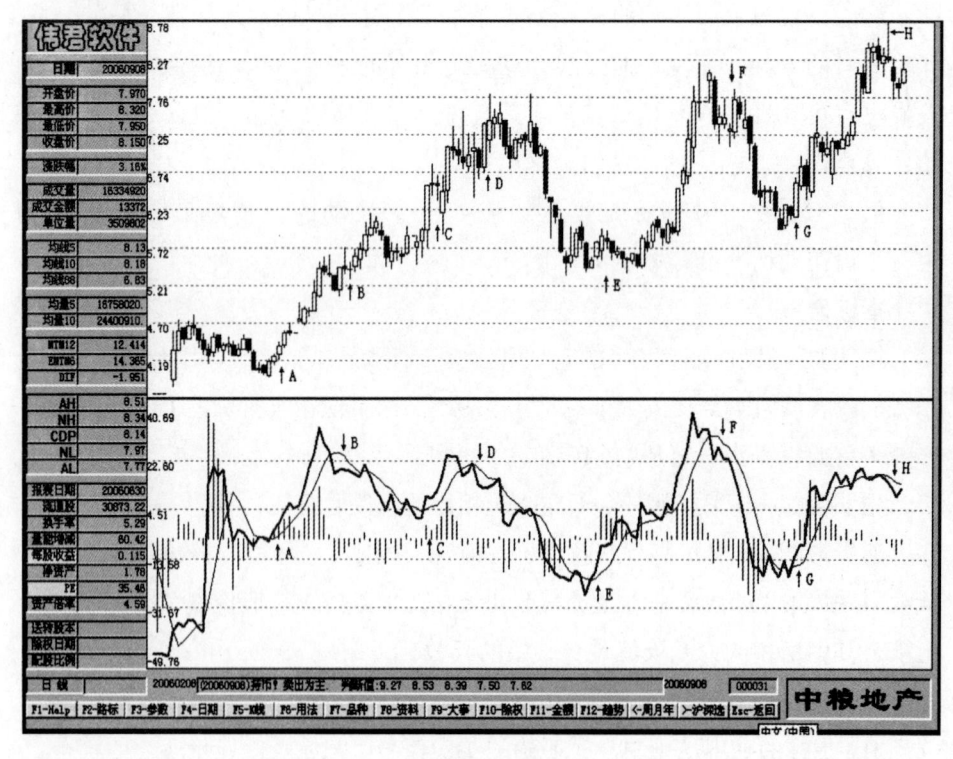

图 12-8

图 12-8 是 "中粮地产(000031)" 2006 年 2 月 8 日到 2006 年 9 月 8 日的日线图,其中 MTM 指标的参数是 12,EMTM 指标的参数都为 6,EMTM 是一根比较平滑的线。

根据推荐应用法则,指标图中给出了从 A 点到 H 点共 8 个买卖点,其中点 A、C、E、G 是买进点,点 B、D、F、H 是卖出点,这些点位都是 EMTM 的转折点和 MTM 击穿 EMTM 的点位。

这些买卖点中只有 B 点到 C 点的一次卖出后买进是失误的,但并没有出现亏损。因此,如果严格按此买卖点进行操作是可以最大限度获取股价波动的收益的。

指标缺陷

参数的不确定性。

推荐参数

周线图:MTM 6 周,EMTM 6 周。

日线图:MTM 12 天,EMTM 6 天。

可操纵性

MTM 的计算涉及当天和 n 天前的收盘价,因此,如果这两天的收盘价被操纵的话,MTM 的数值也就被操纵了。当然,由于 MTM 已日渐淡出市场,被故意操纵的可能性不大。

6. MACD 指标

指标背景

MACD 指标又称平滑异同移动平均线(Moving Average Convergence Divergence),是由 Gerald Appeal 在《交易系统与预测》一书中创立的,与 BIAS 指标一样,同样源于葛兰贝尔的移动平均线八大法则。

指标公式

假设参数为 n、o、p 均为天数,其中 o<p。

1) $EMA(o) = EMA(o-1) \times (o-1) \div (o+1) + C(t) \times 2 \div (o+1)$

2) $EMA(p) = EMA(p-1) \times (p-1) \div (p+1) + C(t) \times 2 \div (p+1)$

3) $DIF(t) = EMA(o) - EMA(p)$

4) $DEA(t) = DEA(t-1) \times (n-1) \div (n+1) + DIF(t) \times 2 \div (n+1)$

炒股从外行到内行(第二版)

一般来说，n 都取为 9，所以 MACD 指标的参数只有 o 和 p 两个。

这是本书到目前为止介绍的最复杂的计算公式，下面将逐一解释。

EMA(o) 与 EMA(p) 是一样的，实际上就是通过收盘价 C(t) 计算收盘价的平均值，但这里的平均值并非普通意义下的简单算术平均值，而是加权平滑移动平均值，这个概念比较专业，投资者只要记住是一种平均值就可以了。

两条加权平滑移动平均线 EMA(o) 和 EMA(p) 计算出来以后，再计算这两条平均线的差离值就得到了 DIF(t)。

对差离值 DIF(t) 再进行加权平滑处理，就得到 DEA(t)。

在指标图中，分别画出 DIF(t) 和 DEA(t)，得到两条指标线。

所谓 MACD 指标线是指 DIF(t) 和 DEA(t) 一共两条线，而不是其中的某一条线。

指标含义

DIF(t) 是两条平滑移动平均线的离差。其中一条平滑移动平均线的参数稍小。被称为短平滑线；另外一条平滑移动平均线的参数稍大被称为长平滑线。

如果 DIF(t)＞0 而且上升，则表明短平滑线在长平滑线的上方，同时两线的距离逐步拉开。

如果 DIF(t)＞0 而且下跌，则表明短平滑线在长平滑线的上方，同时两线的距离逐步缩小。

如果 DIF(t)＜0 而且上升，则表明短平滑线在长平滑线的下方，同时两线的距离逐步缩小。

如果 DIF(t)＜0 而且下跌，则表明短平滑线在长平滑线的下方，同时两线的距离逐步拉开。

DEA(t) 作为的 DIF(t) 的平滑线，其变化落后于 DIF(t)。

不论公式多么复杂，关键是要记住"MACD 指标中的两条线是用来研判平均线的相互演变的"这个结论。

简单理解，MACD 指标中有两条线，一条是 DIF，另一条是 DEA，其中作为理解的对象主要是 DIF，因为 DEA 仅仅是 DIF 的平滑平均线。

如果 DIF 上升，就表明短期平均线上涨的幅度超过中长期平均线上升的幅度，股价最近在上涨而且上涨的速度在加快；或者是短期平均线下跌的幅度小于中长期平均线下跌的幅度，股价最近在下跌但下跌的速度在减缓。

如果 DIF 下跌，那么含义正好相反，表明短期平均线上涨的幅度低于中长期平均线上升的幅度，股价最近在上涨但上涨的速度在减缓；或者是短期平均线下跌的幅度大于中长期平均线下跌的幅度，股价在下跌而且速度在加快。

经典应用法则

法则①：DIF＞0 DEA＞0，如果 DIF 向上冲破 DEA 时，为买进信号。

法则②：DIF＜0 DEA＜0，如果 DIF 向上冲破 DEA 时，为反弹信号。

法则③：DIF＞0 DEA＞0，如果 DIF 向下击破 DEA 时，为卖出信号。

法则④：DIF＜0 DEA＜0，如果 DIF 向下击破 DEA 时，为卖出信号。

法则⑤：如果 DIF 和 DEA 的走势与股价走势背离，则是股价出现逆转的信号。

应用实例

图 12-9 是"第一食品（600616）"2006 年 2 月 8 日到 2006 年 9 月 8 日的日 K 线图。

图 12-9

图中 B 点和 D 点都是买进信号，而 A 点、C 点和 E 点是卖出信号。从图上看信号有些滞后，这是由平均线的本质决定的，更何况 MACD 已经对平均线进行了两次的平滑，所以滞后就更明显了，这一点恰恰是 MACD 指标的软肋。

对于平均线相关理论的看法是见仁见智的，但我认为可以看得轻一些，因此对 MACD 指标也可以看得淡一些。我认为 MACD 指标过于滞后，但也提不出更好的应用法则，只是觉得该指标对判断背离现象更有用一些。

应用实例

图 12-10 是上证指数 2004 年 2 月 3 日到 2004 年 6 月 23 日的日 K 线图，其中两个参数分别是 6 和 12。

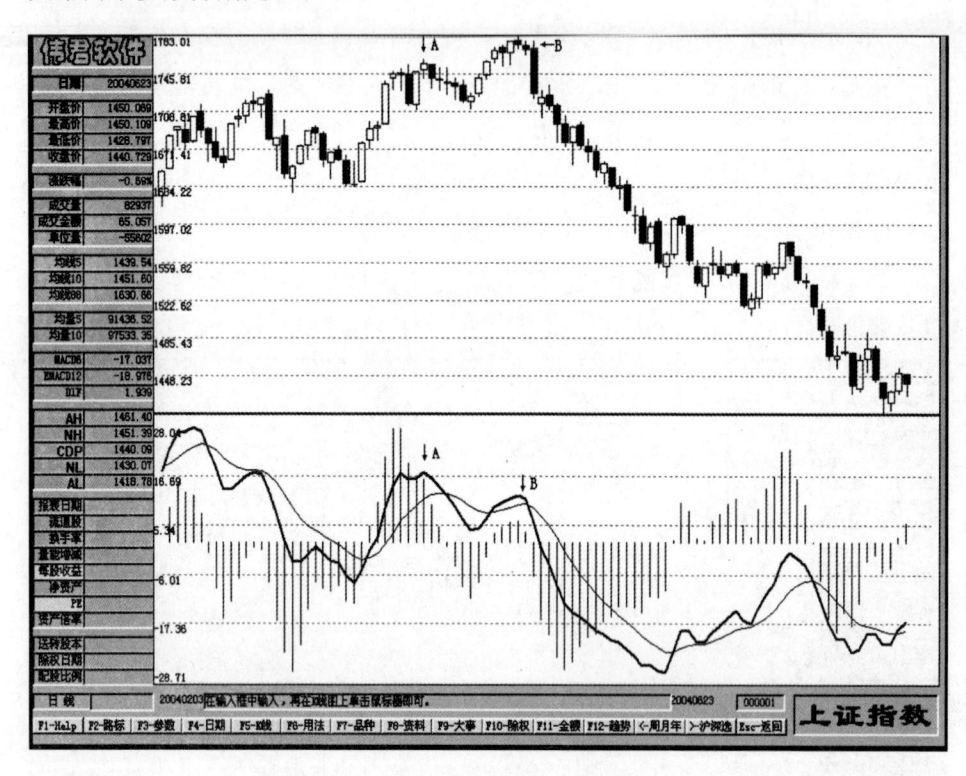

图 12-10

图中标出的 A 点和 B 点是一次典型的顶背离，也就是说 B 点的上证指数比 A 点的要高，但 B 点的 MACD 指标值却比 A 点的指标值要低。

刚入门的投资者可能还不太理解"背离"这个概念。

在股票走势的技术分析中，指标背离的含义就是指标的走势与股价的走势相反。这里所说的走势相反并不是上涨相对于下跌，而是顶点位置的移动。比如股价上涨，每一波都创出阶段性新高，但指标值却在上涨的情况下从高点逐级下移。

本案例就是一个典型的背离走势。由于上证指数是上涨的，所以称为顶背离，反之称为底背离。

简单地说，就是上证指数的 B 点比 A 点更高，但同期的 MACD 在 B 点的数值却低于 A 点的数值。

根据经典应用法则⑤，上证指数的走势将出现逆转，也就是要下跌。其后的走势印证了这一判断。

背离走势出现的频率并不是很高，但一旦出现要十分小心。

MACD 指标的背离现象是值得我们重视的，这也许是该指标值得关注的最主要原因。

指标缺陷

缺陷①：参数的不确定性。

缺陷②：信号往往过于滞后。

参数推荐

短期：o＝6，p＝12

中期：o＝12，p＝26

n＝9，一般软件无法修改。

可操纵性

因为公式复杂，而且收盘价在公式中影响并不是太大，因此操纵的效果并不明显，理论上就没有了操纵的意义。

正是因为收盘价对其影响不大，所以该指标才会比较滞后地反映股价的趋势。

7. 其他常用指标

本书的目的是希望准备进入市场的投资者通过本书的介绍就能够在短期内从完全的外行成为内行，这一目的决定了本书将涵盖众多的内容，因此也就不可能是一本技术指标专著，对于技术指标的介绍和探讨也只能是有选择性的。

我在本章已经详细介绍了六个技术指标，下面，我将选择部分对市场分析有帮助的指标做些含义方面的介绍，使投资者在使用技术分析软件时能做到有的放矢，其他众多技术指标将不再提及。如果投资者有兴趣的话，可以参阅相关的技术指标专著。

炒股从外行到内行（第二版）

其实，想全面掌握每一种技术指标是不现实的，因为掌握技术指标要花费大量的精力。比如想要仔细研究布林线(Bollinger Bands)指标的话，就需要钻研由创立者本人撰写的《布林线》一书，这可是整整一本书，且还只是一个技术指标，如果要掌握大部分主要的技术指标，要花费的精力可想而知。

以下将介绍一些我认为比较值得重视的技术指标。

高低指标(HLI)

这是我早在1993年就开始创立的技术指标，也是我创立的一系列指标中比较满意的一个，它属于大势分析指标，但不能用于个股股价的分析。

计算方法

假设参数为n，n为天数。

新高线，就是计算当天收盘价创出n天新高的股票家数再除以总的股票家数，每天相连得到的第一条指标线。

新低线，就是计算当天收盘价创出n天新低的股票家数再除以总的股票家数，每天相连得到的第二条指标线。

HLI指标线，就是先计算新高线和新低线的差，然后算出的差的平均线。

从市场因素分析，创新高的股票越多，大势就越强劲，但如果创新高的股票太多，那么市场就至少会面临一次短期调整，反之亦然。因此HLI指标是一个极好的判断大盘短期超买超卖的指标。经过长期验证，几乎完全有效。但这种短期的超买超卖是否一定会演变成中期转势，则还要依靠其他方法和技术指标进行综合研判。

应用法则

法则①：当新高线大于70%时，市场面临短线调整。

法则②：当新低线大于70%时，市场面临短线回升。

法则③：HLI转折有可能预示着市场的转折。

应用实例

图12-11是上证指数从2005年9月16日到2006年12月26日的日K线图。

指标图的上面一条曲线是新高线，在0到100之间波动。

下面一条曲线是新低线的负值，在0到-100之间波动。之所以用负值只是为了画图方便而已，这样应用法则②中的大于70%就变成了小于-70%。

中间一条虚线就是HLI指标线。

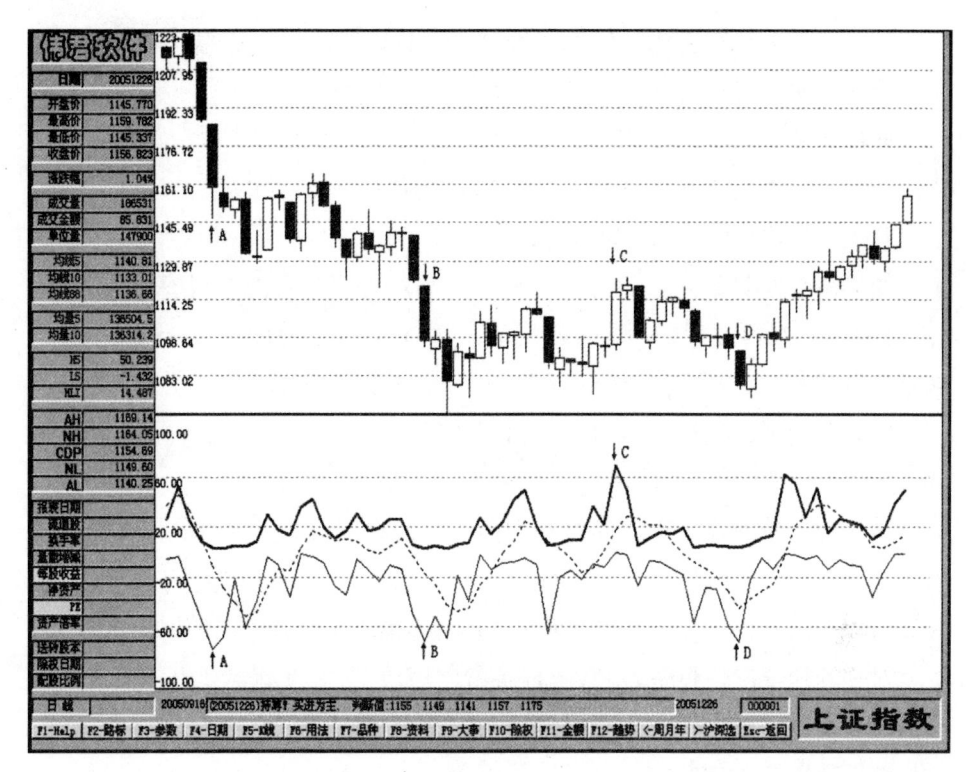

图 12-11

图 12-11 中满足±70%条件的时点共有点 A、B、C、D 四个。其中 A 点、B 点和 D 点是超卖点(跌过头了)，C 点是超买点(涨过头了)。如果直接套用法则①和法则②，那么有时候会出现超前的信号，比如 A 点并不是短期的低点，真正的低点在三天后。B 点也不是低点，应该在两天后，但 C 点和 D 点的时点正好，投资者在下一个交易日买卖时机刚刚好。

所以单靠法则①和法则②还不够，还要加上法则③。如果在以后的几天内 HLI 指标线出现拐点，那么信号就相当可靠了。

热门股指标(LSI)

这是一个在国外比较流行的指标，也属于大势分析指标。

我们一般把绝对成交量大的股票称为"热门股"，比如成交量排当天前 10 位的股票称为当天的热门股。

LSI 指标主要通过计算当天热门股的成交量之和占整个市场成交量的比重来研判大势的走向。

LSI 指标的计算量很大，当我在二十几年前首次把它编入"伟君软件"时吓了一跳——电脑在运作时似乎死机了。当然随着电脑技术的发展，现在已经不会出现死机的情况了。

计算公式

$$LSI(t) = 前 n 家热门股成交量之和 \div 市场总成交量 \times 100$$

其中 n 是参数，可以由投资者修改。

如果条件允许，最好再加上一根 LSI 指标的平均线 ELSI 指标线，因为 LSI 指标波动得比较频繁，信号比较多，其中会有不少假信号，有了 ELSI 指标就平滑多了。

LSI 指标的主要作用并不是提供买卖信号，而是起到帮助投资者把握市场特征的作用。

比如上证指数在上涨，同时 LSI 指标也很高，那么就表明当天大盘的上涨主要是靠几家热门股上涨带动的，其他股价的走势总体肯定弱于上证指数。如果前期上证指数一直在上涨，那么市场可能面临至少是短期的调整风险。

对于其他情况，投资者可以自己进行分析，还可以顺手列出一张表以备日后对照。

高乖离指标(HBR)

这同样是一个大势分析指标。

投资者一定还记得本章前面介绍的 BIAS 指标，它主要用于研判股价偏离平均线的程度，投资者可以根据该指标值的波动来寻找合适的买卖时机。

BIAS 指标的原理是当股价过分偏离平均线以后就会向平均线靠拢，如果股价向上远离平均线就会下跌，反之就会上涨。

现在我们就把这个思路用到市场研判上来。

一只股票的价格偏离其平均线对市场是没有影响的，也就是说不会影响到上证指数的运行态势，但如果大部分股票的股价都朝同一个方向远离各自的平均线时，会发生什么呢？

大盘会偏离自己的平均位置，接着就有回归平均线的可能。

所以这是一个很好的分析判断大盘走势的想法，现在我们把它总结成一个技术指标，就是 HBR 高乖离指标。

具体的计算过程有以下三步。

第一步：确定参数 n。这个参数的意义同 BIAS 指标参数的意义完全一样，就是天数，比如 5 天或者 10 天。

第二步：对于所有的个股计算 BIAS 指标，得到 BIAS 指标大于零的股票总数 o。

第三步：HBR(t)＝o÷p×100%。其中 p 是全部交易股票的数量。

计算案例

设 n＝10，计算全部个股的 BIAS(10)后，知道当天 BIAS（10）＞0 的股票共有 640 只，即 o＝640，当天交易的股票共 800 只，就是 p＝800，接着就可以计算 HBR 指标了。

$$HBR = o \div p \times 100\%$$
$$= 640 \div 800 \times 100$$
$$= 80\%$$

特别提示：最好在 HBR 的基础上再加上一条 EHBR，即高乖离指标线的平均线。

应用法则

法则①：当 EHBR 在低位形成向上转势而 HBR 由下往上穿过 EHBR 时，出现买进信号。

法则②：当 EHBR 在高位形成向下转势而 HBR 由上往下穿过 EHBR 时，出现卖出信号。

应用实例

图 12-12 中画出了从 A 到 E 共 5 个有效买卖点。

如果我们还不太熟悉的话，可以再画出 O、P、U、V 四个点，其实这四个点并不是真正的买卖点。

O 点是 EHBR 的一个转折点，但这是个在低位的向下转折点，不符合应用法则，所以 O 点不是一个有效的买卖点。

P 点满足应用法则，所以是一个买进点。由于投资者已经在 A 点买进，所以 P 点也就失去了实际意义，它的作用就是再次强调 A 点的买进信号。

U 点是 EHBR 的一个转折点，但这是一个在高位的向上转折点，不符合应用法则，所以 U 点也不是一个有效的买卖点。

V 点满足应用法则，所以是一个卖出点。由于投资者已经在 U 点卖出，所以 V 点也就失去了实际意义，它的作用就是再次强调了 U 点的卖出信号。

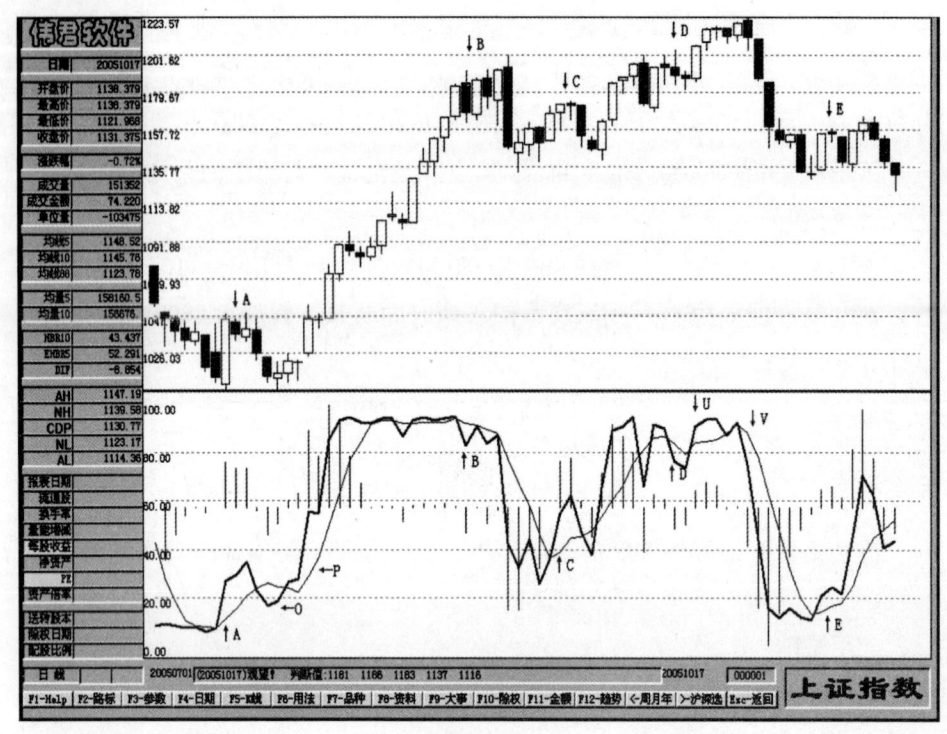

图 12-12

涨跌比例指标(ADR)

这是一个大势分析指标。它通过计算上涨股票数量与下跌股票数量的比例来研判大势的走向。它的参数一般取为 10 天，判断范围为 0.5 到 1.5，就是说 ADR 的值大于 1.5 则大势见顶，小于 0.5 则大势见底。

在大的涨升行情中，1.5 绝对不是见顶的位置；在大的调整行情中，0.5 也绝对不是见底的位置。

其实以我的观点，该指标的应用方法应该是重势而不是重值，也就是说要注意指标的转折点而不是指标具体的数值。

同前面的 HBR 指标一样，我们可以再设计一个 EADR 指标，即 ADR 的平均线指标，通过判断 ADR 指标线和 EADR 指标线的相对位置，就能得到下面的应用法则。

应用法则

法则①：当 EADR 形成向上转势而 ADR 由下往上穿过 EADR 时，出现买进信号。

法则②：当 EADR 形成向下转势而 ADR 由上往下穿过 EADR 时，出现卖出信号。

特别注意：与前面介绍的 HBR 指标的应用法则相比似乎一样，但实质是有差异的，关键在于 ADR 的应用法则中对于转势没有高低位的要求，也就是说当 EADR 在任何位置出现转势都有可能出现买卖信号。

应用实例

图 12-13 的时间段与前面图 12-12 的时间段是一样的，只是技术指标从 HBR 换成了 ADR。

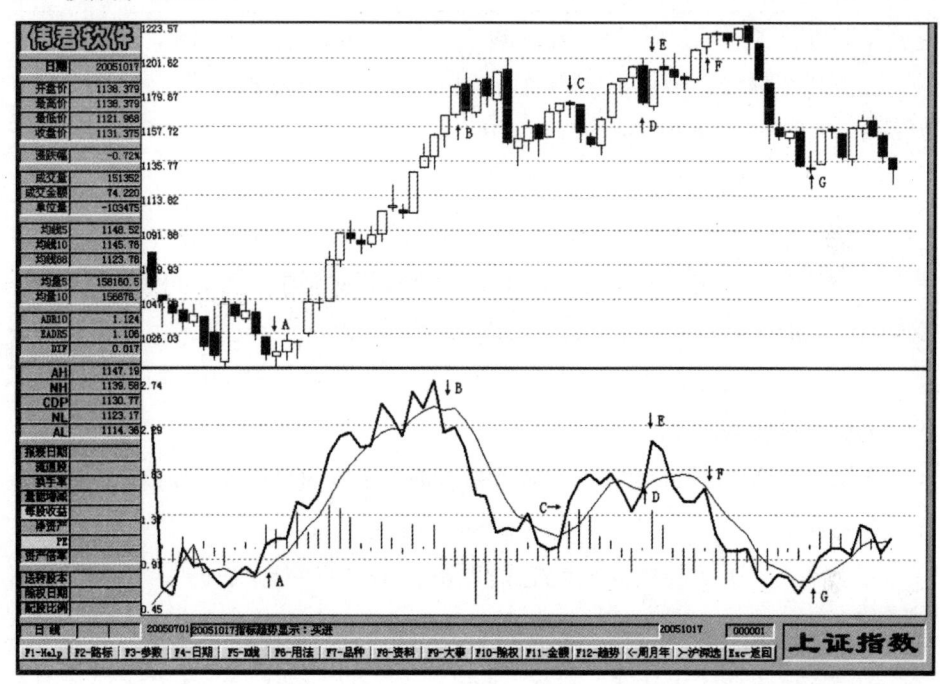

图 12-13

图中根据应用法则画出了从 A 点到 G 点共 7 个点。对照 K 线图，大部分都准确，但 D 点和 E 点似乎出了问题。

D 点和 E 点只相差一天，如果严格按此买卖点进行操作，事后看起来有点傻，但实际上买卖的价位差不多，这种事情在技术派的操作中会经常出现。实际上投资者一般是不会只根据一个技术指标进行操作的，在几个技术指标的相互印证下，是可以避免这种无用功的。

腾落指标(ADL)

这是一个大势研判指标。

ADL 与前面讲到的 ADR 具有相同的概念，也是通过计算上涨和下跌股票的数量来研判大势的走向的，只是 ADL 是计算上涨数量与下跌数量的差，而 ADR 是计算两者的比。

超买超卖指标(OBOS)

这是一个大势指标。与前一个指标差不多，是通过计算上涨股票数量与下跌股票数量的差来研判大势的。它计算的上涨或下跌股票数量不是某一天，而是某一段日子，所以它的结论与 ADL 是完全不相同的。

以上几个指标都是分析大势的专用指标，与个股没有关系，投资者千万不要用这些技术指标去研判个股的走势。

相对强度指标（RRI）

这是我自己设立的一个专门用于分析个股和大盘关系的指标。

这个指标主要用于研判个股与大盘走势的相对强弱关系，并不是用来研判个股股价的未来走势。

至少到现在为止，我还没有在经典的技术指标中找到一个类似的分析个股与大盘关系的指标。

指标的计算方法很简单，就是用个股的股价除以大盘指数，比如上证指数。

应用实例

图 12-14 中下面的指标图就是 RRI 指标图，用的是个股与上证指数的相对强弱比较。

图中实线是 RRI 指标线，虚线是 RRI 指标线的平均线 ERRI。从 K 线图看，股价现在再次上冲并创出本时间段内的新高，但与此同时，RRI 指标却从开始时的 A 点逐步回落到目前的 B 点，说明股价的走势明显落后于上证指数。在上面的 K 线图中同时画出了上证指数的走势，显然，要跟上上证指数的话，"华光股份(600475)"的股价应该远远高于现在的价位。

RRI 指标并不直接提供买卖信号，这一点似乎与技术指标的主要用途相异，但当投资者成为真正的内行以后，就会发现技术指标的作用主要并不体现在提供买卖信号上，而是在分析市场的供求关系上。

关于这一点，这里只是简单提一下。

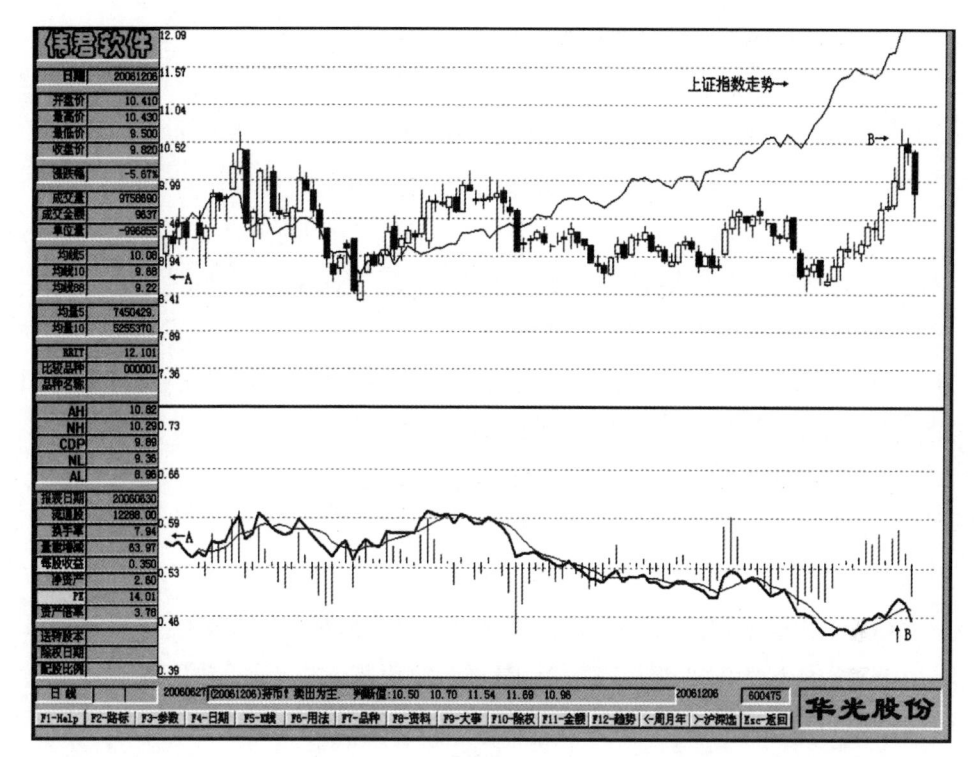

图 12-14

内行的投资者非常需要 RRI 指标，在《看盘细节》一书中，RRI 指标扮演了非常重要的角色。

尽管 RRI 指标是一个专为研判个股和大盘的强弱关系而设计的技术指标，但我们也可以将它用于分析两只个股之间的相对强弱程度。

前面介绍了几个分析大盘的专用指标及一个分析大盘和个股关系的指标，下面再简单介绍几个既可以用于研判个股也可以用于研判大势的技术指标。

逆市操作系统指标(CDP)

这是一个极短线的技术指标，源于期货市场。如果是日 K 线图，那么就只计算下一个交易日一天的数值，如果是周 K 线图，就计算下一周的数值，如果是月 K 线图，就计算下一个月的数值。

CDP 指标有五个数值组成，从低到高分别用 AL、NL、CDP、NH、AH 表示，称为最低值、近低值、需求值、近高值、最高值。计算公式很简单，手工计算也相当方便。还是以 O、H、L、C 代表开盘价、最高价、最低价和收盘价，则：

$$CDP = (H+L+C) \div 3 \text{ 或者 } CDP = (H+L+2\times C) \div 4$$

$$AH = CDP + 前一天的(H-L)$$
$$NH = CDP \times 2 - L$$
$$NL = CDP \times 2 - H$$
$$AL = CDP - 前一天的(H-L)$$

CDP 指标的意义就是指出下一个交易日股价波动的大致范围，其中 AH 和 AL 是两个极端的高低点，NL 和 NH 分别为近低点和近高点，CDP 是其中的平衡点。

该指标还有判断股价是否突破的功效。如第二天开盘价在 AH 值或 AL 值附近，则往往预示着一轮较大的突破行情的开始。不过我们知道，由于开盘价是比较容易被操纵的，所以 CDP 的这种功效是值得怀疑的。

心理指标(PSY)

PSY 指标是一种通过计算一定时段内上涨天数占总天数的比例来分析股价运行趋势的指标。

如 PSY(10) 为 80，则表明在近 10 个收盘价中有 8 个是比前一天上涨的。

该指标的运用法则是当 PSY 值过高时，股价要下跌，反之要上涨。

当股价连续上涨几天后，继续追涨的投资者就会减少，因为投资者会觉得"股价已经涨了好几天了，等回档再买不迟"。PSY 指标就是将投资者的这种心理通过具体的数据表现出来，但我们也应该注意到这里只涉及上涨的天数，但没有涉及上涨的幅度，因此就算 PSY 值为 100（天天收盘上涨），也不能说明股价就一定要跌。

举个极端的例子。如果股价 10 元的某股票连涨 10 天，但每天只涨一分钱，所以 10 天的 PSY 指标为 100，按照经典的应用法则，接下来股价要下跌，但实际上经过 10 天的上涨，股价仍然只有 10.10 元，累积的涨幅不过 0.10 元，并不会导致很大的抛售压力，换句话说，股价在第 11 天并不一定会下跌。

PSY 指标仅仅考虑了股价上涨的时间，但没有考虑股价上涨的幅度，这是它最大的软肋。

能量潮指标(OBV)

OBV 指标是一种仅仅通过计算成交量的变化来分析股价趋势的技术指标，由葛兰贝尔提出。

OBV 指标的计算方法比较简单，选取一个时点，把这一天的成交量作为当天的 OBV 值，如果第二天收盘价上涨，那么第二天的 OBV 就是前一天的 OBV

加上第二天的成交量；如果第二天是下跌的，那么减去第二天的成交量，以此类推就得到 OBV 的指标线。

OBV 指标的研判要结合股价的走势图。

经典应用法则

如果股价持续上涨但 OBV 却跟不上，就表明股价有回落的可能。

如果股价连续下跌而 OBV 却不创新低则，表明股价可能止跌回稳甚至上升。

应用实例

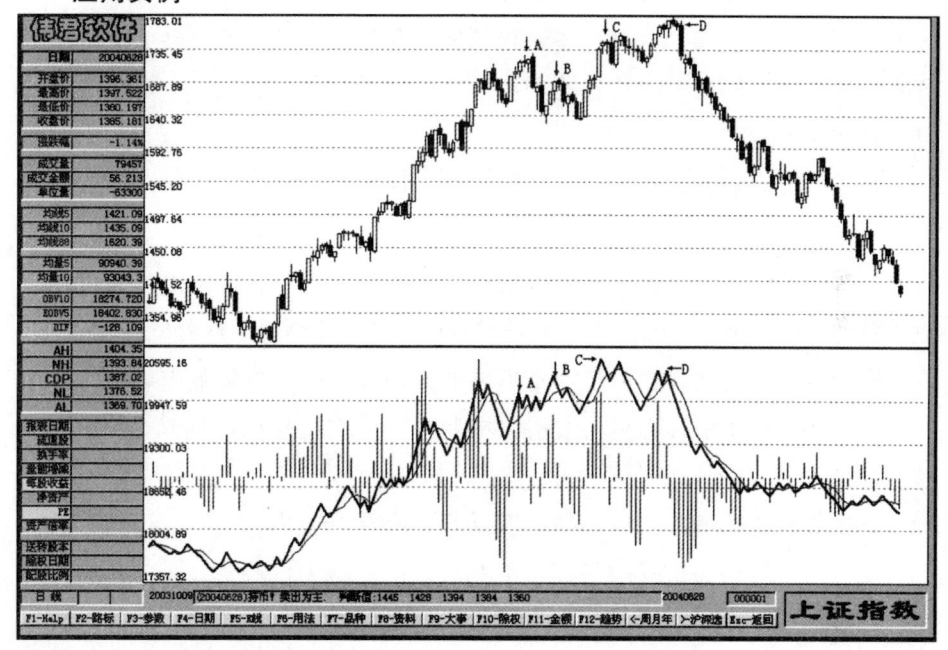

图 12-15

图 12-15 中下面的指标图就是 OBV 图。请注意图中 A、B、C、D 四个重要时点。

在 A 点前，上证指数连续上涨，每一次创出新高的时候，OBV 指标也创出新高，一切正常，直到 A 点出现。

当 A 点出现时，上证指数又创了新高，但 A 点的 OBV 指标却没有创新高，果然上证指数出现一段调整期。接着出现的 B 点很有意思，上证指数在 B 点出现了一次回升，尽管高度并没有超过 A 点的高度，但 B 点指标却明显高于 A 点的 OBV 指标，甚至高于这波行情的最高点。这说明在 A 点下来的调整中，上涨日中累积的成交量远远大于下跌日中累积的成交量，表明上证指数还有

129

新高可期，果然上证指数在 C 点再次创出新高。

根据应用法则，D 点的出现也意味着上证指数要下跌，未来的走势已经验证了这一点。

OBV 的判断前提是"量在价先"，特别强调成交量的重要性。

通过 OBV 的计算公式我们可知，当收盘价高于前一天的收盘价时，OBV 就把当天的成交量全部加上去，这是作为买盘的能量加上去的，而下跌的话就把成交量全部减掉，这是作为卖盘的能量加上去的。如果这一天有长长的上影线而最后仅仅上涨一点点，那么我们把这部分成交量作为买盘显然是不合适。反过来，如果出现长长的下影线也是这个问题。因此 OBV 指标很难体现它的设计意图。

还要提醒投资者，即使 OBV 指标配合上证指数一路创出新高，不出现背离，上证指数仍然有下跌调整的可能。

从 OBV 指标本身来说，它可以用于分析大盘或者个股，但由于个股的成交量极有可能被操纵，因此我认为 OBV 指标还是比较合适研判大盘。

然而 OBV 的设计思路还是非常不错的，因此它的改进版就出现了，即由迈克·柴金(Marc Chaikin)提出的成交量多空比例净额法(Volume Accumulation)。

单位成交量(V/%)

这是一个我个人设计的另外一个非常有用的技术指标，一般可以简称为"单位量"。

我们在判断成交量大小的时候，一般都习惯于分析它的绝对成交量，但有时候相对的概念比起绝对的概念来更能说明问题。

比如某股有两天都是成交 100 万股，前面一天的股价波动范围是 1%，而后一天股价的波动范围是 5%，那么这同样的 100 万股成交量的意义是完全不同的。

即使根据经验我们也可以知道，股价波动范围大成交量就会大，如果上证指数暴涨或者暴跌，那么市场总的成交量肯定很大。

对于个股来说，正常的状态是股价的波动幅度应该跟成交量成正比，幅度大则量大，反之则量小，这才是正常的状态。

如果股价波动很小而成交量相对较大时，表明买卖双方都比较积极。同时研判大盘，此时大盘下跌就表明主动性买单很多，此时大盘上涨则表明主动性卖单很多。

如果股价波动很大而成交量相对较小时，表明买卖双方都不太积极。同时研判大盘，此时大盘下跌就表明主动性卖单不多，此时大盘上涨则表明主动性买单很少。

至于这个"单位量"的正常数值是很难确定的，但我们仍然可以根据该指标的前后变化作为成交量的辅助分析手段。尽管是一个很不起眼的技术指标，但在真正的图形分析时会占有重要的地位，在《看盘细节》一书中对此有详细介绍。

"单位量"指标的计算方法很简单，首先计算股价的波动幅度，然后用成交量去除以波动幅度即可。

V/%＝成交量÷波动幅度。

如果 V/%的数据太小或者太大，我们也可以在最后乘以一个倍数，这对于研判结果不会有任何影响。

〔计算实例〕

某股某日最低价 5 元，最高价 5.40 元，成交量 50 万股，计算 V/%。

$$股价的波动幅度 = (5.40 - 5) \div 5 \times 100$$
$$= 8$$
$$V/\% = 8 \div 500000$$
$$= 0.000016$$

这个数字太小了，没有一点直观的感觉，所以再扩大 10 万倍，因此最后的 V/%应该是 16。

特别注意两种特例

〔特例 1〕 由于指标的计算公式中有一个分母，所以不能为零，也就是如果当天没有成交或者个股被停牌，那么在计算时必须另外处理。

〔特例 2〕 当股价波动幅度非常小时，会出现异常大的结果，所以如果 V/%很大，同时，我们发现 K 线的两端非常接近（也就是说最高价接近最低价），那就放弃 V/%指标。

应用法则

当 V/%过高时且股价处于相对高位时，有短期调整压力。

当 V/%过低时且股价处于相对低位时，有短期回升可能。

对于大盘指数应慎重应用。

应用案例

图 12-16 是"上海电力(600021)"2006 年 6 月 12 日到 2006 年 11 月 22 日的日 K 线图，其中下面的图是 V/%指标。

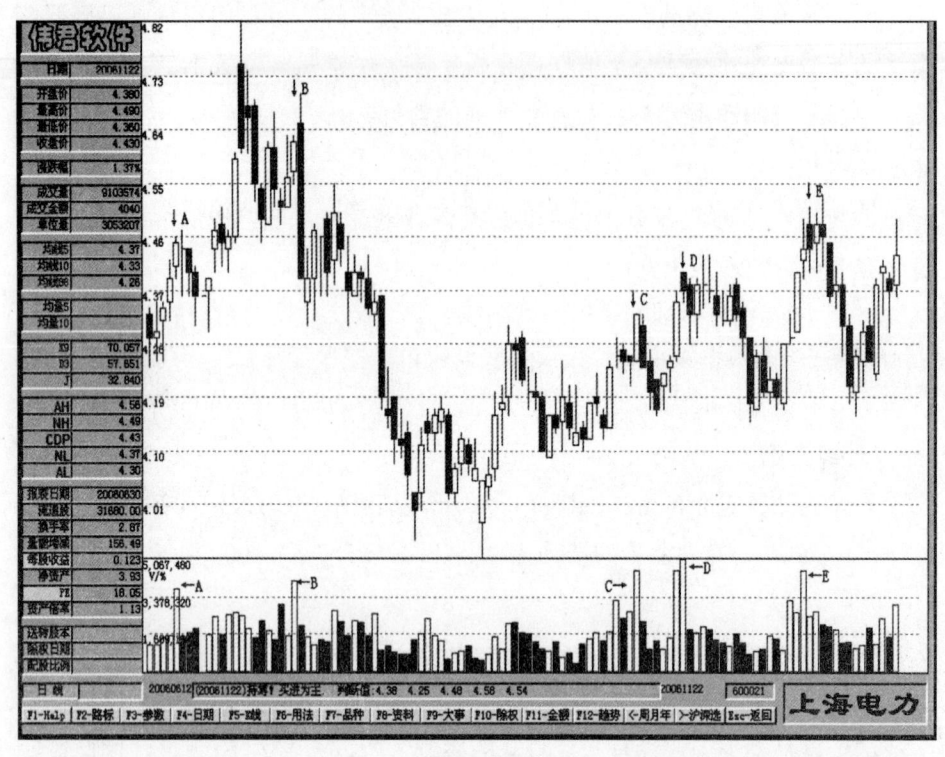

图 12-16

根据以往的研判，当 V/%大于 350 万时，股价面临短线回调。图 12-16 中从 A 到 E 共标出了 5 个点，这些时点的 V/%都大于 350 万。毫无疑问，在 V/%信号出现的第二天，开盘就卖出至少有机会做一次短空(短空的意思是在很短的时间内先卖出，然后在较低价位买进)。唯一一次稍稍有些意外的是 D 点，因为在前一天 V/%指标也超过了 350，但即使这样，在 D 点卖出也不错。

V/%指标一般应用于超买的研判上，所以仅举超买的案例。

8. 技术指标的真正应用方法

前面介绍和分析了一些常用的以及我个人认为比较有用的技术指标,由于我的目的是从实战角度出发,尽可能快地使投资者从外行成为内行,因此只选取了部分技术指标。如果投资者对技术指标很感兴趣的话,可以从市场上挑选几本专门介绍技术指标的书籍,那些书一般都会很客观地介绍经典技术指标。但投资者在阅读这类书后必须要有自己的想法,一定要形成自己的技术指标分析方法,千万不要照搬书中的经典应用法则。

我介绍技术指标的时候也列出了一些经典的应用法则,还有一些我自己推荐的应用法则。但我还是希望投资者有了一定的功力以后,在应用中不要死记硬背这些法则。对于一个成功的投资者来说,真正的技术指标应用法则并不是我在上面所列出来的这些。

要真正用好技术指标,关键在于投资者对技术指标本质的理解。

技术指标的本质就是其公式的真正含义。

我在前面介绍技术指标的过程中已经很详细地指出了技术指标的本质,如果投资者觉得难以记住的话就多看几遍公式。

下面举一个例子来说明技术指标的真正应用方法。

〔案例〕

当我们由于某种原因开始注意到某一只个股之后,一定会打开它的 K 线图,希望能够通过技术指标来分析一下该股近期的市场状态。这里,我把近期设定为 10 天。

下面是几个容易掌握的方法。

(1) 与大盘的关系

通过 RRI 指标。

如果 RRI 上升,则个股股价走势强于大盘,反之则弱于大盘。通过当天以及初期的 RRI 数据我们还可以知道个股相对大盘强或者弱的百分点。

注意:该指标只涉及相对强弱,与股价本身的涨跌并没有直接关系。比如说尽管股价是涨的,但因为比大盘涨得少,所以 RRI 也有可能是下跌的。

(2) 涨跌的幅度

通过 RSI(10) 指标。

RSI 越接近 100 说明近期涨幅越大,越接近 0 说明跌幅越大。

这里的涨跌幅只是一种相对的涨跌幅。如果 RSI=70，并不是说股价上涨了 70%，而是说在近期内涨幅和跌幅的总波动幅度中涨幅占了 70%。

注意：有时候 RSI 接近 100 但实际股价的涨幅可能会很小。反之，尽管 RSI 接近 0 但跌幅可能会很小。

(3) 绝对涨跌幅

通过 MTM 指标。

短期内股价本身的涨跌幅度肯定是一个重要的分析依据，可以通过 MTM 获得。如果想知道 N 天内的涨幅就计算 MTM(N)。也许我们自己也可以用一个小小的计算器来计算，但有现成的技术指标可以帮我们计算，何乐而不为呢？

(4) 超买超卖

通过 BIAS(5) 指标。

股价涨幅过大就是超买，股价跌幅过大就是超卖。

一般来说，判断股价是否超买超卖可以通过 BIAS(5) 指标，实际上就是计算股价与 5 天平均线的位置。如果 BIAS 比较大则有超买的可能，比较小则有超卖的可能。

也可以计算 BIAS(10)，这是股价与 10 天平均线的位置。

注意：用于超买超卖的技术指标很多，BIAS 只是其中之一。

(5) 股价的位置

通过 KD 指标。

就短期来说，股价应该有一个波动的范围，所以我们有必要了解收盘价所处的位置。也许我们可以从 K 线图上就可以看到收盘价所处的位置，但这只是一种大致的感觉，而 KD 指标就能够提供精确的数字。

当 KD 接近 100 时表明股价处于短期内的高点附近，当 KD 接近 0 时则表明股价处于短期内的低点附近。

注意：KD 指标已经经过了平滑处理，想要更直观可以用 W%R 指标。

通过以上几个常用的指标，我们对该股的股价已经有了一个大致的了解，这就是技术指标的真正作用。

你注意到了吗？在本案例中我们没有用到一个应用法则！

当然，对于刚刚进入市场的投资者来说，对本案例的应用方法可能一时还不太理解，因此我建议投资者可以按照以下的过程逐步来。

第一步：理解技术指标的含义和公式；

第二步：理解《推荐应用法则》；

第三步：再回过头来理解本案例；

有关技术指标就介绍到这里。

其实分析股价的方法并不只是技术指标一种，我认为最有效的方法还是量价形态分析。不过量价形态分析要从基础开始，首先要弄懂基本的也就是比较经典的形态理论。

接下来我们就对量价形态分析进行初步介绍，至于更高层次的量价形态分析投资者可以阅读《看盘细节》和《盘面细节分析》。

第十三章　量价形态的本质

在前一章里我们讨论了一些技术指标，通过这些技术指标我们对于市场上的一些交易状态，比如对于股价的位置、强弱等等已经有了一个大致的了解，但这些仅仅是市场交易的结果，现在我们要进入到一个更本质层次的讨论，那就是：这些交易结果是如何出来的？

技术指标变化的结果我们已经知道了，但我们并不知道技术指标为什么会出现这些变化。

也许投资者觉得这个问题很简单，只要查一下公司的公告就可以了。这确实是一个办法，而且以后我们也应该这么做。

一旦发现个股的股价出现异常，首先要做的就是查一下公司的公告或者上网搜索一下近期与公司有关的信息。

有时，通过这种简单的方法就可以找出部分股价变化的原因，但大多数情况下我们可能从公开信息中找不到任何结果。

现在我们还有另外一个办法：分析图形。

这里所指的图形不单单是 K 线图，还必须包括成交量图。我们一般把走势图和成交量结合起来进行分析，这种方法称为量价形态分析。

量价形态分析的目的是找出技术指标变化的原因。

这种从结论出发去寻找原因的过程在生活中也经常会用到，比如感冒了，我们马上会寻找原因，如果是衣服穿得太少了就应增加衣服。

如果发现某个股近期涨幅较大，那么我们就会想到要寻找股价上涨的原因，根据原因再进行分析。如果股价还有继续上涨的理由就可以买进，反之就应该卖出。

这是我们进行量价形态分析的根本原因，但与经典理论中的运用法则有较大的差异。

在经典的量价形态分析理论中，投资者主要通过量价变化来预测未来股价的走势，比如某一种形态会预示未来股价要上涨，甚至还可以计算出上涨的幅度等等。

我们已经知道并不会有一种方法可以明确地计算出股价运行的终点，甚至无法保证股价一定会上涨或者下跌，当我们在学习量价形态的分析方法时也千万不要有这样的想法。我们只是学会了分析的方法，这些方法能够提供给我们更多的有关市场交易的情况，至于这些分析的结果最终也只能为我们的投资决策提供依据。

有一种理论认为"市场已经反映了一切"。该理论认为投资者并不需要去关注公司的基本面，所有关于公司的利多或利空消息一定会通过市场交易体现出来，投资者只要分析市场的交易结果就可以了。

这种理论比较片面，它几乎全盘否定了按照基本面进行投资的长线价值理论。在这里我们并不去全面地分析这种理论，只是提出异议的同时也会肯定该理论中的一些积极因素。

"市场已经反映了一切"是有其正确一面的。我们之所以认为该理论不科学是因为有时公司基本面上的变化市场上不一定会提前知晓。但不可否认的是，由于种种原因，真正对上市公司的业绩有重大影响的消息在公开公告之前一定会有部分投资者提前得知。如果只是个别小额投资者提前得知，或许并不会影响个股的正常交易，但如果被一些手中握有大资金的投资者提前得知，那么对股价的影响将是巨大的。

事实上，往往会有一些主力能够提前得知公司基本面方面的变化。在变化还没有产生之前，或消息没有公布之前就提前进入市场，暗中悄悄吸纳大量的筹码，然后将股价推升到一个较高的位置，等有关的消息明朗以后就将筹码倒给市场，完成一次有别于普通投资者的"投资"。

这类被主力看中的个股背后都有基本面上的保证，因此对于普通投资者来说同样具有吸引力。而且由于被主力看中的股票其股价的涨幅一般都会比较大，投资者参与的话收益会更丰厚，所以我们要把精力放在寻找这种股票上。

因为这类股票基本面的变化我们根本无从得知，而一旦在市场上明朗，股价就已经高高在上了，所以我们不得不放弃基本面上的研究，去研究技术面。

普通投资者最主要的一个特点是资金少，但资金少在股票投资中恰恰是一个很大的优势，那就是进出容易，决策正确的话投资效益会非常高。因此在自己对于基本面的把握不太有效的情况下挖掘被主力相中的个股，不失为是一种非常好的短期投资方法。更何况普通投资者也应该有充足的时间去研究K线图，去探索股价走势所蕴含的意义。

在开始进行量价形态分析之前，我们有必要了解一下主力运作的过程。

主力的操作过程与普通投资者是完全不同的，这是由资金量大小的不同而决定的。主力进场的资金起码在亿元以上，甚至几十亿，这样大的资金量是不可能在瞬间买进或卖出的，所以主力的买进和卖出是一定要分阶段进行的，而对于普通投资者来说，可能只用一笔交易就完成了。

资金量过大决定了主力的建仓要花费一段时间，而正是因为这样，投资者有足够的时间去追踪主力的足迹。当主力完成建仓以后要想等待市场自己把股价推上去是不可能的，因为市场中的普通投资者还不知道这家上市公司有什么利好消息，而且随着主力建仓的进行，市场中散落的筹码越来越少，股价已经逐步上升，如果这时主力停止买进等待市场的买盘的话，可能结果正好相反，失去了买盘支撑的股价会逐步下跌。当然主力有时也希望这样，因为可以把与主力同时建仓的筹码抖出来。但不管怎么样，最后把股价推上去的只能是主力自己，这就是市场上所谓的主力拉高过程。最后主力再想办法把筹码在比较高的位置回吐给市场。上市公司的公告会在股价上升的途中或尾声出现在各大媒体上，里面就有主力看中这家公司的原因。

从主力的操作过程分析，在股价被推升的过程中，主力是非常希望市场的买盘跟进的。因为在股价上涨过程中，卖盘的大量出现是不可避免的，而主力并不愿意将筹码全部买下来，因此主力渴望大量的市场买盘来消化这些卖盘。我一直坚持的一个：就是股价若无新的因素影响将会逐步回落，除非市盈率极低。这样主力为了吸引新的买盘就必然会告诉市场一些股价将要上涨或者还会继续上涨的消息，使投资者有理由去买已经上涨甚至涨得很多的股票。但是主力又不可能把上市公司的未来利好消息提前发布，因此主力只有通过每天的市场交易，更确切地说就是通过K线图，告诉市场股价还有上升空间，现在买进还能赚钱。

如果此时投资者买进，有没有风险呢？

任何一种投资行为都有风险。即使对于主力来说也不例外，市场中就曾经消灭过不少主力，而且被套几年的情况也比比皆是。因此我们只能讨论风险大还是小的问题。如果股价确实处于上升的途中，那么买进的风险是不大的，问题在于如何判定目前的股价是否处于上升过程中。

最好的办法当然是能在主力建仓的时候买进，这样几乎没有任何风险。然而在建仓阶段主力是不希望市场知道的，因为这会影响到建仓的速度和数量。但主力建仓的本质就是在市场中增加大量的买单，对于个股来说，突然增加的买单多少会影响到市场的交易。换句话说，主力的建仓行为必然会通过K线图暴露在市场中。

对于投资者来说，即使错过了主力的建仓阶段也没有关系。一般来说如果主力手法隐蔽的话会瞒过大多数投资者，更何况普通投资恐怕还根本就没有注意到这些已经有主力在暗中建仓的个股。但在建仓完成后进入推升股价阶段时，主力是非常希望市场买单跟进的，这时候主力会在市场交易中做一些手脚，目的就是告诉市场主力要推升股价了。如果这时投资者"听"懂了主力的话而及时跟进，仍然可以有相当大的收获。

那么主力如何告诉市场呢？当然只能通过K线图，因此我坚定地认为K线图是主力与市场对话的唯一方式。K线图是由成交价和成交量构成的，因此量价形态就是主力与市场对话的唯一方式。

我们已经进入到正题了，因为我们找到了解决问题的关键，就是要分析量价形态。只有通过量价形态分析，我们才能够在主力建仓时进行追踪，或者至少能在主力"告诉"我们股价要上涨时跟进，从而不辜负主力的一片"好心"。

第十四章　量价形态分析入门

在本章中我们将要真正开始探讨量价形态。

量价形态这种说法只是我个人的一种模糊说法，实际上包括了大部分相关的图形分析方法，还包括一些经典的图形分析方法，比如投资者以后经常会遇到的"趋势线""图形分析""形态分析""缺口分析"等等经典理论。在这里我将把这些相关的理论集中起来，然后给它一个名字，叫作"量价形态分析"。

"量价形态分析"一定少不了成交量这个重要因素，但实际上在本章的讨论中成交量的地位并不重要，焦点会集中在形态的研判上，成交量不过偶尔出来做个陪衬而已。但无论从市场的本质上来说还是根据实际的经验，我认为如果图形缺乏明显的形态，那么重点进行成交量的分析还是非常有意义的，而且也是必需的。本章的内容基本以经典理论为主，很少涉及成交量，但在下一章的图形分析中会提到一点成交量，至于真正的成交量分析，我在《看盘细节》一书中有详细论述。

对于刚刚进入市场的投资者来说，掌握经典的图形形态更容易一些，而只有通过经典图形分析这一关才能更容易进入量价分析。也许有的投资者在读完《看盘细节》一书之后会认为，量价形态分析完全不需要经典图形形态，这种认识是错误的。我之所以在《看盘细节》一书中很少涉及经典图形形态，是因为这种标准的形态出现的概率并不是很大，当我们随机选取一张 K 线图时就会发现，大多数情况下很难找到经典的图形形态。

脱离经典形态进行量价形态分析是我们所追求的目标，但如果出现经典图形形态呢？所以本书的量价形态分析还是必须的，特别是其中的一些分析思路将会延续到没有经典图形形态的量价形态分析中去。

首先要说明的是，本书有关量价形态的内容并不多，实际上不过是几条线和几个经典图形，人人都可以轻松记住。不过股票投资的方法有时候确实是"越简单越好"，只是我们要掌握的简单方法并不是表面上的所谓经典法则

炒股从外行到内行(第二版)

之类，而是要抓住本质，只有真正弄懂了方法的精髓才能够成为真正的内行。

股票在交易中的价格是完全由市场决定的，它的定位永远是相对的。曾经有太多的投资者企图寻找股价定位的规律，最后一定徒劳无功。道理很简单，股价是由交易产生的，是由买卖双方在瞬间共同认定的。在买方认为股价偏低而愿意买进的情况下，总是有卖方认为股价已经偏高而愿意卖出，所以市场永远都在寻找合理的股价定位，但永远也找不到。我们有时候说"炒股要有悟性"，就是指投资者对市场心态要有较为准确的预感，可以感觉未来市场买卖双方力量的变化。当然所谓的好悟性一定是可遇而不可求的，对于普通投资者来说最好的办法还是实实在在地学习提高悟性的方法。

市场买卖双方遍布全国各地甚至海外，投资者唯一能够了解市场变化的途径就是K线图，就是量价变化。经典的图形不过寥寥几种，要记住很容易，但是对市场心态的感悟却不是那么容易提高的，所以在本章的探讨中我们会顺便分析一些市场的心态，希望投资者能在记住经典图形的同时对市场心态的感悟也能上一个台阶。

本章只是量价形态分析的入门，也就是介绍一些经典的形态理论，下一章将结合具体的案例进行实战分析。不过一定要记住：仅仅依靠这些图形，我们还只能解释K线图中的一部分，更多的K线图分析是完全脱离经典图形形态进行的。

1. 趋势线

最早的图形分析始于一百年以前，据说到查尔斯·道(Charles Dow)出版了一本专著以后才开始进入正轨。当年道氏创立的一些技术分析观点现在被称为道氏理论。

顺便提一下，道氏当年创立的道琼斯指数一直沿用至今。这是一个成分股指数，不过其中很多成分股都已经不是当年的成分股了。

道氏理论中最重要的是趋势线、支撑线和压力线。该理论认为股价的运行是有一定趋势的，一旦股价上涨就会形成上升趋势，下跌就会形成下跌趋势。根据道氏理论，我们可以在K线图(道氏当时用的是美国线，与K线图相比，美国线就是少了一个开盘价，现在国内很少用美国线，所以本书的讨论都采用K线)中画出支撑线和压力线，股价一旦跌到支撑线就会获得买单的支撑而回升，一旦碰到压力线就会遇到卖压而下跌，这样我们就可以机械地根据图形进行买卖了。不过股价不可能永远上涨或者下跌，所以道氏理论也认为当股价有效冲破压力线或者跌破支撑线后，运行趋势将会改变。

趋势线(Trend Line)是图形分析中的第一步，也是图形分析中最基本的技术，所以首先进行介绍。

趋势线定义

在上升趋势中，将两个最低价连接起来得到一条直线，几乎所有的K线都在这条直线的上方。这条直线就是上升趋势线，也叫支撑线(Support Line)。

在下跌趋势中，将两个最高价连接起来得到一条直线，几乎所有的K线都在这条直线的下方。这条直线就是下降趋势线，也叫压力线(Pressure Line)。

特别注意：

定义中的"几乎所有"比较难以理解，一般来说是这样认定的。

对于支撑线而言，只要K线不是连续三个交易日跌出支撑线就可以了。

对于压力线而言，只要K线不是连续三个交易日冲出压力线就可以了。

图 14-1 是一个画趋势线的实例。

连接A点和B点的最低价得到一条直线，即图中标明的趋势线①，属于支撑线范畴，因为所有的K线都在趋势线①的上方。这种趋势线是完美的，但没有实际应用价值，因为大多数K线都远离趋势线。从直观的角度看去，股价在上涨以后已经明显进入了横向的盘整趋势，与趋势线的上升趋势毫不相干，因此在画趋势线时必须掌握好度，既要把几乎所有的K线包含在内，又要准确地显示股价的趋势。所以趋势线①并非真正的趋势线，应该把删除。

连接B点和D点，我们得到了一条新的支撑线即趋势线②。一般来说K线的低点碰到趋势线越多就越表明趋势线的正确。这里我们发现C点的低点也碰到了趋势线②，表明趋势线②是有效的。尽管在E点K线跌出过趋势线②，但只是下影线有点出轨；下一根小阴线的收盘价跌出了趋势线②，不过只有一天，接着K线的收盘价又回到趋势线②的上方。只要不是连续三根K线跌出支撑线，支撑线就是有效的。

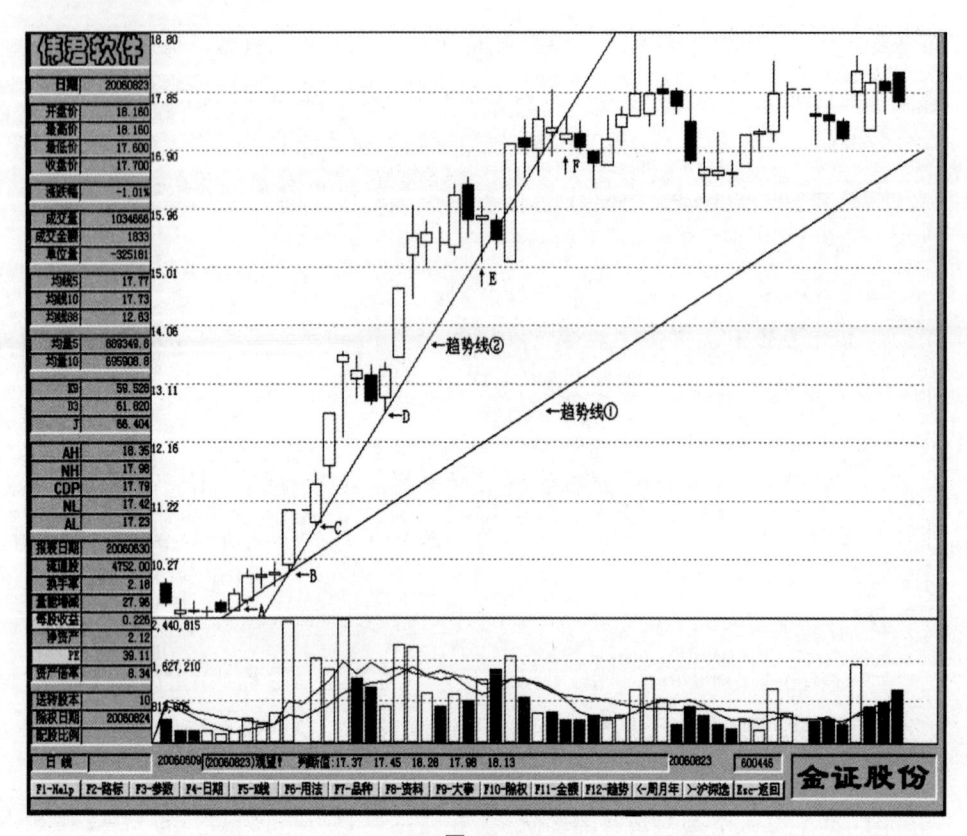

图 14-1

也许投资者已经注意到 F 点及以后的 K 线再次跌出趋势线②。由于超过连续三根 K 线跌出，趋势线②的正确性已经受到质疑，但这种情况只是表明股价的运行趋势发生了变化，所以说趋势线②的任务已经完成。

图 14-2 是另外一个画趋势线的实例。

因为是以相对的高点画连线，所以图中的趋势线是压力线。

一般我们会选择连接 A 点和 B 点画出压力线①，显然，所有的 K 线都在压力线①之下，没有实际应用价值。经过调整，我们选择 A 点和 C 点的连线画出压力线②，不过在 G 区域连续三根小阳线的收盘价冲破了压力线②，所以压力线②是错误的。

尽管我们一般都会选择最前面的高点如 A 点作为压力线的起始点，但实际上很多时候要进行一定的调整。现在我们选择 H 点和 E 点画出压力线③，这条压力线避免了 G 区域的问题。

图 14-2

从图上看，压力线③和压力线②的差异很小，但实际应用价值却差别很大。我们以后在应用时会通过趋势线(实际中一般是轨道线，也是趋势线的一种)来找出买卖点。压力线③提供的 F 区域的买进点要比压力线②提供的买进点早一个交易日。

经典应用法则

支撑线：当股价回落到支撑线时可买进，一旦有效跌破支撑线则趋势将改变。

压力线：当股价回升到压力线时可卖出，一旦有效冲破压力线则趋势将改变。

特别注意：冲破压力线或者跌破支撑线后，趋势将改变的含义是指股价的走势有可能逆转，但也有可能还是原来的趋势，只是方向有所改变。

应用案例

图14-3是上证指数2006年7月24日到2006年12月15日的日K线图。

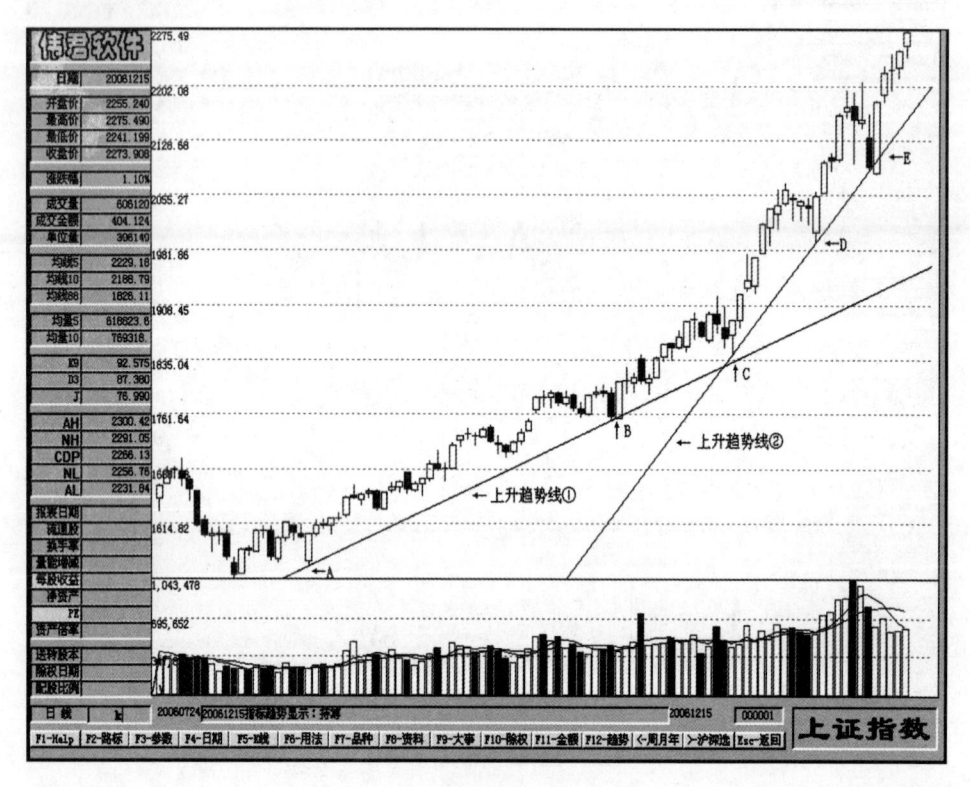

图14-3

我们通过A点和B点画出了一条上升趋势线①，同时该线也是支撑线。A点和B点的选取只有一个条件，就是几乎把所有的K线都置于上升趋势线①的上方。

在C点，我们发现上证指数再一次逼近了上升趋势线①。根据经典应用法则，这时应该是买进时点。果然随后上证指数继续上涨并且上升的斜率开始加大，为此我们又根据C点和D点画出另外一条上升趋势线②，这是后一段时间的支撑线。

在E点，上证指数再一次回落到上升趋势线②甚至有过一天的短暂跌破。根据经典应用法则，只要不是有效跌破支撑线就是买进时点。

在这里我们还要解释一下所谓的"有效性"。

什么叫有效跌破？什么叫有效冲破？在经典的理论中并没有明确的定义，

一般来说有两种说法被广泛采纳。

一种是"多次"或"多天"。比如连续两次或者连续三天跌破支撑线或冲破压力线。

另一种是3%理论,即股价跌破支撑线或者冲破压力线有3%以上的幅度,便属有效跌破或冲破。

投资者应该记住以上两种说法。

上证指数仅仅在 E 点跌破支撑线一点点,而且时间只有一天,因此并不属于有效跌破,这样 E 点就成为买进点。由于 E 点是否跌破还需要进一步的观察,所以当我们得知 E 点成为买进点时已经是后来的事情了,换句话说,我们绝不可能在 E 点出现时就知道这时候是买进点。

应用案例

图 14-4 是上证指数 2004 年 2 月 5 日到 2004 年 9 月 14 日的日 K 线图。

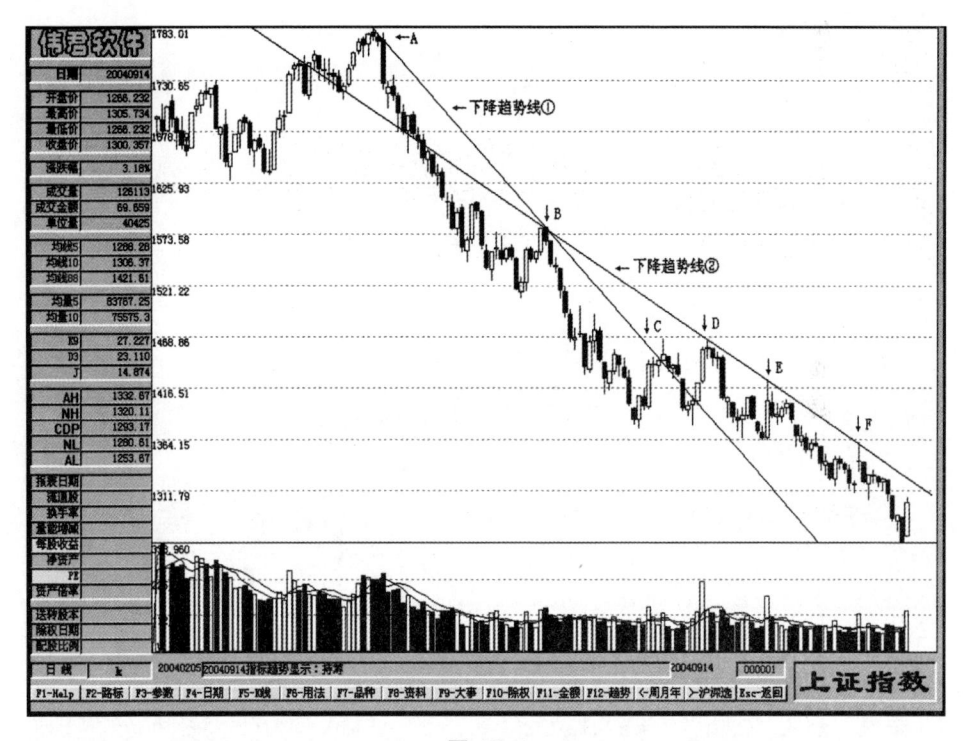

图 14-4

通过 A 点和 B 点我们画出了一条下降趋势线①,也就是压力线。在 C 点,我们发现上证指数有四天冲破了下降趋势线①,这就是有效突破压力线了。

也许投资者已经注意到了，上证指数在 C 点过后并没有向上而是横向运行，这与普通投资者的认知有所不同。请记住：由于压力线是往下的，所以股价只要横向运行也能完成"突破压力线"的任务，甚至股价继续下跌也有可能突破压力线——只要股价下跌的速度比压力线慢就可以了。

本案例中的 C 点是一个很好的例子。上证指数仅仅只通过横盘就冲破了压力线。

冲破压力线并不一定就是股价转势的信号，实际上通过 D 点和 E 点我们又画出了一条新的下降趋势线②，也就是一条新的压力线。上证指数在 C 点的横盘只是拖延了下跌的时间以及改变了下跌的速度。

轨道线定义

如果支撑线和压力线互相平行，那么这一对线就被称为轨道线(Channel)。

如果轨道线是向上的，就被称为"上升轨道"，反之则被称为"下降轨道"。

经典应用法则

股价在轨道内按照轨道的趋势运行，一旦有效突破轨道将会产生新的趋势。

应用案例

图 14-5 是上证指数 2004 年 11 月 15 日到 2005 年 2 月 4 日的日 K 线图。

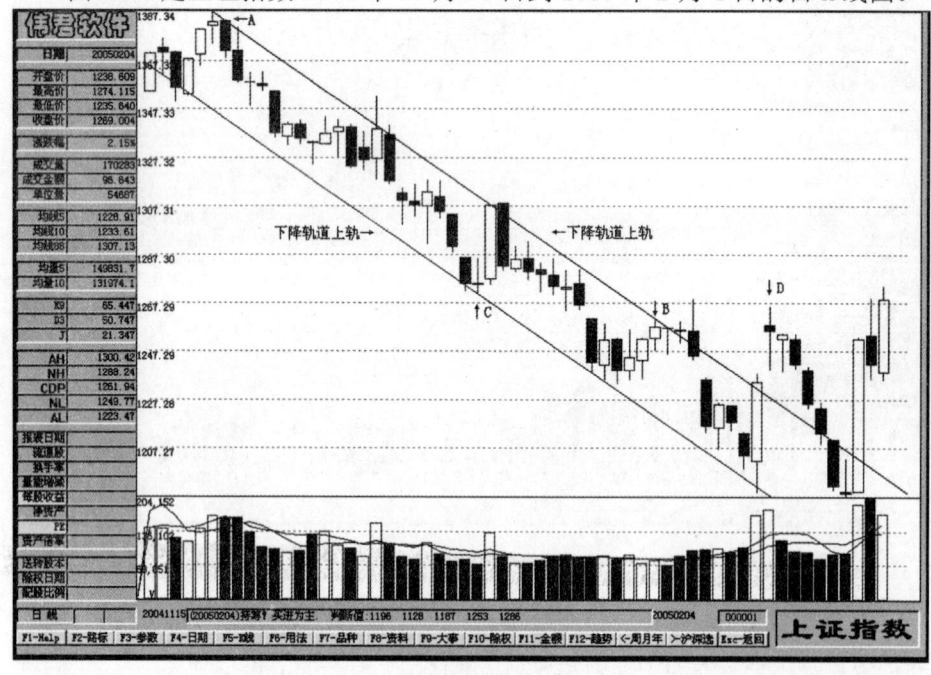

图 14-5

根据 A 点和 B 点我们画出了压力线，然后过 C 点作压力线的平行线得到支撑线。由于压力线和支撑线是互相平行的，这两条线就组成了一对轨道线。

需要说明的是，有几根 K 线曾经跳出过轨道，但只要"几乎所有"K 线都在轨道内就可以了。换句话说，画轨道线的时候是允许有几个点跑到轨道外面去的。

值得关注的是 D 点，因为有连续五根 K 线跑出了轨道。当然我们可以重画轨道线的上轨，使得 D 点及其之后没有过多的 K 线跑出轨道，但轨道线离开 K 线过远是不合理的，因此我们还是坚持现在的画法。

其实 D 点的问题很容易解释，就是股价在寻求突破。我们会在后面一章的具体案例中多次看到这种情况。

轨道线的作用就是提示我们股价在碰到轨道后会有反向的运行，理论上我们可以根据这一点制定买卖策略，但如果轨道比较陡的话是很难操作的，因为股价横盘也是可以完成在两个轨道之间的运行的，这种情况下据此操作很难有收益。

上面已经介绍了一些趋势线及它们的应用法则。实际上趋势线的理论基础似乎并不存在，也就是说所谓的趋势线理论只是一种在市场中的常见现象，至于为什么会经常出现这种情况，唯一的解释就是市场的心理因素。

尽管经典的应用法则给了我们具有可操作性的买卖方法，但投资者最好不要太把它当成一回事。趋势线是有一定作用的，只是它所起到的作用还远远没有到可以称为"法则"的程度。

接下来会有几个案例，探讨如何务实地运用趋势线来进行图形分析。

[应用案例 1]

图 14-6 是"强生控股(600662)"2000 年 3 月 10 日到 2001 年 8 月 31 日的周 K 线图。

通过 A 点和 B 点我们画出了 L1 线，然后通过 C 点画出 L1 线的平行线，因为几乎所有的 K 线都在这两根平行线内，所以 L1 和 L2 是一对标准的轨道线。

通过 D、E、F 三个点，我们又画出了一对平行的轨道线 L3 和 L4。

现在我们利用这两组平行线组成的轨道来进行图形分析。

请注意，在我们要进行的图形分析中必须考虑成交量这个极其重要的因素，而在前面提到的经典应用法则中没有提到成交量。

图 14-6

在 L1 和 L2 组成的上升轨道中伴有明显的成交量放大现象，尽管这中间也许会有主力的部分对倒盘（自买自卖成交量），但由于股价从 10 元左右上涨到 17 元左右，因此市场上跟进的买单一定也不在少数。上升轨道迟早是要结束的，更何况本案例的上升轨道角度比较大，速度比较快，一旦出现突破就会形成有效突破，这时候往往是不需要经过 3% 的幅度或者多次突破来进行验证的。

果然股价在 17 元左右的价位出现盘整，同时形成对轨道下轨的突破，这是一种典型的"向右突破"。

股价向右突破之后形成了一个新的微微上行的轨道，就是 L3 和 L4 组成的轨道。

在 G 点股价又形成向上突破的态势，但一般平行轨道的向上突破都要具备 3% 以上的幅度和"多次"或者"多天"突破的条件。由于第二个交易日股价又跌回到轨道内，所以 G 点并非突破点。接下来的 H 点很有意思。由于 H

点的向下突破幅度较大，因此按照一般的判断方式股价应该是有效向下突破。不过请关注当时的成交量。

H点对应的成交量居然没有明显的变化！

这是一个重要的怀疑理由，即使在经典理论中也会经常提到假信号，毕竟市场总是正确的，那么H点是不是一个假信号呢？

观察同期上证指数的走势，发现在H点出现的前一周上证指数有一次大的下跌，而在H点只是轻微的下跌。这一现象说明"强生控股（600662）"在前一周得到了某种买盘的支持，而H点仅仅是补跌。补跌后能否回升的关键在量，H点的量本来就不大，第二周和第三周的量更小。因此我们可以这样认为：股价确实属于有效向下突破轨道，但由于成交量的因素，股价在不远的将来还有可能再次回到原来的轨道。

真正的向下突破在I点出现。从H点到I点的走势呈倒V字形，这是一种快速反抽的走势，对后市的演变有负面的提示作用。

当股价在I点拉出长阴线时已经明确了向下突破的趋势。

也许投资者会注意到在I点的成交量也没有放大，为什么这一次成交没有放大我们就认定向下突破是有效的呢？

图形分析是综合性的，也许投资者在全部读完本书后就不会提这样的问题了。但由于现在刚刚开始介绍图形分析，所以还是有必要再补充几句。

请注意在股价从H点回升到轨道内的过程中，有一周也就是J点处放出了很大的量！

这个放量的位置属于股价的密集成交区域，一般来说正常的交易不会出现这么大的量，因此我们可以推断一定是有主力在此进行了大量的对倒以吸引新的资金进场承接。主力吸引市场买盘有可能会继续推高股价，但在H点大幅度下跌的情况下，可以判断主力在此吸引买单的目的是出货，这样I点的有效向下突破就成立了。

〔应用案例2〕

图14-7这个个股现在已经从主板市场退出，原来的名字是"福建福联（600659）"，这是该股1999年11月29日到2001年1月16日的日K线图。

前两次的轨道与〔应用案例1〕即图14-6的"强生控股"差不多，但在两次向上冲破上轨的压力线后又走了一波上升浪。

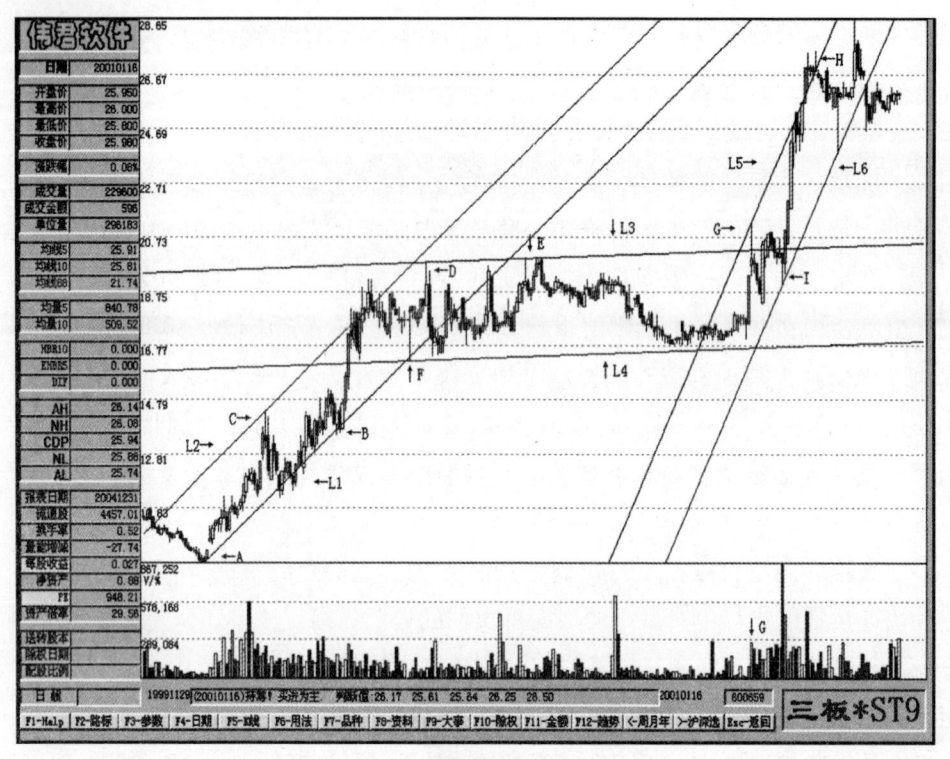

图 14-7

画轨道的过程如下：以 A 点和 B 点画出第一个上升轨道的下轨 L1 线，通过 C 点画出 L1 线的平行线即第一个上升轨道的上轨 L2 线。以 D 点和 E 点画出第二个上升轨道的上轨 L3 线，然后根据 F 点画出 L3 线的平行线即第二个上升轨道的下轨 L4 线。根据 G 点和 H 点画出第三个上升轨道的上轨 L5 线，再根据 I 点画出 L5 的平行线即第三个上升轨道的下轨 L6 线。

进入第二个轨道是非常正常的。股价在上升之后总会下跌或者盘整，本案例是盘整态势。盘整期间的平行轨道上下轨分别是 19.80 元和 16.20 元，接近两个整数位：20 元和 16 元。其中 20 元是一个较大的整数关，在此形成较大的心理压力是很正常的，即便盘中有主力也不会贸然向上冲击。

我们现在来分析如何确认股价再次有效地向上突破。

我们发现在 G 点股价有一次试探性的向上突破，但当天就跌回轨道内，并没有突破成功。三天后股价再次向上冲击，尽管有三天收盘在轨道上轨之上，但我们知道，轨道的画法并不是唯一的，因此换一种画法这三天未必就会站在上轨之上，更何况远没有满足 3%的要求。于是我们继续观察，果然股价又重新回到轨道内。但仅仅过了一天，股价再次发力冲破上轨。

这是不是有效突破？我们再来分析同期的成交量。

还记不记得我在技术指标的章节内介绍的"单位成交量"指标？图 14-7 中下面的图就是"单位成交量"。其实在 I 点当天放出了很大的量，一般来说是可以确认 I 点的突破有效性的，但为了保险起见，我们再用"单位成交量"配合验证一下。

从"单位成交量"图中可以发现，从 G 点开始"单位成交量"明显放大。由于当时的成交量并不大，说明主力并没有刻意做量，即使参与也是以增仓为主，因此可以说市场正在进行积极换手，这才是一种真正的逐步放量态势。正是由于"单位成交量"的放大才使得股价在向上冲破上轨的过程中能充分消化原来轨道内的浮动筹码（指在轨道内买进的短线筹码）。

现在我们从容地在 I 点的第二天及时跟进，在短期内可以获取 30%以上的收益。

也许投资者会问：假如在 I 点的第二天买进了，如何寻找卖点呢？

从实战的角度考虑，确实应该具备这种思维的方式，很可惜我们往往只注重寻找买点而忽略了卖点。

当我们在 I 点买进以后继续跟踪，在股价连续上涨完成之前不考虑卖出。在 H 点出现了横盘，这时我们可以画出 L5 和 L6 线，果然在几天后股价在盘中下探到 L6 线，这对我们是个考验，难以定夺是否卖出，但股价并没有有效跌破下轨 L6 线，因此理智要求我们再等一等。果然股价在几天后再次上冲达到 28 元以上。

当股价升幅超过 30%以上并且走势趋缓时，最好先寻机退出来，这是一种市场经验。

当投资者相信这种经验时，便会在股价又一次上冲到 28 元上方时将筹码抛掉，获取这波行情的最大收益。

如果坚持按照轨道分析方法呢？

股价在冲过 28 元以后有所回落，同时在 26 元左右开始盘整并向右突破上升轨道，这时投资者绝对应该退出了，尽管这样操作没有卖在高位区，但获利还是远超过 20%。

上面举了几个关于趋势线的案例，其中除了趋势线以外还提到了一些其他的方法。限于篇幅，有些方法我只能在案例中提到而无法单独介绍。

2. 头肩形态（Head & Shoulder）

K线图如果远看的话就像一幅画，所以我们就把一些走势归纳成容易记住的形态，这是本章接下来的主要内容。

顾名思义，头肩形态就是走势像在画一个人的头和两个肩的形状，根据上下不同的方向又可以将其分为两种，一种是头肩顶形态，另一种是头肩底形态。

头肩顶形态

图14-8是"皖通高速（600012）"2003年11月17日到2004年6月11日的日K线图。

这是一种非常标准的头肩顶形态，其中最高点就是头部，头部不一定只有一根K线，允许多根K线挤在一起。头部两边的两个次高点是左肩和右肩，中间的两个低点A点和B点的连线叫作颈线。当股价在C点有效向下突破颈线时表示该形态完成。

完成头肩顶形态的三个基本条件如下。

条件①：左肩和右肩的高度接近。

条件②：颈线基本与水平线平行。

条件③：右肩的成交量小于头部和左肩的成交量。

实际上几乎所有的这种图形都只是相似而已，比如左肩和右肩会有些高低差异，颈线会有些倾斜等等，像图14-8这样标准的相当少见。

对于头肩顶形态我们可以这样去分析：

在头肩顶形态完成以后我们发现，因为右肩的股价低于头部，成交量也不及头部甚至左肩，所以多方已经明显退却，股价接下来应该是由原来的寻找压力点转为寻找支撑点，所以图形理论给出了具体的支撑点寻找方法。

头肩顶形态应用法则

法则①：头肩顶形态是一种反转形态。

法则②：当股价有效向下突破颈线位后的下跌目标位相当于头部到颈线位的距离。

以图14-8为例，头部的最高价为6.58元，颈线位于5.69元，其差为0.89元。现在股价的下跌目标位就是颈线位5.69元减去0.89元等于4.80元。

图 14-8

图形分析的结果居然可以是一个精确的数字，这确实有点不可思议。但实际上这只是一个大致的判断，我们不能太当真。其实在画颈线的时候也只是大致一画，而不同的画法就会导致计算结果出现差异。最主要的是我们不知道这样计算的理论依据是什么，就像很多其他经典应用法则一样。

本案例中的股价最后跌到 5.01 元，离计算出来的 4.80 元目标位还是有差距的。

头肩底形态

头肩底形态与头肩顶形态基本上是相反的。

图 14-9 是"有研硅股(600206)"2005 年 1 月 7 日到 2006 年 3 月 10 日的周 K 线图。

这是比较标准的头肩底形态，其中最低点就是头部，头部两边的两个次低点是左肩和右肩，中间两个高点 A 和 B 的连线是颈线。当股价在 C 点有效向上突破颈线时，该形态完成。

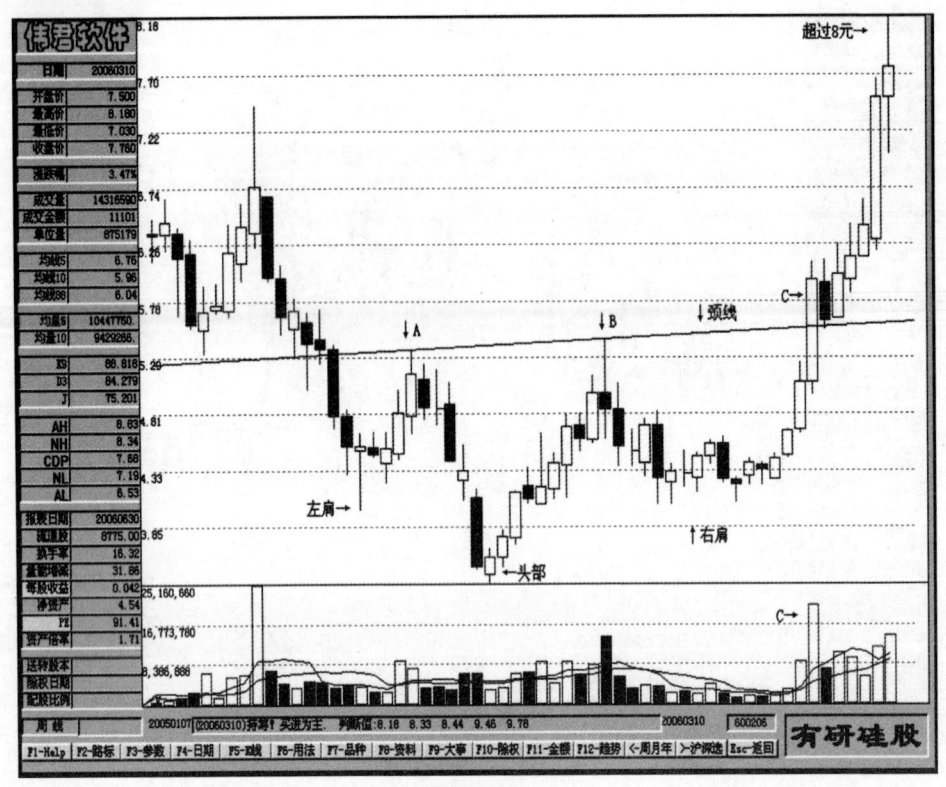

图 14-9

完成头肩底形态有以下三个基本条件。

条件①：左肩和右肩的高度接近。

条件②：颈线基本与水平线平行。

条件③：右肩的成交量大于头部和左肩的成交量。

这三个条件中的前两个与头肩顶形态完全一样，但第三个条件则正好相反。

对于头肩底形态我们可以这样去分析：

在头肩底形态完成以后我们发现，因为右肩的股价高于头部，成交量也超过头部甚至左肩，所以空方已经明显退却，股价接下来应该是由原来的寻找支撑位转为寻找新的压力位，所以图形理论给出了具体的压力位寻找方法。

头肩底形态应用法则

法则①：头肩底形态是一种反转形态。

法则②：当股价有效向上突破颈线位后的上升目标位相当于头部到颈线位的距离。

以图 14-9 为例，头部的最低价为 3.37 元，当时颈线位于 5.396 元，其差为 2.026 元。股价的上升目标位就是 C 点的颈线位 5.54 元加上 2.026 元等于 7.566 元。

实际上股价已经达到 8.18 元。

头肩形态的两种走势图形几乎完全相同，只是方向相反，在成交量的配合上有很重要的差异。在头肩顶形态中，股价上冲右肩时的成交量比较小，而在头肩底形态中，股价在第二次上冲颈线时伴随较大的成交量，而且往往还会有再次回落以考验颈线位的支撑力度，并在回落获得颈线支撑后再度放量向上冲击。图 14-9 中股价在 C 点的第二个交易日也拉出了一根阴线来考验颈线的支撑力度，但也许是 C 点的突破比较有力，所以股价并没有跌破颈线。

这种回抽以考验支撑力度的现象是相当普遍的。

在股市的运行中，我始终认为存在一种神秘的万有引力现象。也就是说，如果股价没有新的因素影响（如个股基本面方面的消息、盘中主力刻意的运作、大势特别看好、同板块的其他个股走强、本行业获得政策支持等等），那么股价震荡盘落的可能性远远大于震荡盘升的可能性。万有引力的存在使得任何物体在没有外力干预的情况下都会自由下落。

当然这只是一个比喻，也许不太合适，但可以更清楚地表达意思。这种现象的根子可能还是在于股票毕竟不如钱来得实在，如果前景不明朗，拿钱一定会比拿股票来得安心。从这一点出发，股价最后冲破颈线并完成头肩底反转形态的确是需要成交量的帮助的。

另外我们还可以把头肩形态与艾略特波浪理论中的浪形联系起来。尽管在本书中波浪理论的地位并不十分重要，但作为一门市场流行的理论，多了解一点总是有益的，而且作为一种图形分析的语言，投资者在探讨的过程中也可以建立起相同的技术语言。

头肩顶形态是一种反转型的形态，也属于波浪理论中上升浪与下跌浪之间的转换形态。如图 14-8，左肩是第三上升浪的顶点，A 点是第四下跌浪的终点，头部是第五上升浪的顶点，B 点是下跌 A 浪，右肩是反弹 B 浪，从右肩开始走下跌 C 浪。

头肩底形态也是一种反转型的形态，往往是波浪理论中下跌浪与上升浪之间的转换过程。如图 14-9，左肩是下跌 A 浪，反弹至颈线 A 点是反弹 B 浪，再跌到底部是下跌 C 浪。从底部回升到颈线是后面一个循环浪的第一上升浪，再回落至右肩是第二下跌浪，随后从右肩向上突破就进入最大的第三上升浪。

当然并不是每一次头肩形态都是波浪理论中的大转换形态，有时候头肩形态的形态较小，只能属于波浪理论中某一个浪型中的小浪型转换。

作为反转型的形态，头肩形态的可信度较高，因此在市场上较为流行，也常见于分析文章，只是股价突破后目标位的具体价位测算不必过于当真。

在后面几种形态中也有几种形态源于头肩形态，所以不论你喜欢还是不喜欢，必须牢记这种形态，这对于以后研判主力的意图有相当大的帮助。

3. 三重形态

投资者也许已经注意到了，尽管头肩形态在应用案例中头部与左右肩不在一个平面上，但其基本条件中并没有规定头部必须要在左右肩的上面（头肩顶形态）或者下面（头肩底形态），因此如果头部的位置与左右肩相近的话也是可以的。我们把这种特别的头肩形态称为三重形态，就是三个头部的意思。

既然三重形态属于头肩形态的一种特例，那么三重形态一定也是反转型形态。

三重形态同头肩形态一样，也分为两种类型，一种是三重顶形态，另外一种是三重底形态。图 14-10 和图 14-11 分别给出了这两种形态的典型图形。

图 14-10 是三重顶形态，其中右肩的位置甚至比头部还要高，但这是允许的，只要求三个顶差不多就行，对哪一个一定高还是低并没有特别的规定。

图 14-11 是三重底形态，特点是股价在 C 点的上冲并没有成功，所以形态的最终完成是在 D 点，成交量也符合形态完成的条件。

至于股价在三重形态完成以后突破的目标幅度与头肩形态是一样的，这里就不再重复了，只是再次提醒投资者没有必要把这种计算当一回事。

与波浪理论结合起来，三重顶形态的走势属于第五上升浪失败的情况，即第五上升浪没有创出第三上升浪后的新高。在图 14-10 中的第五浪即 C 点还是创了一点点新高而且反弹 B 浪也创了新高，不过这并不违背波浪理论。三重底形态则表明下跌 C 浪没有创出下跌 A 浪的新低，或者即使创出了新低也非常有限，属于失败的下跌 C 浪。

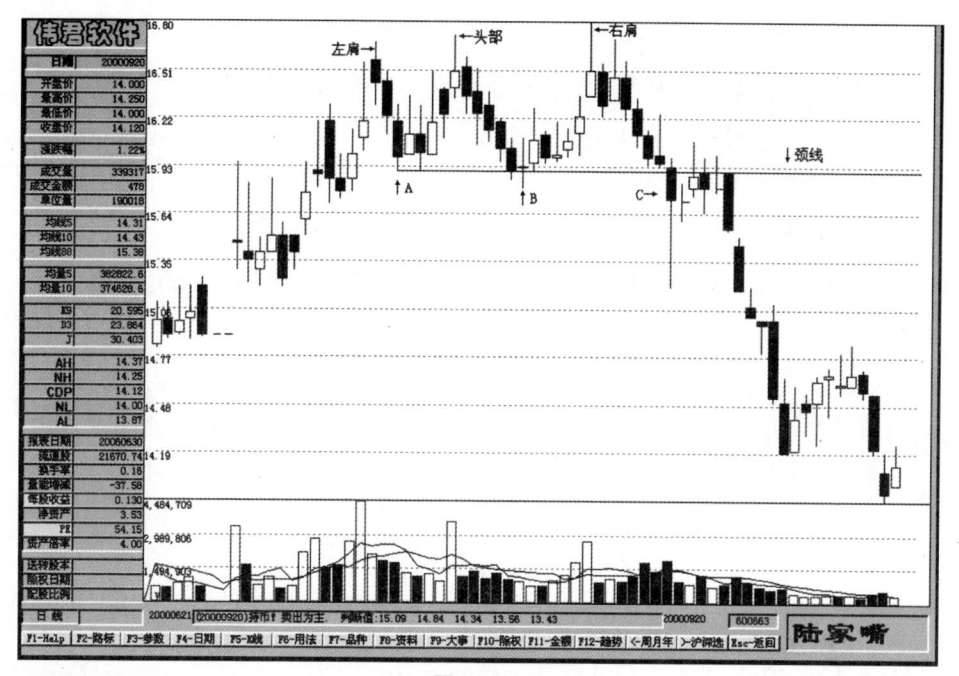

图 14-10

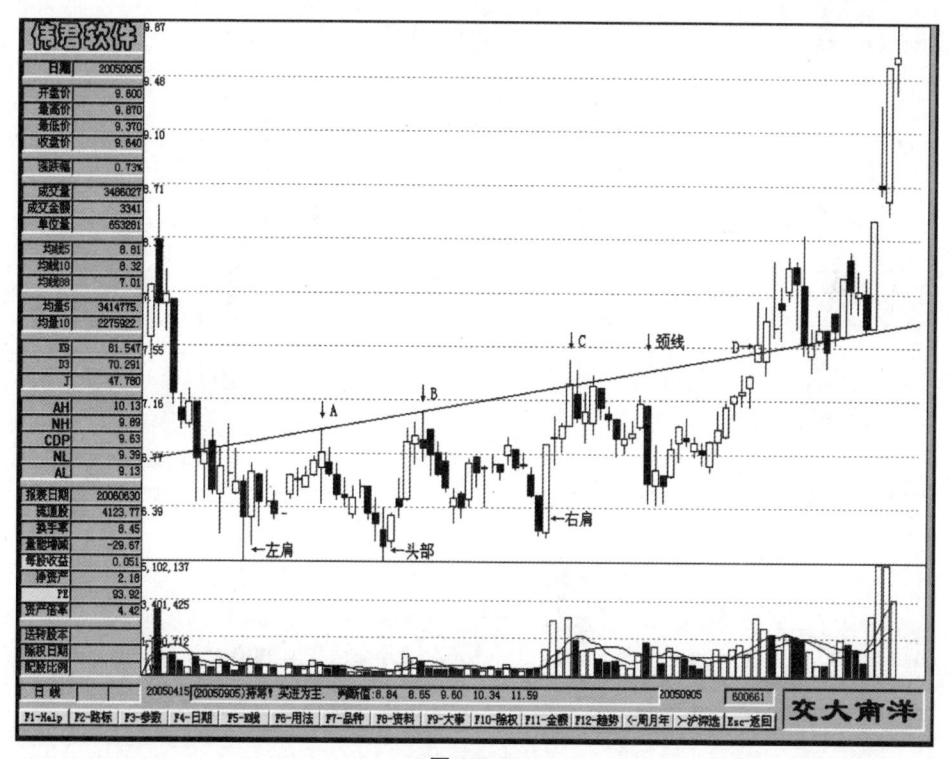

图 14-11

4. 双重形态

既然有了三重形态，我们自然就会想到有没有双重形态。

确实有双重形态，它也是反转型形态中的一种，包括双顶形态和双底形态，也称双重顶和双重底。

双顶形态

图 14-12 是"首创股份（600008）"2003 年 9 月 26 日到 2004 年 9 月 10 日的周 K 线图。

这是一种标准的双顶形态，其中 A 点和 B 点是顶点，C 点是 A 点和 B 点中间的相对低点。连接 A 点和 B 点得到一条直线，再过 C 点作该直线的平行线，这就是双顶形态中的颈线，相当于头肩顶形态中的颈线。当股价在 E 点有效向下突破颈线时，该形态完成。

完成双顶形态有以下两个基本条件。

条件①：两个顶点高度接近。

条件②：右顶的成交量小于左顶的成交量。

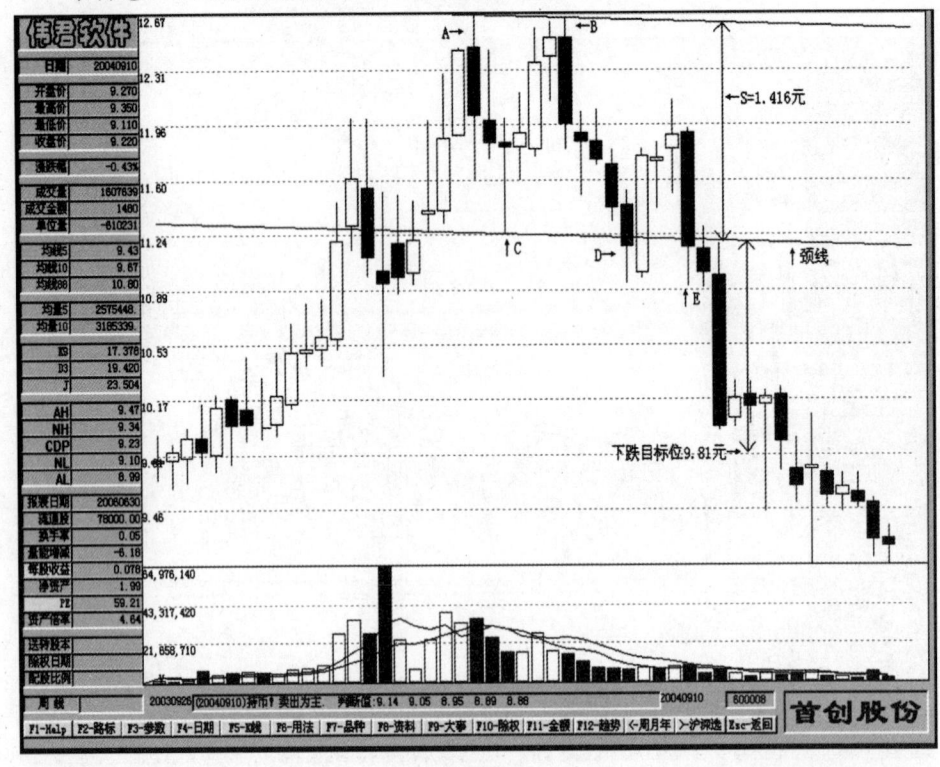

图 14-12

双顶形态可以这样去理解：

股价连续上涨达到左顶后遇阻下跌，在稍事休息后再冲右顶但没有成功，成交量也已经不及原来上冲左顶的量。这说明市场多空双方在这里发生逆转，股价也就形成反转。

双顶形态应用法则

法则①：双顶形态是一种反转形态。

法则②：当股价有效向下突破颈线位后的下跌目标位相当于顶点连线到颈线的距离。

以图 14-12 为例，两线之间的距离为 1.416 元，E 点破位时颈线位置是 11.226 元，所以下跌的目标位为：

11.226－1.416＝9.81 元

不过实际上股价的跌幅要大得多。

双底形态

图 14-13 是"S 渝水利(600116)"2005 年 4 月 4 日到 2005 年 9 月 5 日的日 K 线图。

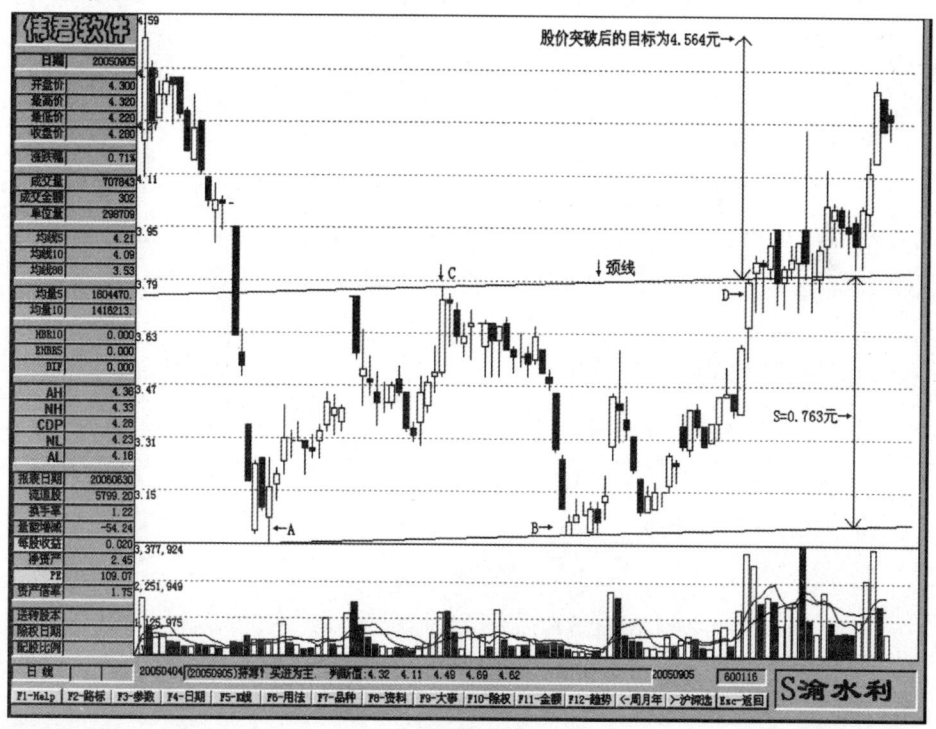

图 14-13

这是一种明显的双底形态，其中A点和B点是两个低点，C点是A点和B点中间的相对高点。连接A点和B点得到一条直线，再过C点作该直线的平行线，这就是双底形态中的颈线，相当于头肩底形态中的颈线。当股价在D点有效向上突破颈线时，该形态完成。

完成双底形态有以下两个基本条件。

条件①：两个低点高度接近。

条件②：D点上冲颈线的成交量要大于C点的量。

双底形态可以这样去理解：

股价连续下跌达到左面的低点时，遇到买盘支撑后返身上冲C点，随后再次考验右边的低点并获得支撑，在成交量的配合下重新上冲颈线获得成功，股价形成反转态势。

双底形态应用法则

法则①：双底形态是一种反转形态。

法则②：当股价有效向上突破颈线位后的上升目标位相当于低点连线到颈线的距离。

以图14-13为例，两线之间的距离为0.763元，D点冲破颈线的位置是3.801元，所以上升的目标位为：

3.801+0.763=4.564元

图上股价的升幅已经达到4.40元。

在实际走势中，接近三重形态和双重形态的例子比较多，特别是双重形态比比皆是，三重形态与头肩形态有时也很难精确区分，出现的概率也很高。

不过真实的形态与标准的形态往往会有一些明显的差异，其中有些失败的形态也是比较重要的。

失败双顶形态①：右顶低于左顶。

图14-14是一个比较明显的右顶低于左顶的失败双顶形态，通常这种形态具有较大的向下杀伤力。

当股价从C点回升之后的趋势大致有三个。

趋势①：上升冲破A点的高度并继续上升。

趋势②：上升到达A点的高度附近然后开始下跌，但最终是否完成双顶还无法确定。

趋势③：上升幅度较小，在未达到 A 点的高度后就下跌完成失败双顶形态。

这三种趋势中，趋势③是下跌幅度最大的。从时间上来说如果是趋势③的话应该最早出现，所以要引起足够的注意。

判断趋势③出现的关键点如下。

关键点①：从 A 点下跌到 C 点的幅度比较大。

关键点②：从 C 点回升到 B 点的过程中成交量比较小。

关键点③：从 C 点回升到 B 点的过程中的"单位成交量"比较小。

关键点①中的下跌幅度要靠投资者自己把握。由于 K 线图跨越时间的长短不一，以及 A 点之前的上涨幅度不一，A 点下来的幅度也是不一样的。不过关键点②的判断相对容易，也比较直观。

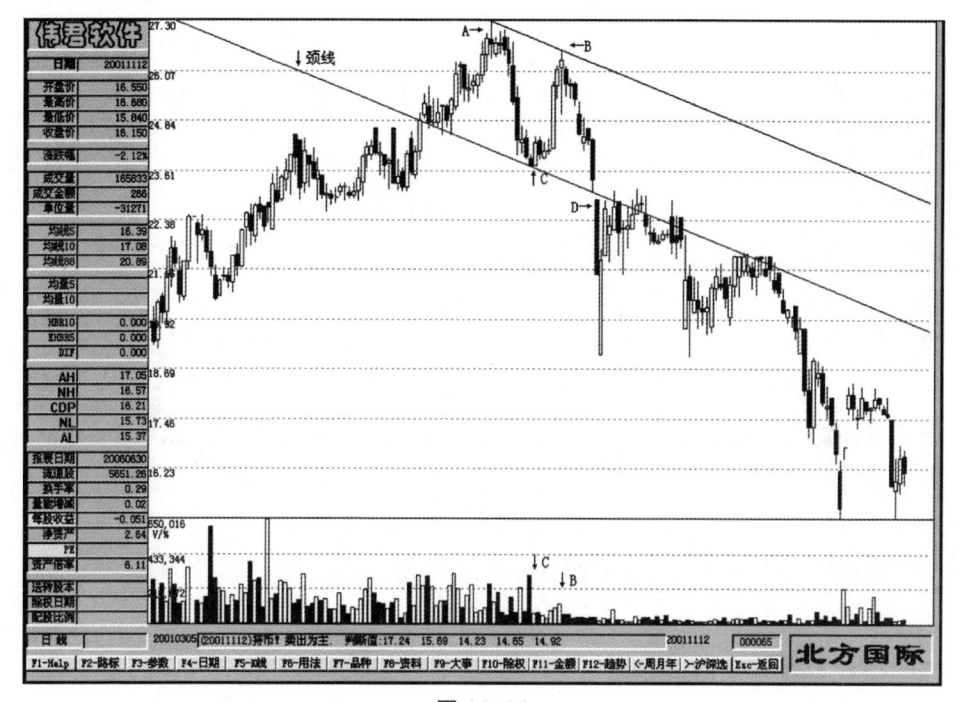

图 14-14

图 14-14 中下面的图是"单位成交量"指标。很明显，从 C 点开始"单位成交量"一直非常小，所以股价走出失败双顶形态①的可能性很大。如果投资者觉得还没有把握，可以继续观察，但最晚不能晚于 D 点。当 D 点出现时就是最后一次逃命的机会了。

在波浪理论中有一种"第五浪可能不创新高"的浪型，即"失败第五浪"，从图形形态上来说就是对应失败双顶形态①。

失败双顶形态②：右底高于左底。

图 14-15 是一个典型的右底（B 点）高于左底（A 点）的失败双底形态，通常这种形态具有较强的向上攻击力度，是投资者应该重点关注的形态。

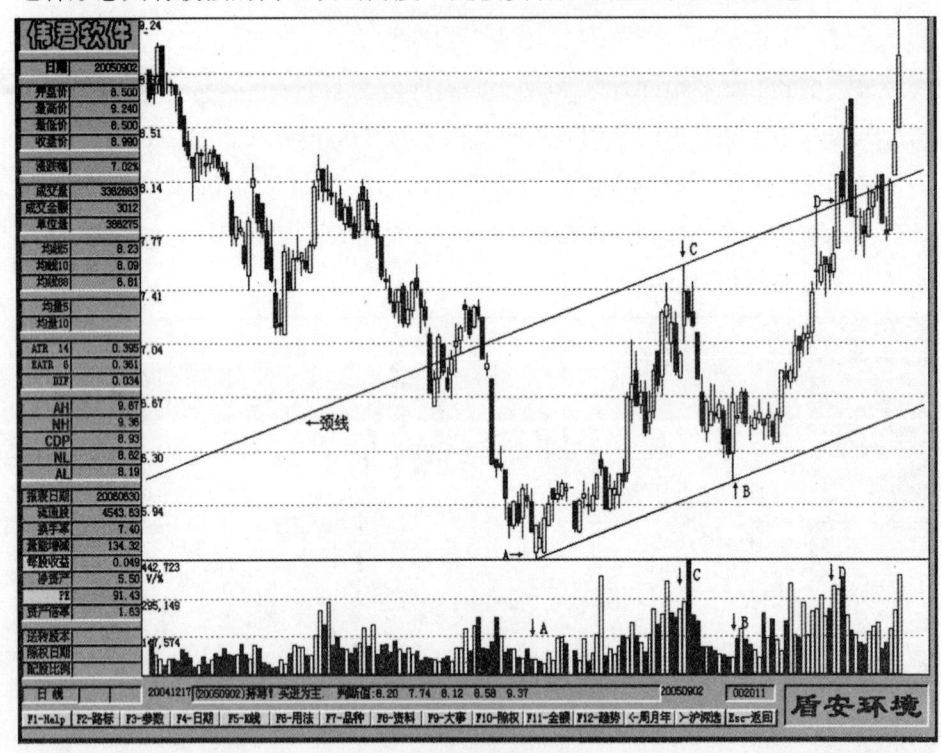

图 14-15

当股价从 C 点回落之后的趋势大致有三个。

趋势①：跌破 A 点位置并继续下跌。

趋势②：跌到 A 点附近开始回升，但最终能否完成双底形态还无法确定。

趋势③：下跌幅度较小，随后上升并最终完成失败双底形态。

这三种趋势中，趋势③是上升幅度最大的。从时间上来说如果确实是趋势③的话应该最早出现，所以要引起足够的注意。

判断趋势③出现的关键点如下。

关键点①：从 A 点上升到 C 点的幅度比较大。

关键点②：从 C 点到 B 点成交量萎缩，从 B 点开始成交量再次放大。

关键点③：从 C 点到 B 点"单位成交量"变小，从 B 点开始"单位成交量"再次放大。

关键点①中的回升幅度同样要靠投资者自己的经验，不过关键点②的判断也同样相对容易。

图 14-15 中下面的图是"单位成交量"指标图。从 C 点开始"单位成交量"萎缩，从 B 点开始"单位成交量"快速放大，一直到 D 点。对于投资者来说最好的买进机会在 B 点，但如果没有足够把握的话，从 B 点到 D 点都是买进的时点，无论如何投资者在 D 点应该可以确认失败双底形态②已经完成，这是最后的买进时点。

在波浪理论中有一种"第五浪有可能不创新低"的浪型，对应形态就是失败双底形态②。

5. 单顶、底形态

有了双顶形态，也有了三重形态，也许投资者会联想：有没有单顶形态呢？

有单顶形态，而且与双顶和三重形态一样也是上下各一种。一种叫单顶形态，另外一种叫单底形态。单顶形态也是一种反转形态，它的含义就是股价在转折处只出现一次高点。

从交易过程分析，单顶或单底的形成是因为供求关系在某一个交易日或者交易时段突然形成转化的缘故。比如股价上涨速度过快，卖盘压出后买盘跟不上，就会导致股价一路下跌，形成单顶转势。再如股价连续下跌过猛，买盘进来后却发现上档买单很少，于是股价又轻松上扬，形成单底反转。

至于供求关系为什么会在某一天突然形成转化，可能有多种因素。比如受到公司基本面的影响，也有可能是股价被主力操纵等等。有时候股价在原有趋势的尾声会出现加速的态势，这种加速往往有可能导致逆转的产生。

单顶形态

图 14-16 是一个典型的单顶形态，特点是股价在上升趋势的尾部出现加速上涨态势，甚至向上冲出原来的上升上轨，最后导致单顶的产生。

单顶形态的成交量特点是股价从顶点回落时大幅度萎缩。

当股价从顶点回落之后的趋势大致有两个。

趋势①：跌回原来的上升上轨并最终跌破上升上轨。

趋势②：直接下跌转化成下跌趋势。

如果股价跌穿原来的上升上轨并在上升下轨获得支撑，那么趋势①的可能性较大。不过由于股价已经形成转势，因此当股价再次回升到上升上轨附近时是卖点。

趋势①的特点是股价还会在较高的位置盘桓一段时间而不是很快下跌。对于投资者来说，有比较充裕的时间来对形态进行确认。

如果股价一路跌破原来上升趋势的上升下轨，那么趋势②的可能性较大。不过股价在跌破上升下轨以后还有可能会对上升下轨有一个回抽过程以确认向下突破的有效性，因此回抽上升下轨时是卖点。

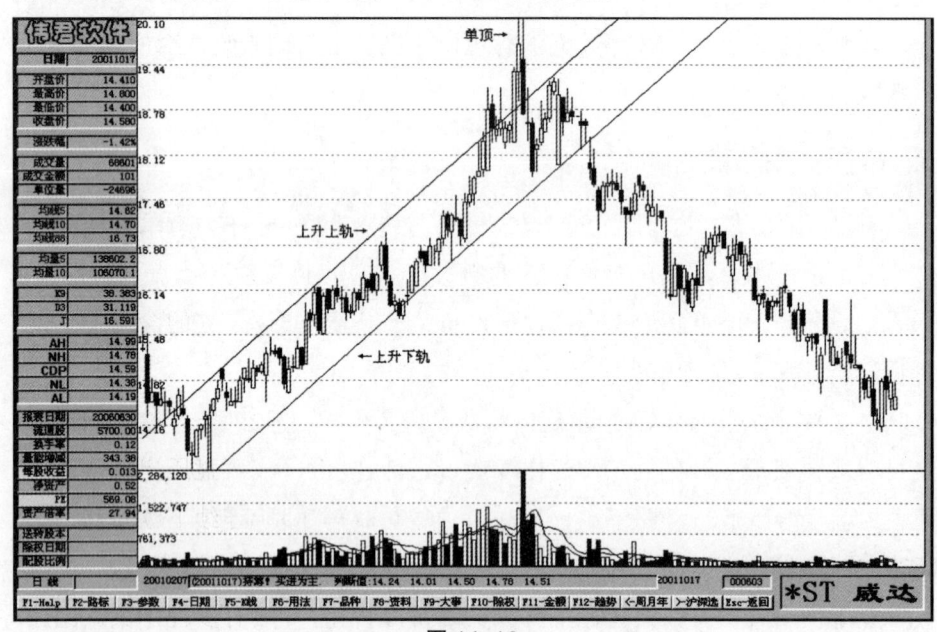

图 14-16

前面讨论了几种顶部形态如双顶形态、三重顶形态还有头肩顶形态等等，这些形态有一个共同点，那就是先出现第一个高点，然后再出现第二个甚至第三个高点。对于投资者来说，分析这些筑顶的形态主要是为了判断是否需要卖出，也就是说是为了寻找卖点，所以就面临这样一个问题：当第一个高点出现时如何判定它是哪一种类型。

查阅所有经典的图形分析书籍，我发现没有一本书对此做过任何分析。

到目前为止投资者已经知道，当一个高点出现以后至少有以下几种可能性。

可能性①：单顶形态。

可能性②：双顶形态。

可能性③：头肩顶形态（包括三重顶形态）。

可能性④：继续上涨趋势。

到底会是哪一种呢？这是一个悬而未决的大难题。

比如我们认为股价还会继续上涨的趋势，但默默等待新高的出现，结果却是单顶形态，股价一泻千里。

尽管如此，我们还是可以有一些办法来尽量避免这种风险。

在一个高点出现以后密切注意股价是否跌破原来的上升轨道。如果跌破上升轨道，那么可能性①成立，反之等待第二个相对高点。

如果第二个高点没有明显超越第一个高点，那么可能性②可能成立（再分析成交量），反之等待第三个高点。

如果第三个高点没有明显超越第二个高点，那么可能性③可能成立（再分析成交量），反之股价维持上升趋势。

单底形态

图14-17是一个典型的单底形态，特点是股价在下跌趋势的尾部出现加速下跌的态势，甚至向下冲出原来的下跌轨道，最后导致单底的产生。

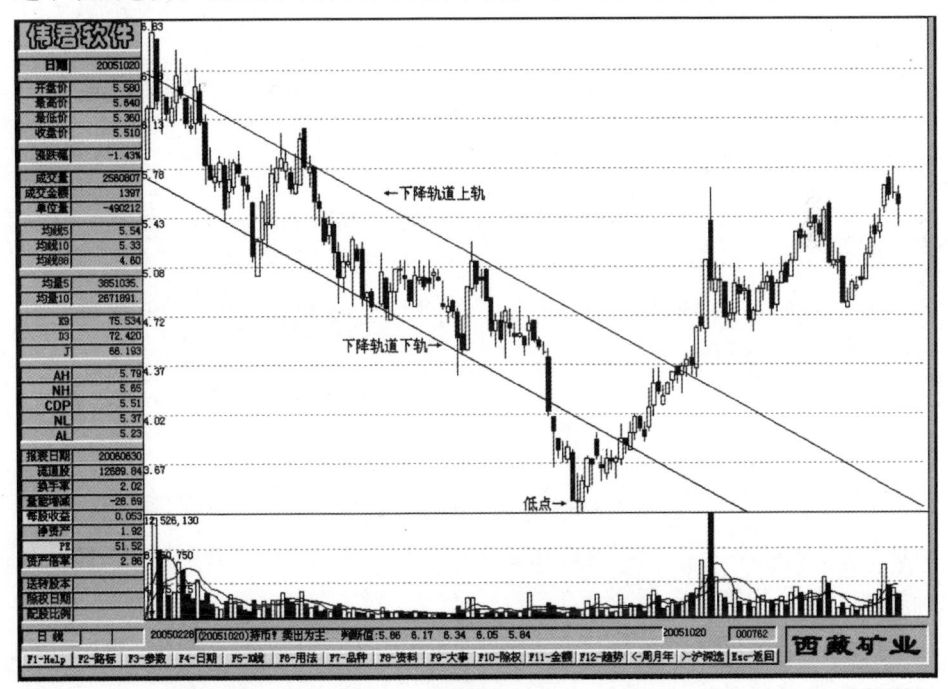

图 14-17

单底形态的成交量特点是股价从低点回升时明显增加。

我始终坚持的"股市万有引力原理"告诉我们：股价的上涨需要额外的力量，而股价的下跌是不需要成交量的配合的。

当股价从低点回升之后的趋势大致有两个。

趋势①：回升到原来的下降轨道并最终向上突破下降轨道的上轨。

趋势②：直接上涨转化成上升趋势。

如果股价回升到原来下降轨道的上轨有压力，那么趋势①的可能性较大，因此当股价再次跌回到下降轨道下轨附近时是买点。

如果股价一路上涨突破原来下降轨道的上轨，那么趋势②的可能性较大。不过股价会对下降轨道的上轨有一个回抽以确认向上突破的有效性，因此回抽下降轨道的上轨时是买点。

当投资者分析以筑底为主的形态时，目的是寻找买点，因此当第一个低点出现时不用着急，可以继续等待股价的后续演变，一定要有耐心来等待股价反转形态的完成。尽管第一个低点后还有可能会出现第二个甚至第三个低点，也许最终形成的形态并不一定是单底，但这并没有关系，一定要记住：我们有耐心等待形态的最终完成。

6. 圆形形态

圆形形态是一种走势比较缓慢的反转形态，分为圆顶形态和圆底形态两种，比较好记，就是像一个圆的上部或者下部。当然由于股价运行的随机性，真正完美的圆顶形态是不存在的，只不过形状与圆相似罢了。

圆顶形态

图 14-18 是圆顶形态。这种形态出现的机会并不多，不过一旦出现，其杀伤力比较大。

圆底形态

图 14-19 是圆底形态。这种形态出现的概率比圆顶形态稍多一些。

其实我们也不一定需要这种形态，原因就是这种真正的圆形并不存在，即使勉强算的话也不过是相似。而在实际出现的图形中，我们是可以把圆形形态重新归入其他形态的。

比如图 14-18，我们可以把它归入三重顶形态。比如图 14-19，我们可以把它归入头肩底形态。

第十四章 量价形态分析入门

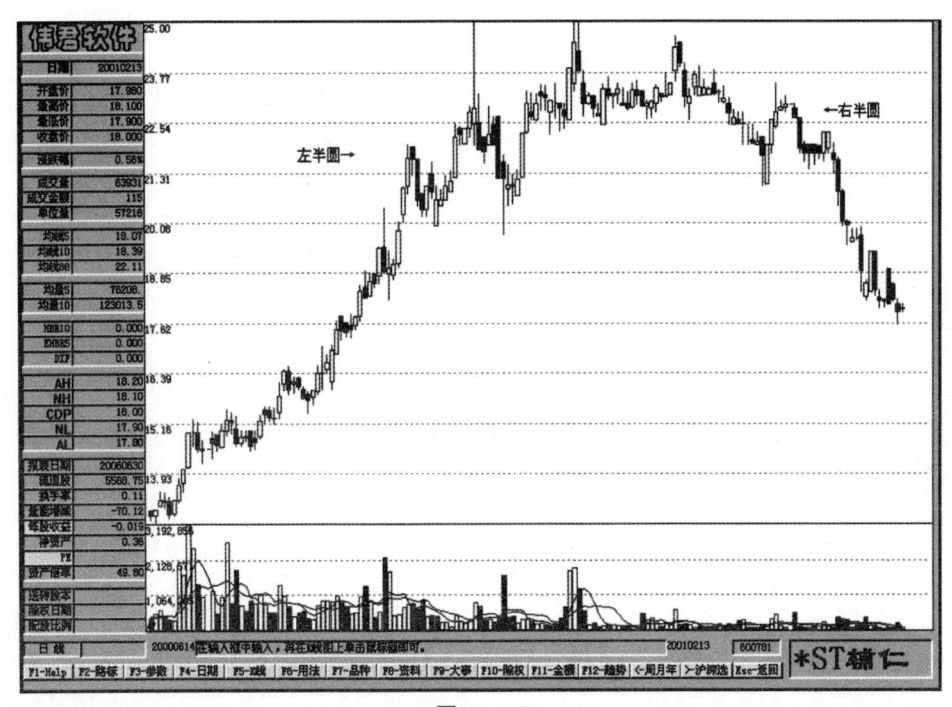

图 14-18

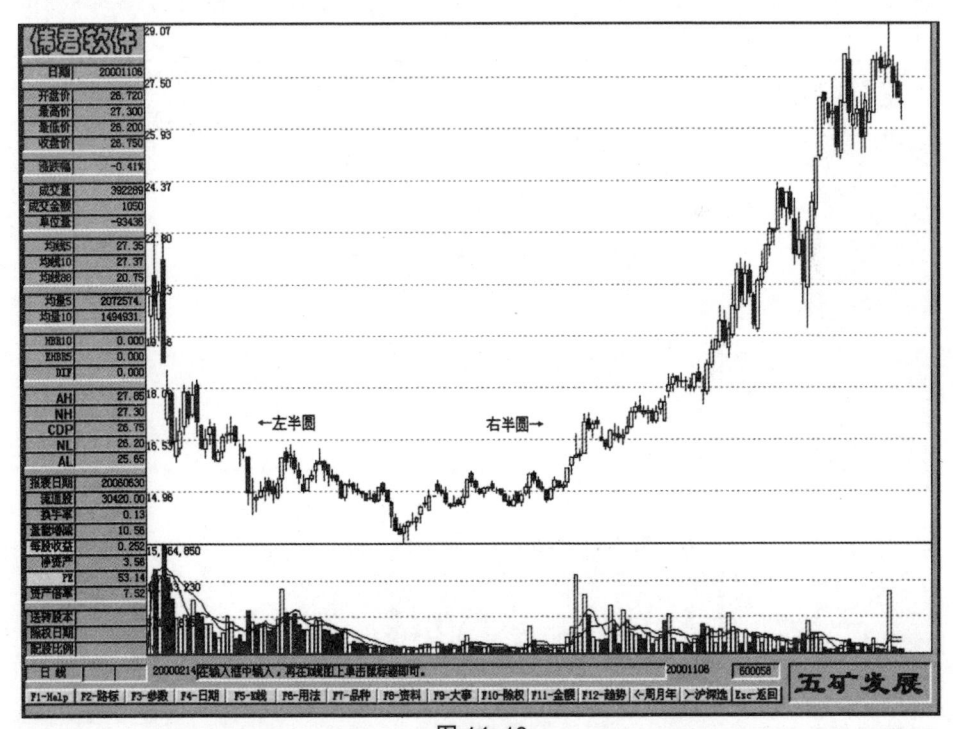

图 14-19

169

7. 三角形形态

前面的几种常见的经典形态都属于股价的反转形态，在实战中也可以称为转势形态，所以比较重要。一旦这种形态有可能出现，投资者就要面临是否进行反向操作的决策，不过也有很多形态属于中继形态。

中继形态指股价在走完这种形态后会按照原来的趋势继续运行，不过其中也有一些特例，在形态完成之后会重新选择运行趋势。

这里先讨论三角形形态。

三角形形态可以分成若干种，但我认为，与其花费力气去记住各种三角形形态的类型，还不如多记一些判断的方法，因为总的来说各种三角形形态大都相似。

对称三角形形态

对称三角形就是数学上的等腰三角形，不过在 K 线图上是一个横过来的等腰三角形。

图 14-20 是一种典型的对称三角形形态，其中上边和下边是两条相等的腰。其实上下两条边很难做到完全对称，在股价走势中我们也几乎不可能找到完全对称的三角形形态。

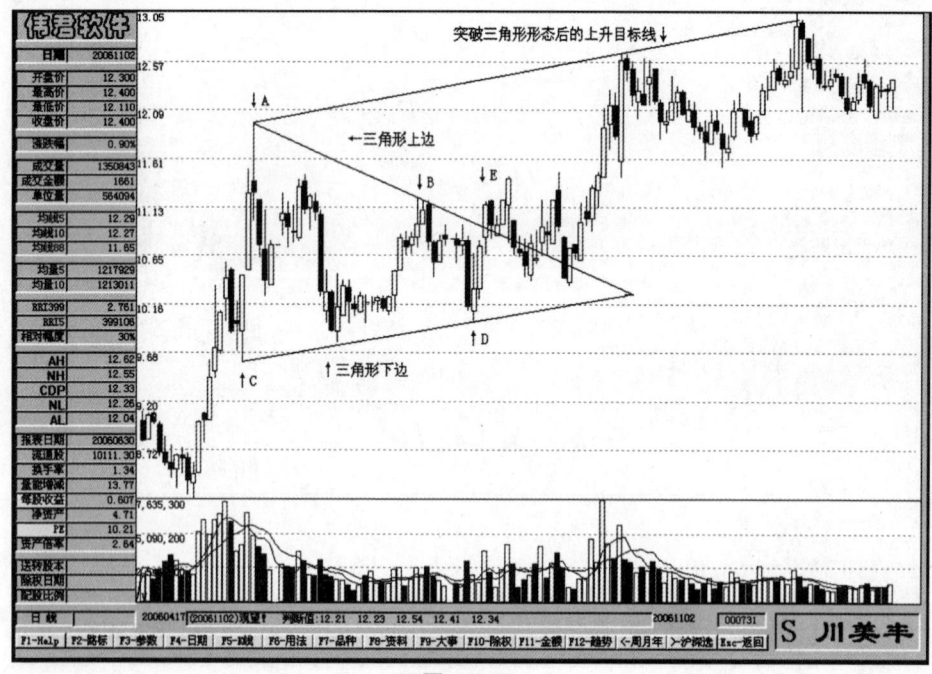

图 14-20

图 14-20 的特点是股价在上升以后进入三角形形态，中继性整理以后最后选择向上突破的趋势，所以可以称为上升对称三角形形态。

具体画法：连接 A 点和 B 点得到三角形的上边，然后连接 C 点和 D 点得到三角形的下边，这样就是一个三角形，但我们并没有画出三角形的第三条边。因为这第三条边对于我们的形态分析没有什么意义，所以就省略了。其中上边和下边的画法就是寻找相对的高低点，然后尽量将 K 线包含在三角形内（向上突破的 K 线除外）。

三角形的上边和下边分别属于压力线和支撑线。

上升对称三角形形态表明市场中多空双方暂时握手言和，但最后多方再度发力，在成交量的配合下将股价继续上推。

对称三角形形态上涨有以下四个要点。

要点①：突破后的目标位。

上升对称三角形形态被突破以后的目标位是动态的，可以用一条直线来表示，如图 14-20 所示，通过 A 点画三角形下边的平行线，这条线就是股价向上突破后的目标线。

由于目标线是一条斜向的直线，所以随着时间的推移，目标位也在提高。

要点②：突破有效性的确认。

一般当股价向上突破三角形形态后，会有一个重新下跌以确认突破的有效性，此时三角形形态中原来作为压力线的上边就转换为支撑线。

要点③：成交量配合。

突破时的成交量必须配合放大，否则的话有可能是假突破。

要点④：顶端突破无效。

如果股价是从三角形的右端顶点横向走出去的，那么股价就不存在突破的趋势，原三角形形态失去意义。

实用价值：

关注向上突破是否有效，一旦确认则突破点就是很好的买点，如果向上碰到上升目标线则可以考虑卖出。

图 14-21 是另外一种对称三角形形态，特点是股价从上升趋势进入三角形形态整理，最后选择了下跌的趋势。

对称三角形形态下跌有以下四个要点。

要点①：突破后的目标位。

对称三角形形态被突破以后的目标位也同样是一条直线，如图 14-21 所示，通过 C 点画三角形上边的平行线，这条线就是股价向下突破后的目标线，这也是一个动态的目标位。

要点②：突破有效性的确认。

一般在股价向下突破三角形形态后会有一个重新回升以确认突破的有效性，此时三角形形态中原来作为支撑线的下边就成为压力线。

要点③：成交量配合。

向下突破一般不需要很大的成交量，但往往也会相应放大一些。

要点④：顶端突破无效。

如果股价是从三角形的右端顶点横向走出去的，那么股价就不存在突破的趋势，原三角形形态失去意义。

图 14-21

实用价值：

关注向下突破是否有效，一旦确认则突破点就是一个很好的卖点，如果跌到下跌目标线则可以考虑买进。

图 14-22 也是一个典型的对称三角形形态。

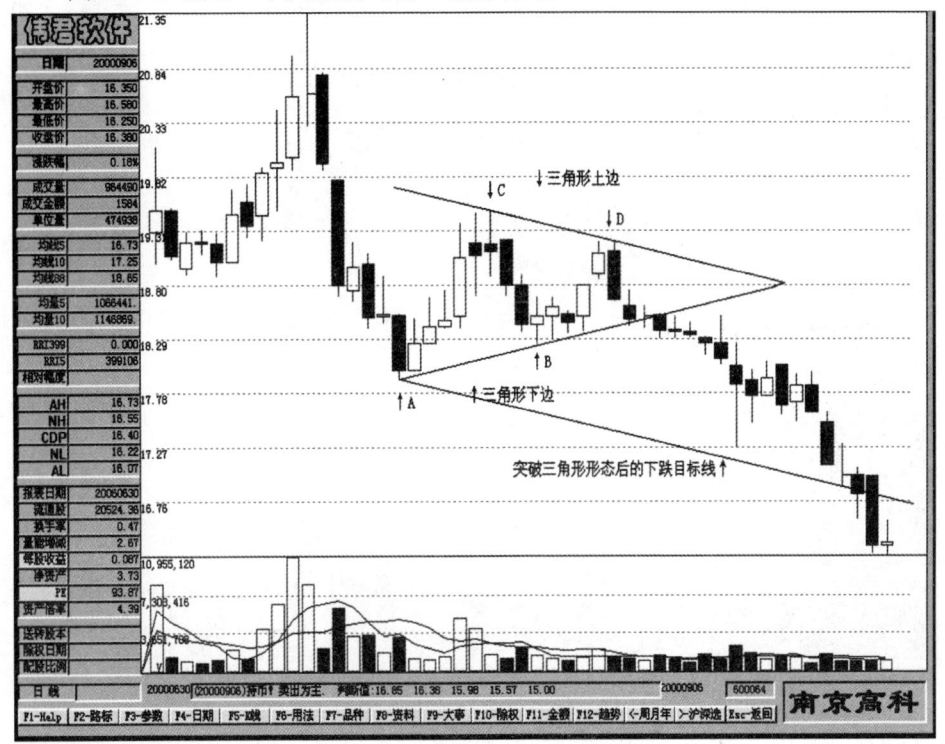

图 14-22

直角三角形形态

图 14-23 中的三角形与前面的对称三角形有一个明显的差异，三角形的一条边是平的，在几何学上这种三角形叫作直角三角形。这种三角形形态与对称三角形形态看似差不多，但实际有很大区别。

直角三角形形态是中继形态的一种，股价在完成直角三角形形态以后将继续按照原来的方向运行。

图 14-23 中的股价是从上涨趋势进入直角三角形形态的，因此一旦突破后将维持上涨的趋势。其他的相关要点都与对称三角形形态类似。

特别注意：

在实际走势中，我们很难找到完全的直角三角形形态，因此一般我们可以把接近直角的三角形形态称为直角三角形形态。然而，对称三角形形态也并没有要求完全对称，因此没有明确的方法区分直角三角形形态和对称三角形形态，只能靠感觉。如果实在难以分辨就只能放弃。

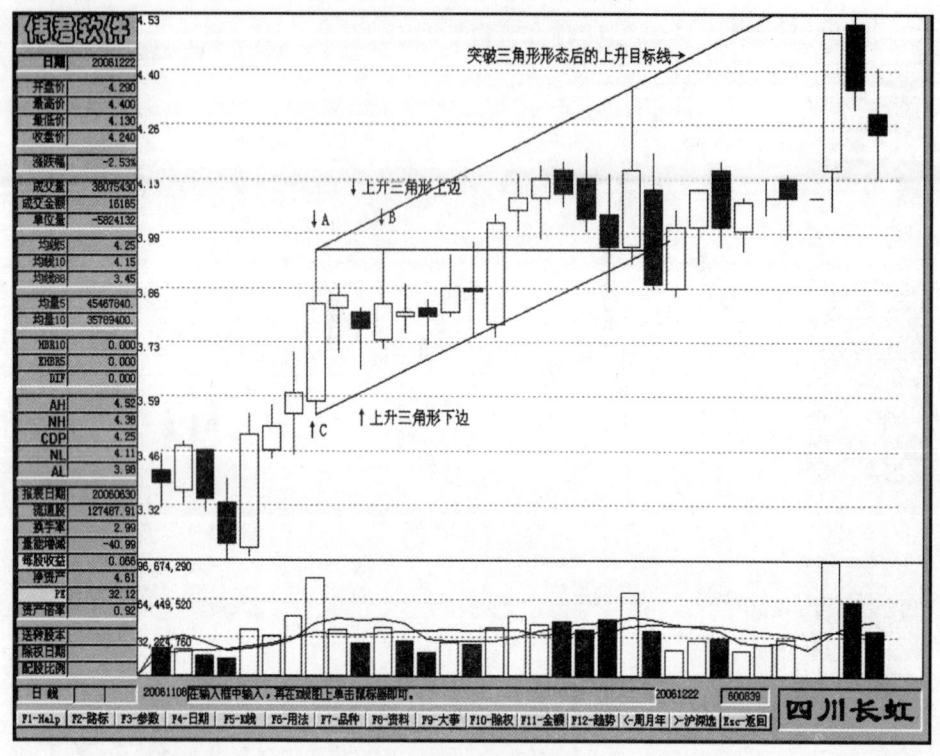

图 14-23

上升直角三角形形态分析有以下四个要点。

要点①：突破后的目标位。

直角三角形形态被突破以后的目标位是一条直线，如图 14-23 所示，通过 C 点画三角形下边的平行线，这条线就是股价向上突破后的动态目标位。

要点②：突破有效性的确认。

一般当股价向上突破直角三角形形态后会有一个重新回落以确认突破的有效性，此时直角三角形形态中原来作为压力线的上边就成为支撑线。

要点③：成交量配合。

向上突破需要较大的成交量配合。

要点④：顶端突破无效。

如果股价是从直角三角形的右端顶点横向走出去的，那么股价就不存在突破的趋势，直角三角形形态失去意义。

实用价值：

关注直角三角形形态是否形成，如果形成，那么原来的上升趋势将继续保持。同时关注向上突破是否有效，一旦确认有效，则突破点就是一个很好的买点，如果碰到上升目标线可以作为卖点考虑。

下跌三角形形态

图 14-24 正好与图 14-23 相反，是一种向下趋势的直角三角形形态。股价向下突破直角三角形形态后会继续下跌。

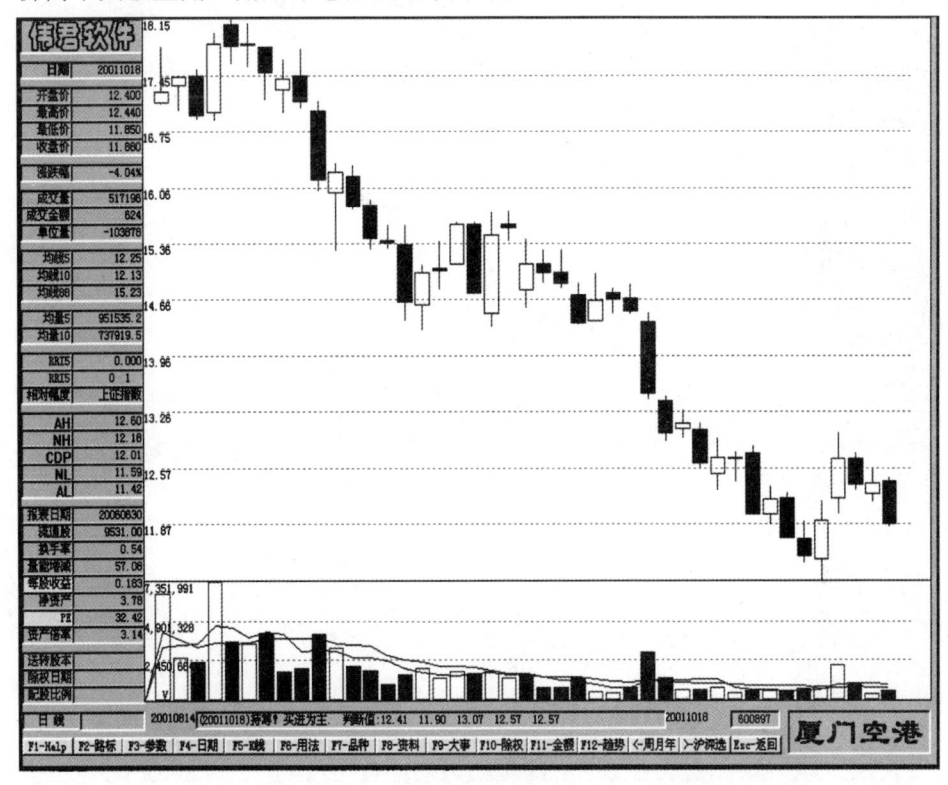

图 14-24

练习①：投资者可以自己根据前面一个案例进行分析，试着画出下跌三角形形态，结果可以在书后的《附录——练习结果》中找到。

三角形形态是一种广泛出现的形态，但投资者不必拘泥于形态的标准。在股价形态的分析中我们一直提倡相对模糊性，可以这么说：完美的形态几乎不存在。

楔形形态

前面我们探讨了几种三角形形态，主要是对称三角形和直角三角形，其实还有很多三角形形态介于两者之间。在经典的图形分析书上把非对称也非直角的三角形形态称为楔形形态。

把楔形区别开来的最主要的方法就是观察形态的长短。一般来说，对称三角形形态或者直角三角形形态中的三角形比较短，也就是历时较短，而楔形形态中的三角形比较长。

图 14-25 是一种楔形形态，特点是三角形比较长，在三角形的两条边相交之前，股价早就向下突破了。

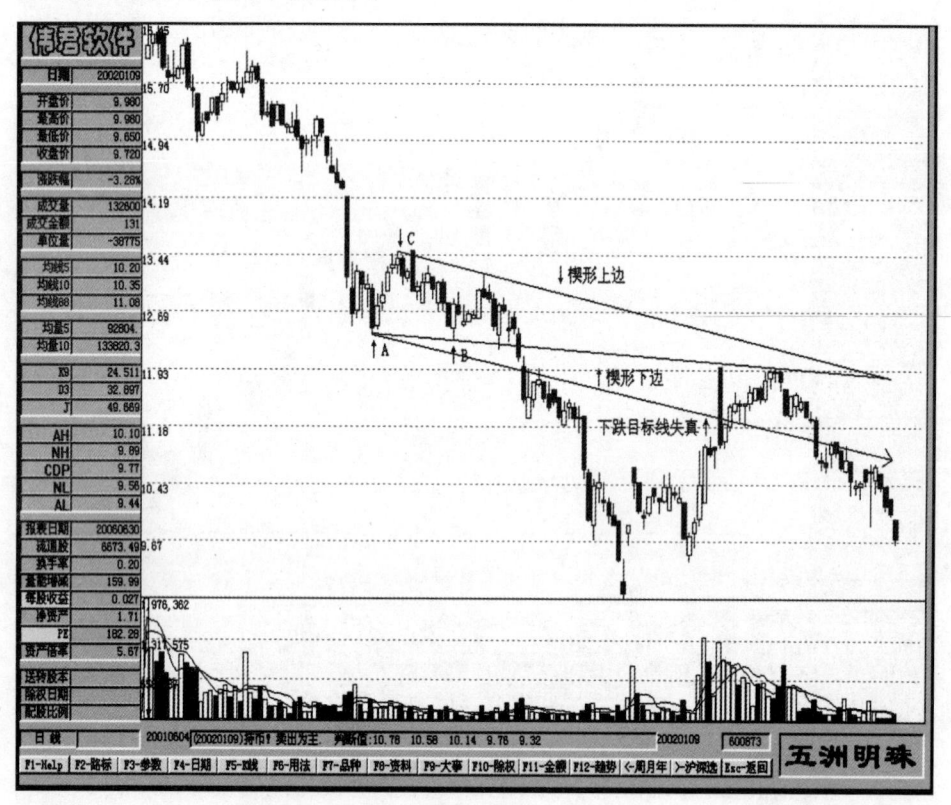

图 14-25

由于楔形的形态较为扁长，所以在对称三角形形态和直角三角形形态中计算突破后目标线的方法在楔形形态中往往不适用，图 14-25 中的下跌目标线根本就起不到任何作用。因此对于楔形形态并不提倡计算突破后的目标线。

楔形也是中继形态中的一种，当股价完成楔形以后将维持原来的趋势运行。

旗形形态

在三角形形态中必须有一个三角形，这种形态的特点是股价在形态中震荡时高点和低点同时相对收敛。如果高点和低点不是同时相对收敛，那么就会出现另外的形态。现在讨论的旗形形态就是这种高点和低点不是同时相对收敛的形态之一。

当高点和低点同时等速下移或者同时上移，那么就形成了旗形形态。

旗形形态是一种股价运行的中继形态，一旦股价突破旗形形态之后将会继续原来的运行趋势。

上升旗形形态

图 14-26 就是一种上升旗形形态，特点是股价在形态中的高点 A 点和 B 点逐步下移，低点 C 点和 D 点也同步下移。

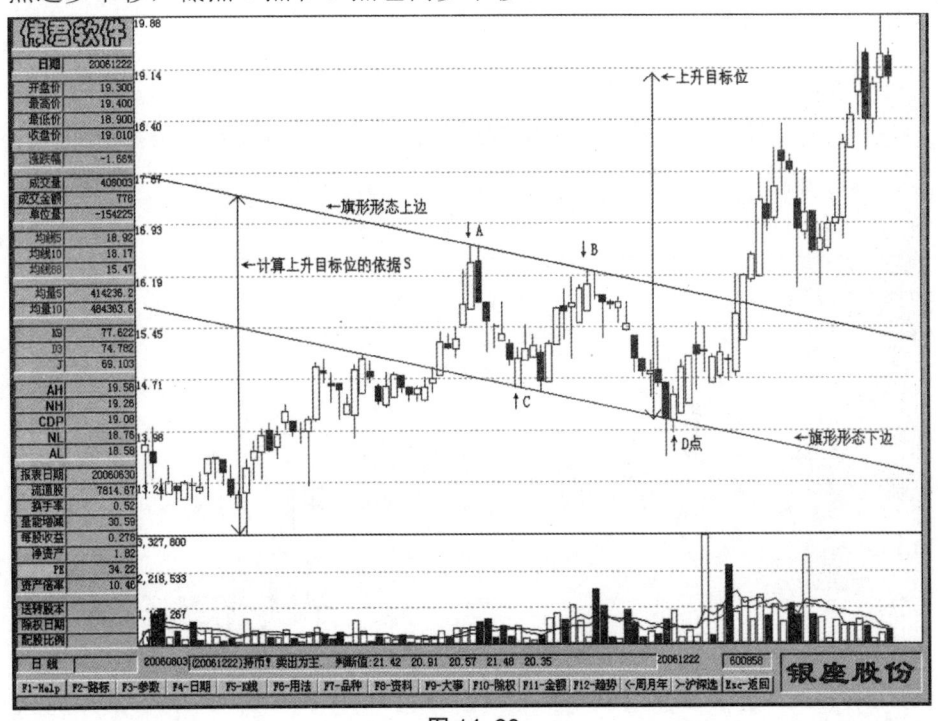

图 14-26

旗形形态分析要点：

要点①：突破后的目标位。

旗形形态的突破目标位计算相对麻烦一些。先计算进入旗形形态前的上升趋势的起点到旗形形态上边的垂直距离，也就是图 14-26 中的 S，然后在股

177

价最后一次碰到旗形下边的位置再加上 S 就是未来突破的目标位。

从计算方法可知：旗形形态越是向下倾斜，未来突破以后的目标位就更高。

要点②：突破有效性的确认。

一般在股价向上突破旗形形态后会有一个重新回落以确认突破的有效性，此时旗形形态中原来作为压力线的上边就成为支撑线。

要点③：成交量配合。

向上突破需要较大的成交量配合。

实用价值：

关注旗形形态是否形成，如果形成，那么原来的上升趋势将继续保持。同时关注向上突破是否有效，一旦确认有效，则突破点就是一个很好的买点，如果碰到上升目标位可以作为卖点考虑。

下降旗形形态

练习②：图 14-27 是一种下降旗形形态，投资者可以自己根据前面一个案例进行分析，试着画出下降旗形形态，结果可以在书后的《附录——练习结果》中找到。

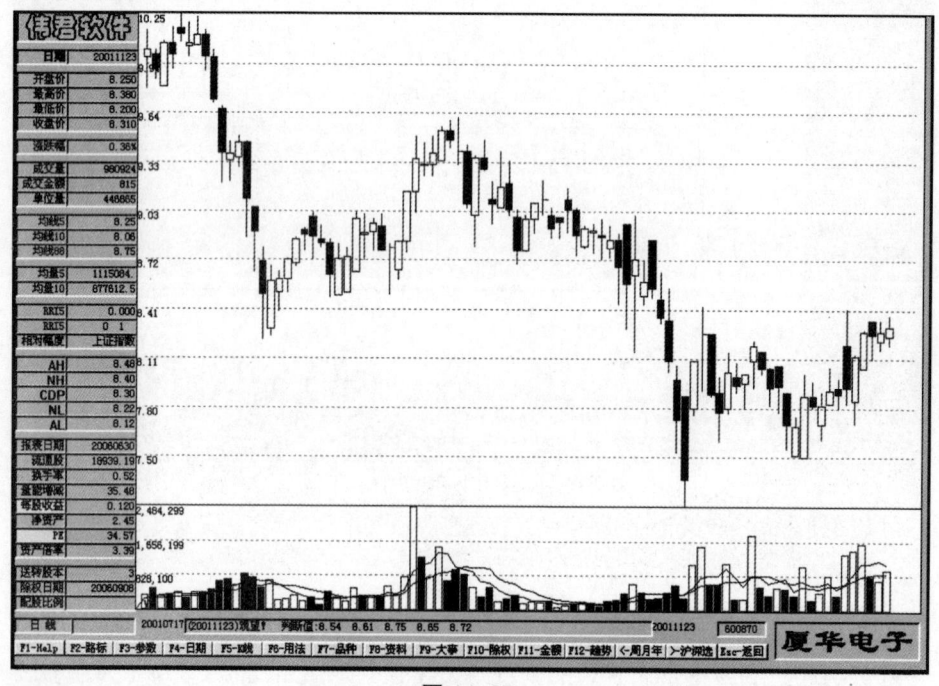

图 14-27

8. 箱形形态

任何一个震荡形态都有几个高点和几个低点，前面我们已经讨论过一些情况，比如高点低点同时相对收敛是对称三角形形态，高点下移而低点不动是直角三角形形态，高点低点等速上移或者等速下移是旗形形态等等。其实还有一种比较特殊的情况会出现，那就是高点不动，同时低点也不动。

这种形态就是箱形形态。

将高点和低点分别连接起来，由于高点位置一样低点位置也一样，所以股价是在上下两条平行线之间运行，就好像在箱子中运行一般，故而被称为箱形形态。这两条平行线被称为箱顶和箱底。

箱形形态是一种股价运行的中继形态，一旦股价突破箱形形态之后将会继续原来的运行趋势。

上档箱形形态

图 14-28 是上档箱形形态，表示股价是在上涨途中进入箱形形态，随后在箱形中进行整理，最后向上突破箱形形态。

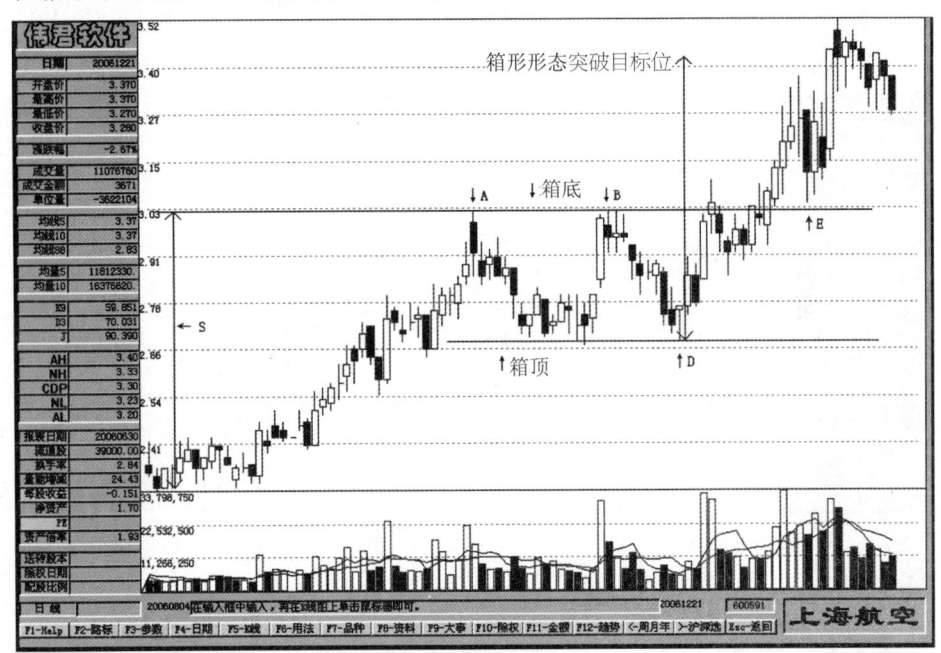

图 14-28

上档箱形形态分析有以下三个要点。

要点①：突破后的目标位。

计算突破箱形形态以后的上升目标位与旗形形态的相关计算一样，图14-28中的S就是上升趋势的一个起点到箱顶的垂直距离，然后在D点加上S就是突破以后的上升目标位。

从计算方法可知：股价在进入箱形前的上升幅度越大，突破箱形后的上升幅度也越大。

要点②：突破有效性的确认。

一般当股价向上突破箱形形态后会有一个重新回落以确认突破的有效性，此时箱形形态中原来作为压力线的箱顶就成为支撑线。

要点③：成交量配合。

向上突破需要较大的成交量配合。

实用价值：关注箱形形态是否形成，如果形成，那么原来的上升趋势将继续保持。同时关注向上突破是否有效，一旦确认有效，则突破点就是一个很好的买点，如果碰到上升目标位可以作为卖点考虑。

下档箱形形态

图14-29是下档箱形形态，表示股价是在下跌途中进入箱形形态，随后在箱形中进行整理，最后向下突破箱形形态。

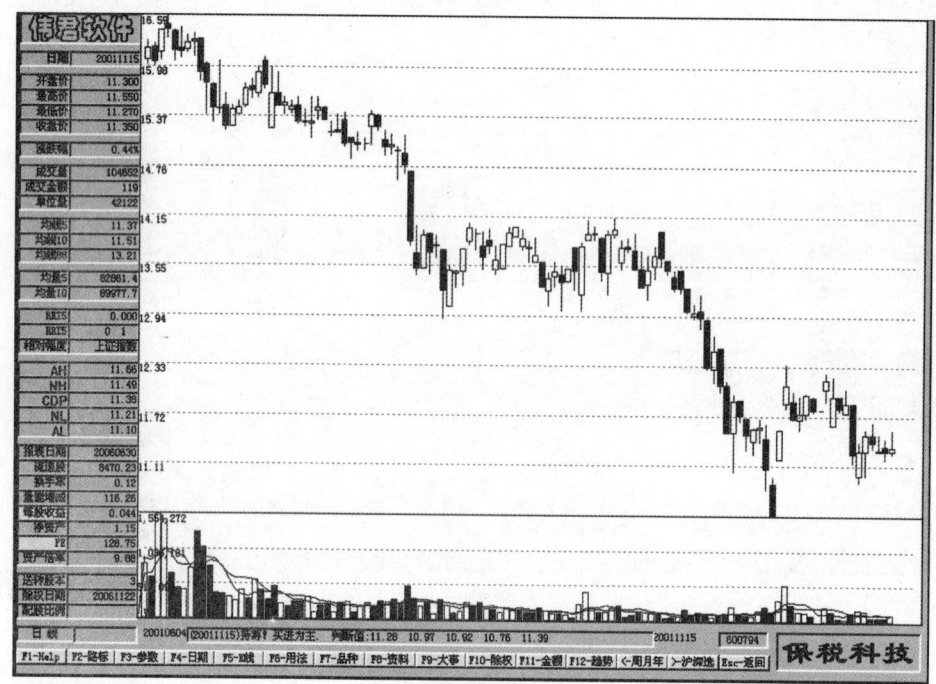

图 14-29

练习③：投资者可以根据前面一个案例进行分析，试着画出下档箱形形态，结果可以在书后的《附录——练习结果》中找到。

特别注意：

一般来说，向下突破箱形形态不一定要放很大的成交量。

向下突破箱形形态之后也有可能没有回抽箱底的过程。

当股价向下突破某一种形态时，一般会带来一定的恐慌抛盘，往往会带来无量的连续下跌。

9. 跳空缺口

缺口(Gap)是股价演变中一种另类现象，比较受市场关注。

在一般情况下，每一根K线图都会与前一个交易日的K线图在价位上有所重叠，因为当天的最低价一般低于前一个交易日的最高价，当天的最高价也会高于前一个交易日的最低价。如果以下两种情况发生则属于另类现象。

情况①：当天的最低价高于前一天的最高价。

情况②：当天的最高价低于前一天的最低价。

这种现象被称为股价的跳空缺口。其中情况①是向上跳空缺口，情况②是向下跳空缺口。

股价在一波上升或下跌行情中，有时候会出现一连串的跳空缺口，经典理论将其分为以下四种类型。

类型①：普通缺口(Common Gap)

如果缺口在短期内被回补，那么这个缺口就是普通缺口。

一般来说，这种缺口只是短暂受到消息面的影响，对股价的趋势没有根本影响。

类型②：突破缺口(Break Gap)

没有在短期内被回补的第一个缺口被称为突破缺口。

这种缺口形态一般表明股价将会继续维持原有的趋势。

类型③：逃逸缺口(Runways Gap)

有时股价会连续出现多个缺口，其中第一个是突破缺口，接下来的缺口被称为逃逸缺口。这是一种非常强劲的趋势。

类型④：竭尽缺口(Exhaustion Gap)

多个缺口中的最后一个缺口被称为竭尽缺口。

竭尽缺口一般都会在短期内被回补，所以当竭尽缺口出现以后，股价的趋势将出现转换。竭尽缺口是投资者判断股价反转的重要标记。当然，要在缺口刚出现时就判断它是否属于竭尽缺口，是一件比较困难的事情。

产生原因：

通常情况下股价是不会出现缺口的，但有两种情况特别容易引发缺口：一种是公司某种基本面方面的变化，比如发布对经营业绩造成较大影响的公告或者媒体分析报道之类；另外一种是盘中主力的刻意运作。

有时候股价连续出现缺口与涨跌停板的交易制度也有关系。

2007年沪深交易所对于每天交易的报价范围有上下各10%的限制，即最高报价不能超过前一个交易日收盘价的10%，最低报价不能低于上一个交易日收盘价的90%，因此如果个股出现重大基本面变化，由于报价范围的限制就会连续出现缺口。

图14-30是"中兴商业(000715)"2006年1月11日到2006年6月6日的日K线图，其中有一段时间因为股权分置改革而暂停交易，在股权分置改革方案出台后复牌。因为方案受到市场欢迎，所以股价上涨，但因为每个交易有10%的涨幅限制，所以连续三个交易日股价都以涨停的价格收盘，直到第四个交易日才打开涨停价。假设没有10%的涨停限制，那么股价有可能在复牌后的第一个交易日就上涨40%以上，而且也只会出现一个缺口。

图14-31是多种缺口同时出现的案例。图中一共连续出现了五个缺口，根据前面的定义，其中第一个是突破缺口，因为该缺口没有在短期内回补（对于日K线来说，短期一般指三个交易日）。接着三个是逃逸缺口，因为不是这一串连续性缺口的最后一个缺口。最后第五个是竭尽缺口，因为接下来股价达到上涨趋势的顶点，第五个缺口在第二个交易日就被回补。

实用价值：

如果能够在第一个缺口出现时就明确判断出是突破缺口，那么可以采取立刻买进的投资策略。如果能够在最后一个缺口出现时明确判断出是竭尽缺口，那么可以采取立刻卖出的投资策略，如果判断只是逃逸缺口，那么可以继续持有筹码甚至买进。

第十四章 量价形态分析入门

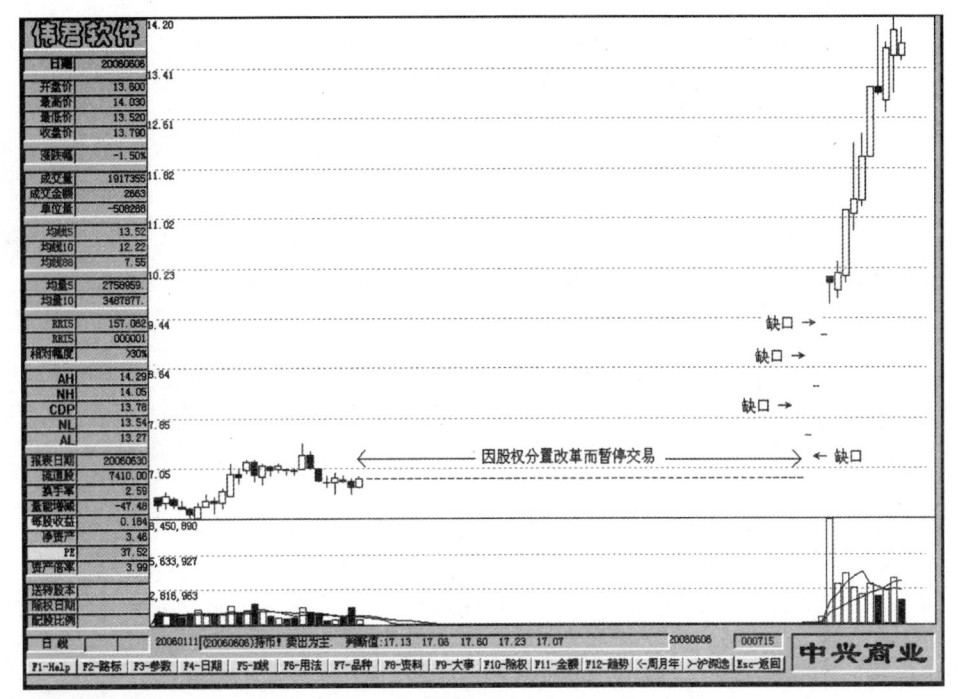

图 14-30

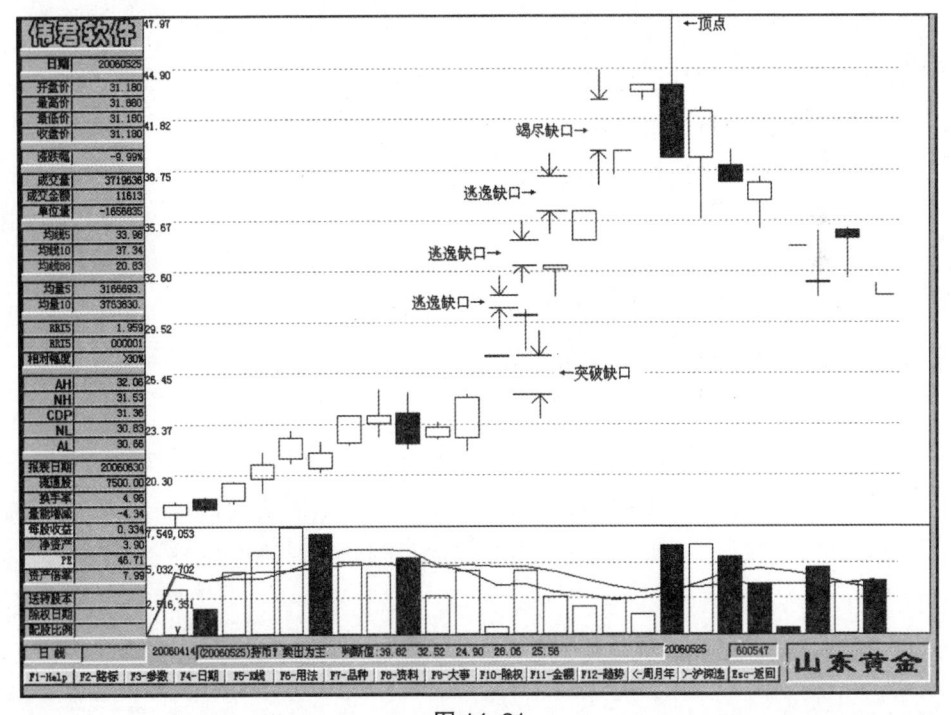

图 14-31

183

判断难点

当股价出现转折以后（比如图 14-31 中的顶点），我们可以很明确地判断出缺口的类型，然而当股价还在原有的趋势中，要做到正确判断缺口的类型是非常困难的。

量价形态分析的入门内容已经讨论完了，这些内容基本上属于经典的图形分析。对我们来说，经典的图形分析有一定的作用，因为它的分析原理基于市场交易心态的变化。不过市场的变化很快也很随意，如果我们随便拿出一幅K线图就会发现，标准的经典图形很难出现，而且即使属于经典图形，股价后来的运行趋势也并不完全符合经典的图形分析理论。

不过经典图形至少在表述形态方面还是给我们带来了方便。

经历过本章的入门，在下一章我们将开始真正进入量价形态的实战分析。考虑到本书的阅读对象，下一章的量价形态分析仍然是比较初步的，但具有实战性，目的是让投资者逐步开始习惯真正的量价形态分析。

我所讨论的量价形态将会涉及运用本书前面所介绍的各种经典理论，但并不会拘泥于经典理论。

我始终认为，分析市场交易双方的变化才是量价形态分析的真正要点，不过本书尚未能全部体现这一思想。

在进入实战分析前请记住：

在我们的脑子里没有任何戒律。

第十五章　量价形态分析

　　量价形态分析其实就是对一张 K 线图进行股价分析，目的是通过对成交价格和相应成交量的分析合理解释股价运行的原因以及预测股价未来的运行趋势。其实这只是我个人的说法，至少到现在为止还是如此。但这并不重要，因为很多投资者都在这样做，只是每个人所采用的方法不同而已。

　　投资者对各种方法见仁见智，但是如果我们仔细观察就会发现这些方法都存在一个共同的问题。

　　比如有的投资者对于平均线法情有独钟。

　　这种方法来源于格兰维(Granville)移动平均线八大法则，其中四条是有关买进的法则，而另外四条是有关卖出的法则。大意是移动平均线就代表市场的平均持有筹码的成本，因此股价总体上应该围绕移动平均线运行，如果过度偏离移动平均线就会向移动平均线靠拢。其实在技术指标的章节中我们已经提到了这个法则，比如乖离率(BIAS)指标就是基于这样一个基础。但我们以后会发现有时候股价一飞冲天但并不马上回落，当然最后股价还是会回到某一条平均线，但这种回落并不是靠股价的下跌来完成的，而是靠移动平均线上移来完成。

　　这种平均线方法的明显不足之处在于缺乏理论上的支持。

　　再比如有的投资者对于 K 线组合颇有研究，我把这种方法称为 K 线法。

　　通过 K 线的排列组合来分析市场也是源于一种经典的 K 线理论。

　　K 线图源于日本，一开始被一个姓酒井的人用在米市上，所以原来也被称为"酒井线"。这种方法一般只研究几天 K 线的组合，从而预测股价的趋势。不过至今我们仍然找不到这种方法的理论依据。

　　通过这些简单的例子我们就会发现，对大多数方法而言，没有理论基础都是无法回避的软肋。这不单是经典分析方法的软肋，也是各种民间方法难以普及的原因。

　　我提倡的方法是，放弃寻找按部就班的分析方法，这可以说是没有方法的方法。

当然，我也不是完全不靠方法，只是不强调一种统一的方法，提倡发散性思维。

经典的图形分析理论只是分析了一些可能会出现的图形，就算这些经典图形完全正确（假设），那么没有经典图形时怎么办？如果走势不按照经典图形的预测又怎么办？

下面我们将会通过一些实际发生的案例来进行讨论，其中会出现一些与经典图形分析结果不一致的走势，但我们还是会试图进行分析。

投资者在学习经典图形理论的时候很容易陷入一种孤立的研判状态，也就是将图形单个分裂开来进行研判。其实股价走势是连续的，因此图形也是持续变化的，这就要求分析者必须始终用动态的眼光去分析图形。在下面的分析中，有些案例的图形相对简单，但有些则比较复杂，随时间的流逝图形会不断变化，就像连续剧一样。

在正式开始分析案例之前，还有一些图形分析的要点希望投资者能够记住。

要点①：不要拘泥于一种图形。

当我们打开一张 K 线图时，可能会发现一种比较明显的图形，接下来我们就会很难摆脱这种图形，始终围绕这种图形进行分析，其实我们可能已经被第一眼所看到的景象所迷惑。股价走势并不一定只限于一种图形，因此在开始图形分析之前，首先要做的就是仔细辨别图形。只要有可能相似的图形都不能舍弃，因为不同的图形会得出不同的分析结果。

比如轨道形态。如果轨道比较宽，那么其中就有可能出现多种其他形态，如三角形形态、头肩形态、双顶形态等等。其实此时股价可能正在转势，这对我们来说是一个极其重要的研判点，而把它一味当成轨道进行研判则可能酿成大错，因为轨道形态大多数情况下是维持原有趋势的。

千万不要看到一种图形就放弃其他图形，每一种图形都要仔细分析，而且最后要综合起来一起分析。

要点②：轨道是最常用的图形分析方法之一。

前面介绍了很多种经典的图形，其中有中继型图形，也有转换型图形，但并没有提到哪个图形最常见，恐怕投资者也很难在哪本图形分析书中见到这一点。但根据我的个人经验，我们应该了解什么是最常见的图形。

第十五章 量价形态分析

股价的波动是有各种形态的，但主要运行状态只有四种，分别是：上涨、下跌、中继休整和转势。其中中继阶段和转换阶段可以归入横向整理类，上涨和下跌则属于趋势明显的类型，因此这两类都有可能利用轨道进行图形分析。

一般情况下，中继休整和转势的形态都是通过轨道进行连接的，所以轨道是无处不在的。但如果轨道过于宽的话，对于分析也没有帮助，所以也不是每一条轨道都有分析价值的。

在后面的图形分析案例中，轨道的图形确实大量出现。

要点③：轨道的突破一般以转势为主。

假设股价在下降轨道中运行，如果股价进行突破，那么以向上突破为主，也有可能是横向突破，这是一种盘整走势，但很少会向下突破。

如果股价在上升轨道内运行，那么以向下突破或者横盘右向突破为主，极少向上突破。

练习①：投资者可以试着解释一下以上现象，结果可以在书后的《附录——练习结果》中找到。

如果股价出现同向突破，即上升轨道向上突破或者下降轨道向下突破，那么很可能是无效突破，三个交易日内将回到轨道内。

任何事情都会有意外，所以也存在同向突破成功的情况。

当轨道相对比较平坦时，就有可能出现同向突破的特例。

比如原来的上升轨道比较平缓，接着股价向上突破，这种情况被市场称为"加速上涨"。

比如原来的下降轨道比较平缓，接着股价向下突破，这种情况被市场称为"加速下跌"。

要点④：提前判断突破。

图形分析是为了帮助我们进行投资决策，因此必须具备可操作性。如果教条地进行图形分析，就会在突破后的操作上出现问题。

图15-1是一张简单的头肩底示意图。

根据头肩底形态，当股价第一次带量突破颈线位时并不是买入信号，理论上我们还要等待股价的再次回落重新考验颈线位突破的有效性，只有股价回落后重新上涨才能确认头肩底构筑完成，进而确定买点。

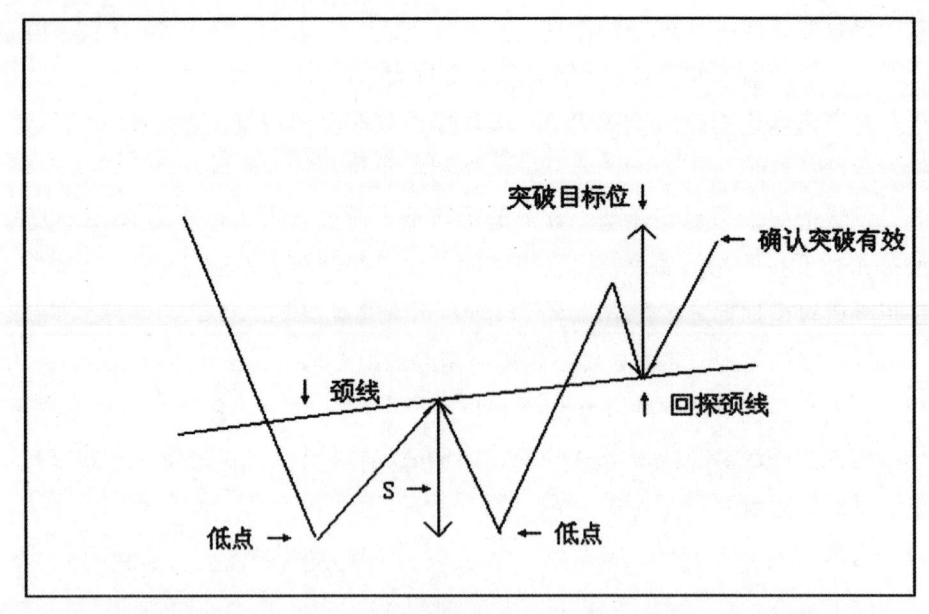

图 15-1

当我们确认股价完成头肩底形态并且突破有效而准备买进时发现了什么？目前的价位已经接近理论目标上升位！

结论是显然的，如果我们要获利必须尽可能早地判断出双底形态成立，这样才有可能在股价第一次突破颈线位后的回调再次考验颈线时买进，甚至在第二个低点就买进。不过这个目标并不一定每次都能够达到，而且并没有一定的方法，否则的话就可以作为法则列出来了，要做到这一点，投资者需要更加细心地进行分析。高手是必须走这一步的，但如果投资者还只是刚刚进入市场，那么可以先放一放。

要点⑤：不要忘记大盘走势。

我们都知道整个市场对个股股价走势的影响，因此在分析个股的形态时千万不要忘记同时研判大盘的走势。下面的案例讨论中基本上没有涉及大盘，不过《看盘细节》中的很多案例都是与大盘走势联系在一起进行研判的。

要点⑥：股价波动过小可以通过周 K 线图进行研判。

有的个股股价的波动幅度不大，在我们掐头去尾以后，操作的空间就更小了，所以要选用周 K 线图，这样可以过滤掉一些过小的图形。

本章的一些图形分析没有用到周 K 线图，有些股价的波动也不是很大，

第十五章 量价形态分析

目的只是为了探讨方法。

要点⑦：图形分析只是投资决策的一部分。

在图形分析的最后，我们可能会得出一些买卖的结论，但这些结论只是针对单纯的图形分析而言，实际上投资者在整个买卖决策中要考虑到各种因素。从大的方面来说，有基本面的分析和技术面的分析，图形分析只是技术面分析中的一个分支。所以千万不要完全以图形分析的结果指导投资行为，图形分析只是提供某种参考。

要点⑧：只有一部分K线图可以利用经典的图形分析方法进行研判。

尽管在下面的案例中我们似乎百发百中，但实际上很多K线图是无法通过这些经典的图形分析进行研判的，换句话说，只有部分股价能走出经典形态。对此投资者要有清醒的认识，当投资者打开一张K线图时，千万不要因为当中没有经典图形而一头雾水。

当然，经典图形的分析方法毕竟能够解决一部分的K线图研判，在下面的案例中我们还将稍稍加上一些成交量、主力动向甚至大盘的同步研判，这样就能进一步提高图形研判的效果，不过主旋律还是经典图形。在《看盘细节》一书中，我将图形分析的概念完全从经典图形分析中解放出来，充分发挥逻辑推理分析能力，牢牢抓住一些不易被发觉的细节，通过对于主力动向的研判达到分析K线图的目的。其中虽然也有一些经典图形，但由于并不局限于经典图形，所以这种分析方法的适用面更加广泛，差不多可以解决大部分的K线图研判问题。

下面进入实战分析。

〔案例1〕

图15-2是"澄星股份(600078)"2006年6月28日到2006年11月6日的日K线图，现在如何分析？

首先是希望能够找出经典图形。

第一步，看趋势。股价是明显的下跌态势，不过最近似乎有震荡的迹象。

第二步，看近期震荡的形态。连接相对高点A点和B点，再连接相对低点C点和D点，与直角三角形形态比较接近，只是现在直角三角形的右角还没有出来，不过随着时间的推移一定可以出来。

第三步，研判。根据直角三角形形态进行研判，如果股价横向盘出直角三角形，那么未来趋势不明。如果向下突破则可计算目标跌幅，相当于高点 6.29 元到三角形下边约 5.40 元的差共 0.89 元，目标位为 5.40 元－0.89 元＝4.51 元。

第四步，得出结论。股价在 E 点向下突破，目标位在 4.51 元左右，而目前收盘 5.17 元，因此还有 0.66 元左右的下跌空间。如果股价回抽到三角形下边则是确认向下突破的有效性，接着会继续下跌。

第五步，操作策略。由于是向下突破，所以不可能有买点，倒有可能是卖点。

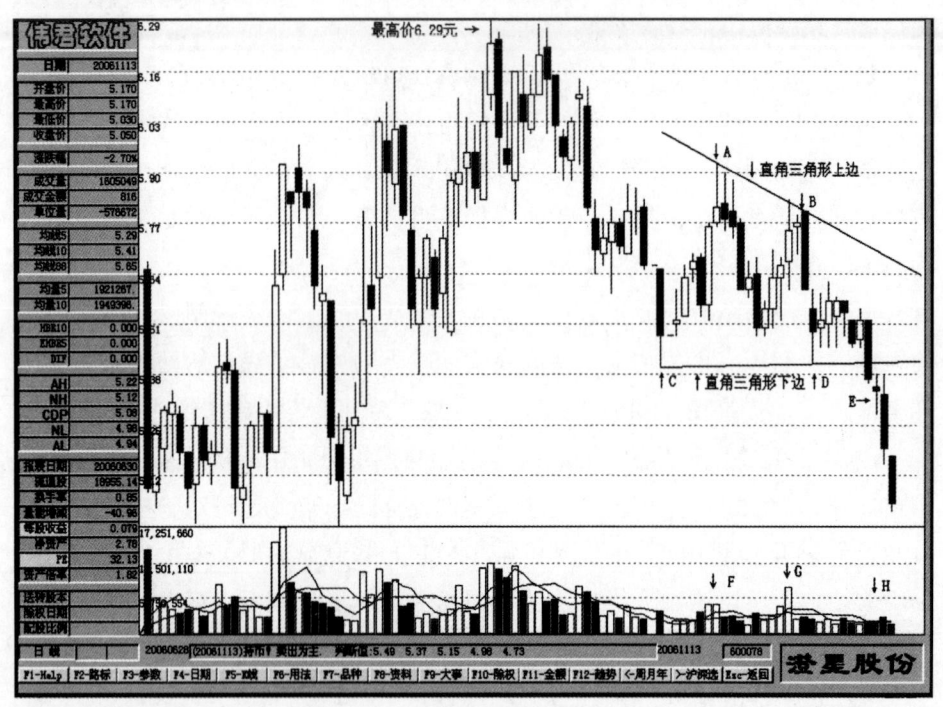

图 15-2

特别提示：

上述五个步骤并非每次都一样，而且也不一定是五步。

我们已经得出了结论并制定了操作策略，所有的分析过程与前一章我们讨论的经典图形分析一样。

那么结果如何呢？

我们还缺少成交量的分析。

对于成交量的分析并没有一种所谓的经典方法，只是希望投资者能逐步养成分析成交量的习惯。

分析成交量的重点在于量增和量减的地方。

本案例在三角形形态内对应有两次放量，一次在 F 点（对应 A 点），一次在 G 点（对应 B 点前两天），这两次所对应的 K 线图都是阳线，其中 G 点的量特别大。由于这两次股价都是从当时的相对低点往上涨，而且涨幅并不大，一般来说市场本身的成交量是不会有这么大的，所以只有两种可能导致放量。

一种是大盘同期走强（注意：在这里我们用到了大盘分析），根据同期上证指数的走势我们可以排除这种可能性，因此就只剩第二种可能性了，那就是这两次放量特别是 G 点的放量一定有主力在运作。

主力运作股价是很正常的，本案例可以确认有主力在运作。

近期的连续四根下跌阴线是明显的向下突破形态。如果主力也想出逃的话，H 点的成交量应该更大，所以可以肯定，主力并没有加入杀跌的行列。

经典的图形分析方法其实是假设了这样一个条件：当这个直角三角形被向下突破以后，一定会有相当多的筹码连续不断地卖出，但这种假设不一定成立。在有主力运作的个股中，如果主力不出逃，那么就不一定会有大量筹码连续不断地卖出。如果主力要杀出，绝对不会在股价大幅度下跌后才动，换句话说，主力一定会在股价跌破三角形下边时就抢先卖出，这样的结局就是 H 点必须放量，而我们现在并没有看到。

缺少了主力卖出这样一个前提，我们可以推测股价跌不到前面预测的 4.51 元。

既然有可能跌不到位，那么就意味着所谓直角三角形形态的假设可能有误。

请注意，我们根据成交量的分析得出有主力在运作的结论，再根据成交量的分析和主力运作的结论得出三角形形态向下突破将失败的结论，这其实是一个通过成交量分析和主力因素分析从而否定一种经典图形的案例。

我们否定了一种图形，似乎是做了一件无用的事。但实际上这只是本案例分析的一部分。前面的分析要点①中我已经提到："不要拘泥于一种图形。"

是不是其他的图形形态呢？

其实我们一开始就应该做这件事，现在不过是晚了一些而已，但至少我们还没有忘记。

分析要点②是"轨道是最常用的图形分析方法之一。"也许轨道形态也存在？

请投资者注意，大多数情况下轨道形态是存在的，问题在于轨道的宽度。如果轨道过宽的话股价在其中的波动范围过大，研判的意义也就不大。投资者能够说出为什么吗？

练习②：过宽或者过窄的轨道并没有实用价值，请说明理由。结果可以在书后的《附录——练习结果》中找到。

图15-3是与图15-2同一张K线图，但是我在上面没有画三角形而是改成了轨道。

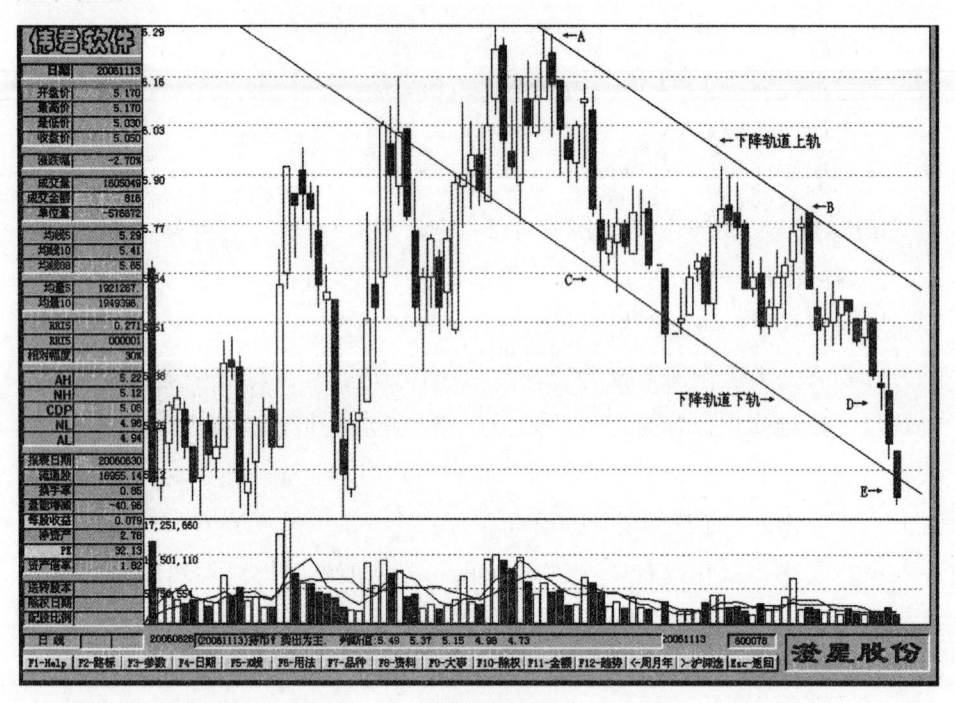

图15-3

轨道的画法如下：根据A点和B点画出上轨，根据C点画上轨的平行线。

画轨道线的原则：A点和B点是相对高点，C点是相对低点，不能有连续三根K线跑出轨道。

根据轨道我们能得出什么结论呢？

首先是D点不是向下突破点，E点有可能向下突破，但目前还只有一根K线，需要继续观察。

由于没有明确的突破信号，所以并不急于进行成交量分析。

结论是股价仍然在下降轨道中运行。

操作策略是不动，等股价试图突破以后再行动。

轨道分析没有出现矛盾，那么结果如何呢？图15-4就是后来的走势。

第十五章　量价形态分析

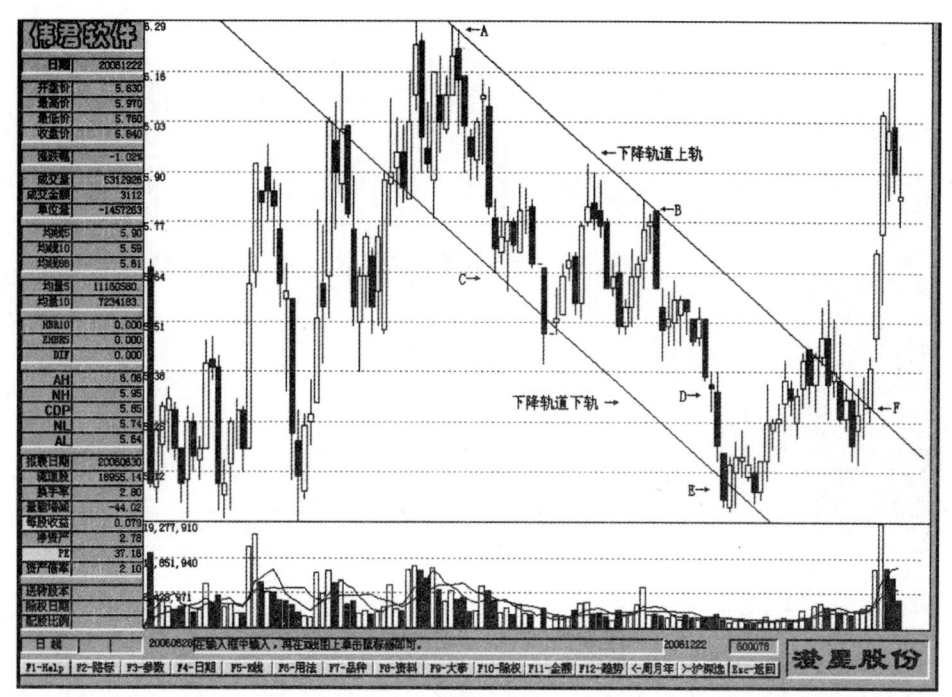

图 15-4

　　图中的 E 点确实是瞬间出了轨道，但这种突破属于同向突破轨道，根据要点③："轨道的突破一般以转势为主。"而且这条下降轨道并不平缓，所以无效突破的可能性很大。果然在下一个交易日股价就回到了原来的轨道内。

　　又经过 20 多个交易日，股价在 F 点开始向上突破。由于这次突破带有很大的成交量配合，因此是一个非常好的买点。

　　在前面的下跌过程中成交量并没有放大，但在 F 点却连续放大，大有将前面的低价筹码通吃的态势，因此主力有做一波行情的打算。

　　现在来看，轨道线的分析是正确的。

　　图 15-5 是接下来半个月的走势。

　　在股价上冲到 G 点以后却出现了回落，这对于投资者是一个考验，因为股价从轨道线进行突破后的上升幅度我们无法计算，所以并不知道 G 点是否就是一个高点。不过股价突破轨道线是一种比较有力的转势突破，所以上升的高度应该不会很小，而且从成交量看 G 点之后有明显的萎缩，因此我们可以再等一等。股价在重新上冲到 H 点以后走出了旗形形态，而旗形形态是一种中继形态，因此股价在完成旗形形态之后应该会继续上涨。

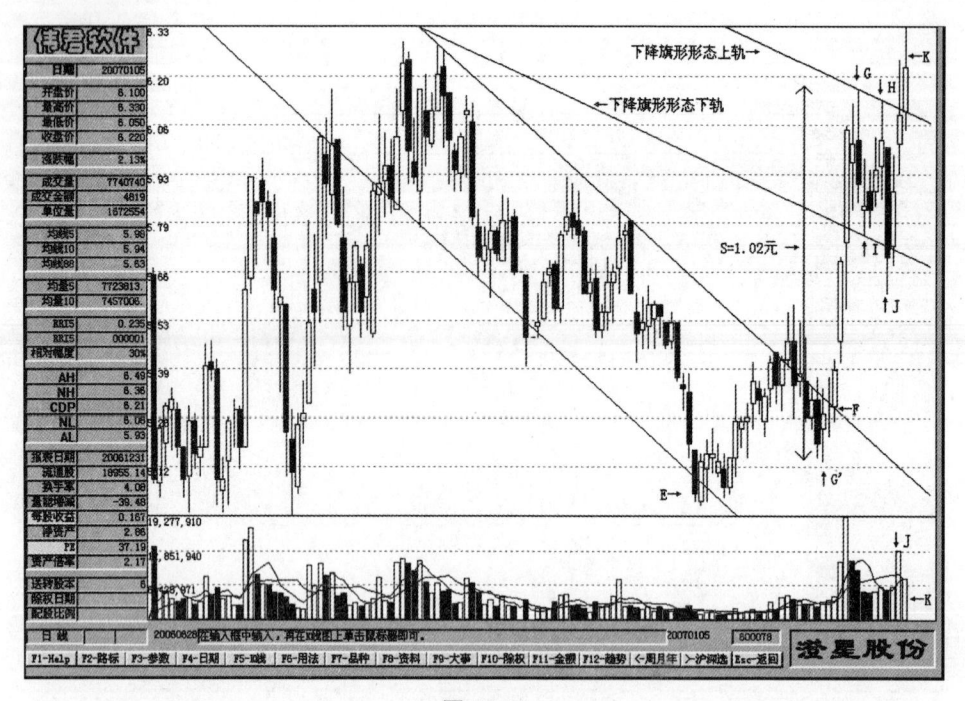

图 15-5

如果在 G 点以后我们因为股价走势不明朗而选择了卖出，那么当旗形形态出现以后就应该买回来。也许这次的进出并没有差价，但应该把它是看成前一次投资的结束以及后一次投资的开始。

从 J 点开始，买盘重新进场并且在 K 点向上突破旗形形态。

根据旗形形态突破后的计算方法，图中的 S 应该是 G 点的最高价（6.16元）减去 G 点的最低价（5.14 元），结果是 1.02 元。这样旗形形态突破以后的上升目标位为 J 点的旗形形态下轨（5.72 元）加上 S，结果是 6.74 元。

从成交量分析，股价在旗形形态内运行时，尽管成交量萎缩，但比起前面 E 点的底部来说还是有明显的放大迹象，这充分表明有资金在消化前期低点的获利筹码，为股价的进一步向上发展奠定了基础。

不知道投资者是否已经注意到一个细节？

由于股价上升到 G 点的幅度并不大，而且旗形形态也比较短，因此我们的图形划分可能只是其中的一个小图形。也许股价目前仍然在上升轨道中运行？

一般在股价转势以后，优先考虑的图形是轨道，所以还是让我们回到轨道上来。

第十五章 量价形态分析

幸好我们还是继续持有筹码。

图 15-6 是接下来的走势,其实在图 15-5 中我们就已经可以画出上升轨道了。

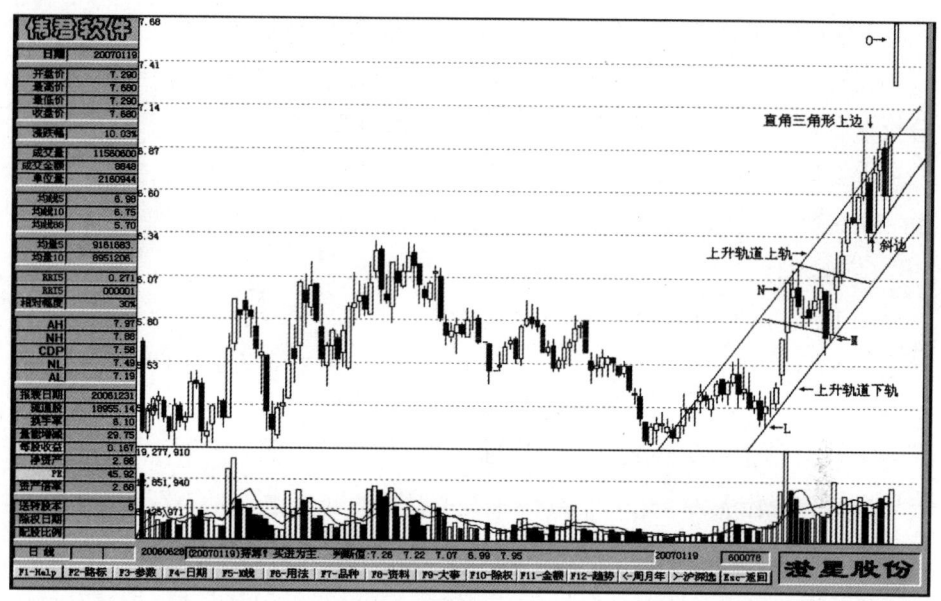

图 15-6

以 L 点和 M 点的连线为上升轨道的下边,过 N 点画下轨的平行线得到上轨。

从上升轨道看前面我们画出的旗形形态,其实只是股价在上升轨道内的一次整理,接着股价继续沿着轨道上涨,但在 O 点出现了一根大阳线,股价突然出现同向突破上升轨道的迹象。

股价是有可能同向突破的,但条件必须是轨道相当平缓,但目前的上升轨道并不平缓,因此股价一般不会出现同向突破,所以股价应该马上会回到原来的上升轨道内。

不过要注意一个细节:O 点的阳线是涨停,换句话说,没有涨停制度的话股价的最高点将更高。而高点越高,股价回落到上升轨道内的可能性就越小,似乎股价确有同向突破的意思。

不管在什么情况下,我们都不要忘记基本面,只要基本面有足够的力度,技术面就得退居次席。

第二天是周六,所以我们并不急着做出决策,看看基本面上有什么变化。果然,公司在周末公布年报,盈利有所增长,但这并不重要,关键是分配方案：10送3转赠3派0.5元。

在O点前面的六个交易日我们可以找到一个直角三角形形态，这也是一种中继形态，股价在完成了这样一个直角三角形形态之后向上突破。

现在回过头来看主力对公司的基本面应该是清楚的，否则不会与股价的走势配合得如此贴切。我们尽管没有办法提前知晓公司的内幕，但根据图形分析也会有不错的获利。

本案例特点：

在图形分析中，应该充分考虑主力运作、成交量、基本面的情况。

[案例2]

图15-7是"山西焦化(600740)"2006年5月30日到2006年12月22日的日K线图。现在K线图上已经明显有两个低点，尽管两个低点稍微有些高低差，但这是允许的，经典图形从来就没有要求过绝对的准确。这两个低点构成了双底，所以图形可以归入双底形态。

通过C点作A点和B点连线的平行线得到颈线，现在K线在D点有向上突破颈线的可能。

C点的成交量大于A点和B点的成交量，D点的成交量更大，而且D点之后已经三天没有跌回颈线内，似乎表明D点的突破是有效的。

我们一般会以股价回抽颈线来判断股价向上突破是否有效，但有时候股价不一定会回抽颈线，特别是当股价连续多个交易日保持在颈线上方时，这种可能性就更大。

根据顶点连线与颈线之间的距离计算，突破颈线后的上升目标位在8.12元左右。这个目标位并不高，因此真正确认有效突破后上升的空间并不大。

当然，如果以上分析成立，那么操作策略应该是马上买进。

根据分析要点，我们最好能多考虑几种形态，因为形态确实有可能被分析成好几种，在没有完全排除其他图形的情况下，不应该贸然下结论。就算将图形定下来了，也应该分析得尽量仔细一点，千万不要放过任何一个可疑的细节。

本案例已经非常符合双底的形态，只是突破后的回抽颈线过程我们没有看到。因此，即使我们最后认定这是一次成功的双底形态向上突破，那么真正的买点也应该在股价回抽颈线以后，这需要我们再耐心等待几个交易日。

下面是本案例的另外一种图形分析。

图 15-8 与图 15-7 是同样一张 K 线图，不过用的是轨道线。

画轨道线有一个不成文的习惯，在画下降轨道时先通过两个相对的高点画上轨，然后在一个相对的低点画上轨的平行线，即下轨。在画上升轨道时则相反，先画下轨再画上轨。

练习③：投资者能解释上面这样画轨道线的原因吗？结果可以在书后的《附录——练习结果》中找到。

连接 A 点和 B 点得到轨道线的上轨，过 C 点做轨道上轨的平行线得到轨道线的下轨。其中的原则是保证没有连续三根 K 线在轨道外。

图 15-7

这是一条比较大的轨道线，因为方向朝下，所以是下降轨道。也许投资者不太容易接受，但它并没有违反轨道线的原则，我们绝不能因为自己不喜欢就把它排除在外。

如果投资者还没有想到过用轨道来分析这张 K 线图也是正常的，毕竟现在还只是第二个实用案例。希望投资者在读完本书之后不会再出现这种情况。

根据轨道分析，D 点很有可能是一种向上突破轨道的态势，如果结论成立，那么后市的上升空间会更大，这一点与双底形态的结论有很大差距。尽管轨道并没有提供计算上升幅度的方法，但向上突破下降轨道的意义就是股价改变运行趋势，由原来的下跌转变为上涨。

不过我们现在还无法做出最后的判断，因为向上突破下降轨道同样需要股价的一次回抽轨道上轨的过程。

与前面双底形态的判断一样，分析的结果都是需要继续观察几个交易日。

图15-9是一个月后的K线图。由于股价重新跌回到双底形态颈线的下方，所以已经证明双底形态失败，因此我们继续轨道形态分析。

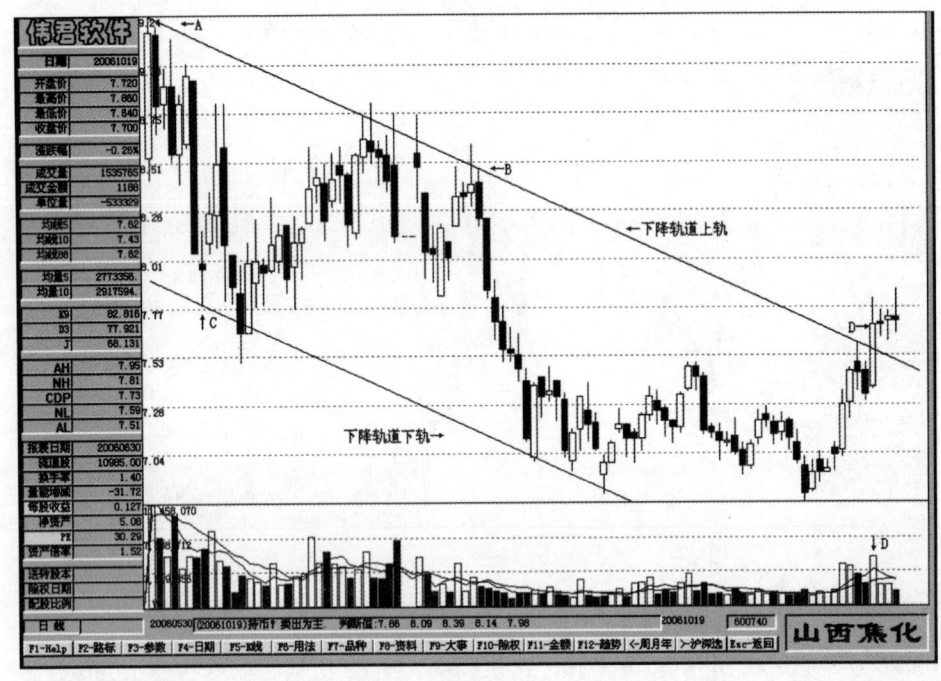

图 15-8

股价在D点盘整三个交易日后跌回轨道上轨有两种可能，一种是向上突破失败，另外一种是回抽轨道上轨确认突破有效。但实际走势是突破失败，直到E点再次向上突破。

我们是否注意到股价跌回轨道的时间间隔？D点后股价跌回轨道是多个交易日，E点后是两个交易日，F点后只是碰到轨道，时间间隔显示股价离开轨道的可能性越来越大。同时这几个重要突破点位的成交量也有相应的放大，表明股价在相应的价位获得了越来越多的买盘支撑。

第十五章　量价形态分析

但我们还是不忙于下结论，因为突破下降轨道的方式可以是上涨，也可以是横向盘整。本案例似乎就是用一种盘整的态势来进行横向突破的，因此是否最终向上突破还有一定的不确定性。

再回到成交量上面来。

以D为间隔点我们可以发现，在D点之后成交量屡屡放大，包括D点、E点、F点，这些在相对底部而且成交也相对清淡的时候进入的筹码一般不会是短线筹码，因此股价有可能在此构筑一个至少是中期的底部，一旦上涨，其空间就会比较大，这也符合突破轨道后形成大转势的结论。

当G点拉出阳线后，买点已经出现。因为这几根上涨阳线的间隔越来越近，G点离F点只差了三个交易日，表明买方已经越来越迫切。

最后我们得出结论：G点是一个非常好的买点。

特别值得一提的是，G点这个买点的绝对位置非常低，尽管没有低于前面的双底，但已经非常接近低点了，这比起双底突破后的买点来说要低了很多。

图15-10是后来的K线图。

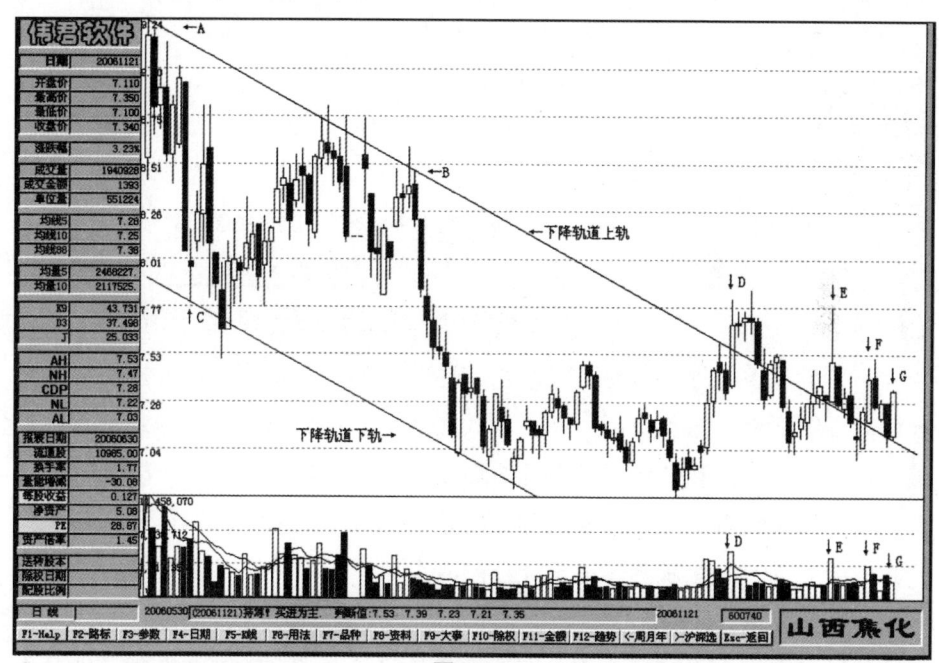

图15-9

最后股价构筑中期底部完成，走出一波凌厉的向上攻击行情。

如果我们因为没有百分之百的把握而失去了G点的买点，那么在G点后面的几天都有机会，因为成交量已经不再萎缩，走势已经空翻多。

本案例特点：

图形分析中，成交量的分析必不可少。

〔案例3〕

本案例是对于一个个股连续进行的图形分析，时间将延续近半年。

图15-11是"深国商（000056）"2006年7月6日到2006年9月6日的日K线图。

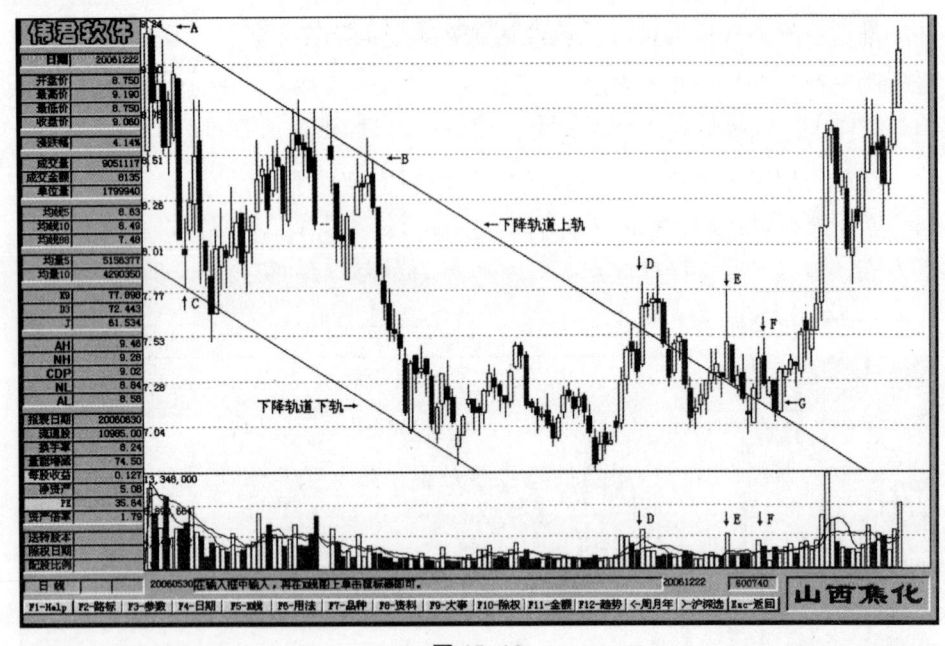

图 15-10

图中显示，股价从高处回落，在经过一个小的直角三角形形态的中继整理以后继续下跌，接着出现了A点和B点两个低点，形成一个双底，其中通过C点画出与A点和B点连线平行的颈线。在D点股价向上突破了颈线，接着在E点回抽颈线，当F点再次拉出阳线时，双底形态完成。

由于E点的成交量明显小于D点的成交量，而且F点的成交量再一次放大，所以突破是有效的。这似乎是一个非常完美的双底突破形态。

从投资策略上来说，由于D点的放量使我们预期突破将会有效，因此当股价回抽颈线时，出现合理的逢低买进时点，至少应该在E点买进一部分。当F点出现时，似乎是最后也是最安全的买点，但股价已经相对较高。

第十五章 量价形态分析

注意到这里有一个很大的问题吗？

根据图形分析中的方法我们计算一下突破后的目标位。

两个低点（A 点和 B 点）都是 3.38 元，颈线是根据 C 点 K 线的高点画的，所以颈线的位置就是 C 点的最高价 3.75 元，这样颈线与顶点连线之间的距离 S 就是两者的差 0.37 元。突破后的目标位是颈线的位置再加上 S，也就是 3.75 元加上 0.37 元为 4.12 元。换句话说，即使双底形态完成，股价的上升目标位也不过是 4.12 元，而在 F 点股价最高已经达到 4.08 元！

难道股价突破后的目标位已经达到？难道股价接下来会下跌？这里重新给出两个相当重要的分析手段。

手段①：尽量将图形连接起来。

在前一章讨论经典图形的时候都是单个图形分别讨论的，实际上只要公司股票还在交易，K 线图就会一直向右延续，原来的图形完成以后，新的图形就有可能出现，因此即使一个图形的上升目标位已经达到，也不能说明接下来股价就一定要下跌。当然，有时候我们会发现实在找不到匹配的图形，而且这种情况并不少见。如果碰到，那么我们一般就不能依靠图形进行分析了。

手段②：对于目标位的计算而言，过小的图形可以忽略。

本案例的双底有一个重要的特点就是小。第一是两个顶点的间隔只有十个交易日，第二是颈线到顶点连线的距离只有 0.37 元。对于这类比较小的图形我们主要分析它的性质，对于目标位的计算并不重要。

再回到案例上来。

由于双底形态是转势形态，所以股价向上突破后，震荡盘升应该是主要趋势，因此我们在未来形态还未知的情况下，一般还是回到我们经常用到的而且实际上也确实是经常出现的轨道上来。

画出股价的上升轨道。

图中根据 B 点和 E 点画出上升轨道的下轨，然后通过 D 点画出与下轨平行的上轨。

由于交易日比较少，所以这条上升通道目前还只是我们预测股价趋势的通道，随着时间的延续也许会进行调整。

F 点肯定是买点，但我们自己画出的一条上升轨道完全有可能是错误的，因此我们要有止损的措施。所谓止损就是一旦发现自己原先的判断有误以后

炒股从外行到内行(第二版)

马上卖出，即使割肉也要卖出。

现在我们的止损方式是这样：如果股价还在我们画出的上升轨道内运行就继续持有，如果股价跌破上升轨道就止损，也就是卖出。

假设其他方面的研判也得到验证，那么现在我们已经买进了筹码。

图 15-12 是接下来股价的演变。

原来我们画出的上行轨道确实是正确的，股价一直在该轨道内震荡上行，但在 H 点跌出了轨道。由于自 H 点之后的连续四根阳线都没有能够回升到轨道内，所以股价已经有效跌出轨道，尽管似乎是横向盘出去的。此时应该是一个卖点，也许以后股价还会上涨，但现在情况并不明了。

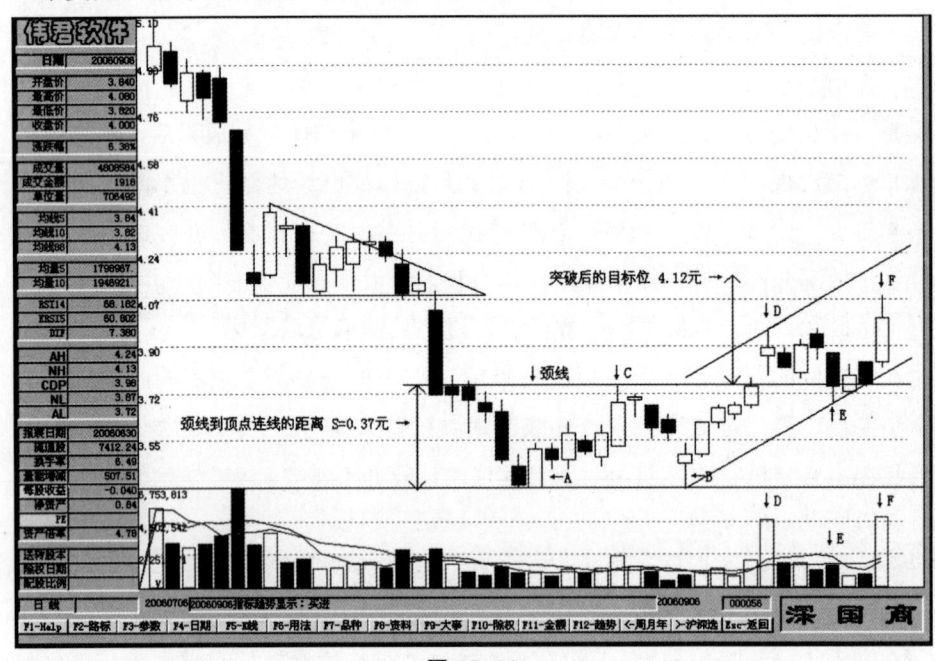

图 15-11

在 L 点卖出是明智的选择。由于后市趋势不明，而且转势的可能性较大，这种时候投资者一般选择退出，等待趋势明朗。

股价的演变是连续的，所以我们的图形分析也要连贯。接下来股价的演变也许没有标准的形态，但我们还是尽力去试一试。

由于 H 点到 J 点之间的成交量持续萎缩，所以股价极有可能在前面的 G 点已经走出头部，接下来回调的可能性比较大。一种可能是股价重新回到 G 点附近以便完成双顶形态，但以目前的成交量及股价横盘的态势来看，这种

第十五章 量价形态分析

可能性似乎比较小，更大走势就是第二种可能性，即以失败的双顶形态完成顶部的构造。

由于到 J 点股价已经跌破 H 点的价位，所以当 J 点出现时，失败双顶的形态已经完成。如果实在没有能够在 L 点卖出的话，J 点是最后的逃命点。

失败型双顶是转势形态，股价已经形成转势，因此我们先以轨道形态对待它。

连接 K 点和 L 点得到下降轨道的上轨，过 H 点作上轨的平行线得到下降轨道的下轨。

现在我们应该没有筹码，可以观察股价的演变并判断是否出现买点。

图 15-13 是股价接下来的演变。

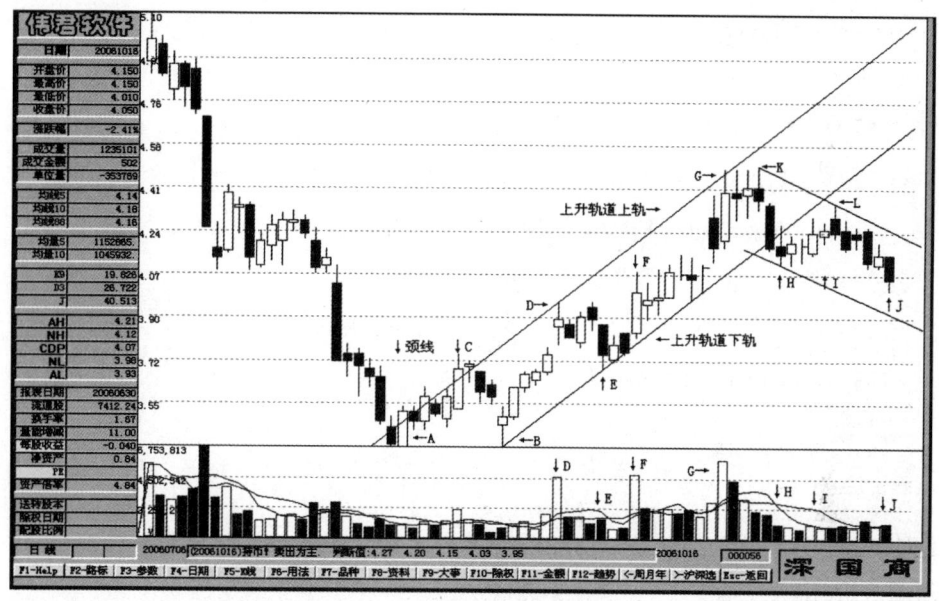

图 15-12

股价果然在图 15-12 中的 J 点向下突破，随后在我们图 15-12 中画的下降轨道内运行，一直到相对低点 N 点的附近。

N 点是有非常重要的价值的，因为图 15-12 中的双底就在 N 点的位置。前期的低点为什么在后市的下跌中能够起到支撑的作用呢？这是由投资者的心理作用决定的。另外从成本的角度分析也是有一定道理的，我们都知道，在筹码有获利的情况下，投资者比较容易做出卖出的决定，但如果筹码被套，则往往不太愿意割肉。当股价重新回到前期的低点附近时，理论上至少在两次低点之

203

间买进的筹码已经悉数被套(不包括多次进出的筹码)，如果这个低点是一个中长期的低点，那么账面有盈利的筹码就会更少，卖出的筹码也会大幅度减少，反而会显得买盘相对较多，再一次形成底部的可能性也就大大增加。

这里并没有考虑基本面的情况。如果基本面发生利淡变化，那么也许会引出大量的割肉盘，这样前期的低点是起不到阻挡作用的。

现在股价到达前期低点后横盘了 6 个交易日，接着似乎有上涨的态势，连续四根小阳线已经走出了一个小小的上升轨道，并且在 M 点一举向上突破原来的下降轨道。那么 M 点是不是买点呢？

首先，我们没有在这次的股价趋势转换中看到明显的双底、三重底或者头肩底之类的转势形态，而这几种形态的特点是转势力度比较大。这次的转势只能勉强看成是一个非常小的双底或者三重底，但由于实在太小，因此还不如把它看成是一个单底更适合，尽管这里的单底并不是一个交易日构成的，不过原则上也是可以的。关键的问题在于股价跌到低点 N 点之前的盘整区域有过较大的成交量，而目前有突破态势的 M 点正好进入该盘整区域。M 点尽管放了量，但对于前面盘整区域累积的量来说还是太少，更何况还有 N 点附近买进的一部分获利筹码需要消化。

分析的结论是继续观察，等待进一步明朗的信号出现。

图 15-14 是接下来的走势。

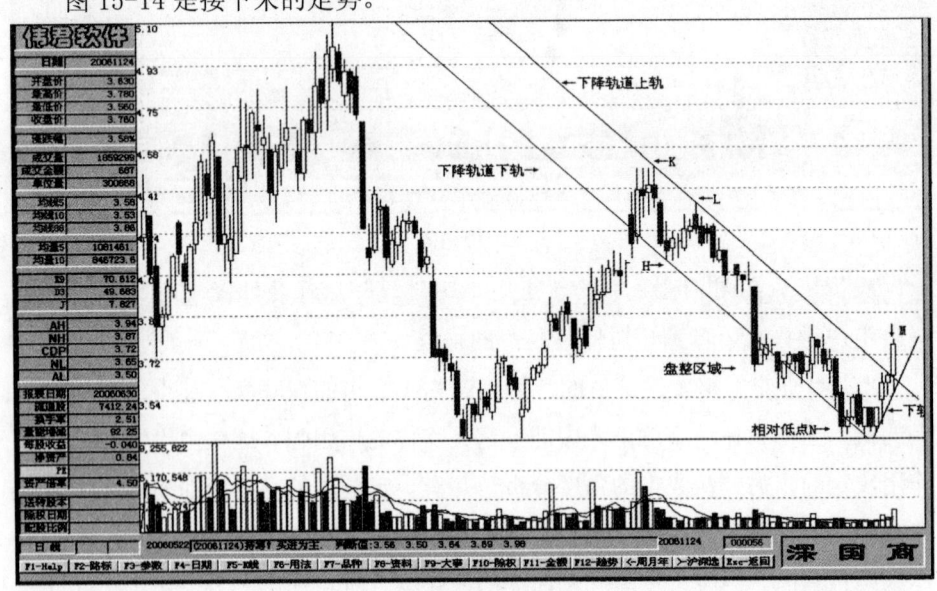

图 15-13

第十五章 量价形态分析

股价在 M 点向上突破原来的下降轨道以后继续拉出第二根较大的阳线，之后是两根较小的阴线，随后继续在上升轨道中上行并在 O 点突破轨道，之后连拉三阴跌破上升轨道。

整个上涨过程中由于在原盘整区域停留时间过短，所以上涨的基础不够扎实，因此可靠的买点并没有出现，在 O 点反而出现了一个卖点。为什么 O 点可能是一个卖点呢？

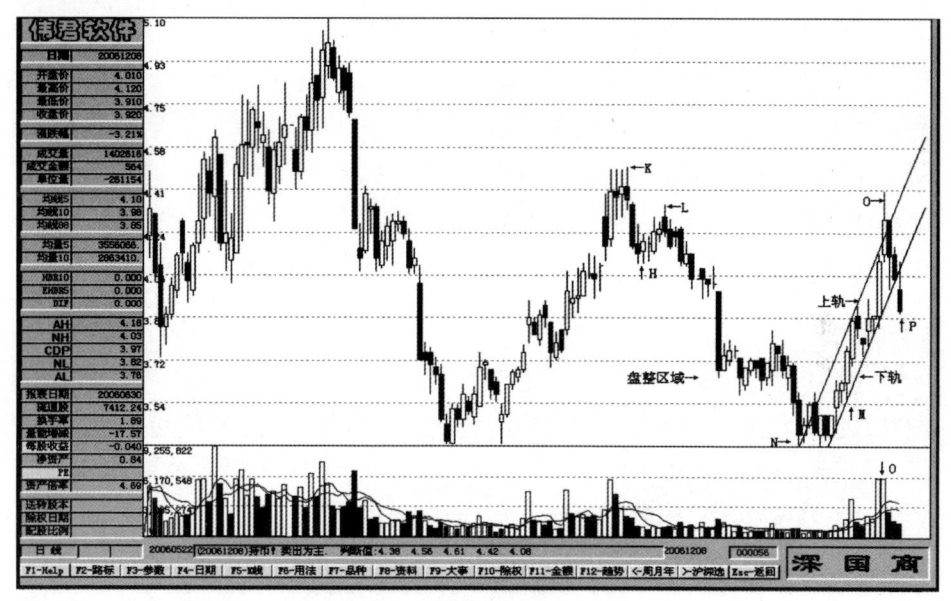

图 15-14

在分析要点③中已经提到："轨道的突破一般以转势为主"，而 O 点是同向突破，轨道也不平缓，所以失败的可能性更大。另外一个道理与前期的 N 点可能是底部的道理一样。因为前期的一个相对高点是 K 点，而现在的 O 点已经很接近 K 点。换句话说，如果在前期 K 点附近或者以后没有出逃的筹码应该会在 O 点先退出来。当然 O 点并不一定是一个趋势转势点，但向上突破上升轨道起码会有一个回归上升轨道的过程，到那时可以再逢低买回来。

接着出现了 P 点。由于方向同轨道相反，所以 P 点的突破是有可能成功的。

由于股价从 N 点上来的上涨并没有给出足够的买进信号，所以我们没有能够参与这一段上升过程，但这并没有什么值得遗憾的。因个人能力有限，在股票投资中我们会错过大部分的投资机会，但我们只要能够抓住一小部分机会就足够了。

图 15-15 是其后的走势图，股价果然再一次有望考验前期的低点。

本案例是一次比较长时间的连续跟踪分析，只是提供一种思路。其实当投资者买进某个个股以后必然会面临这样的连续分析任务，所以一定要养成连续分析的习惯。

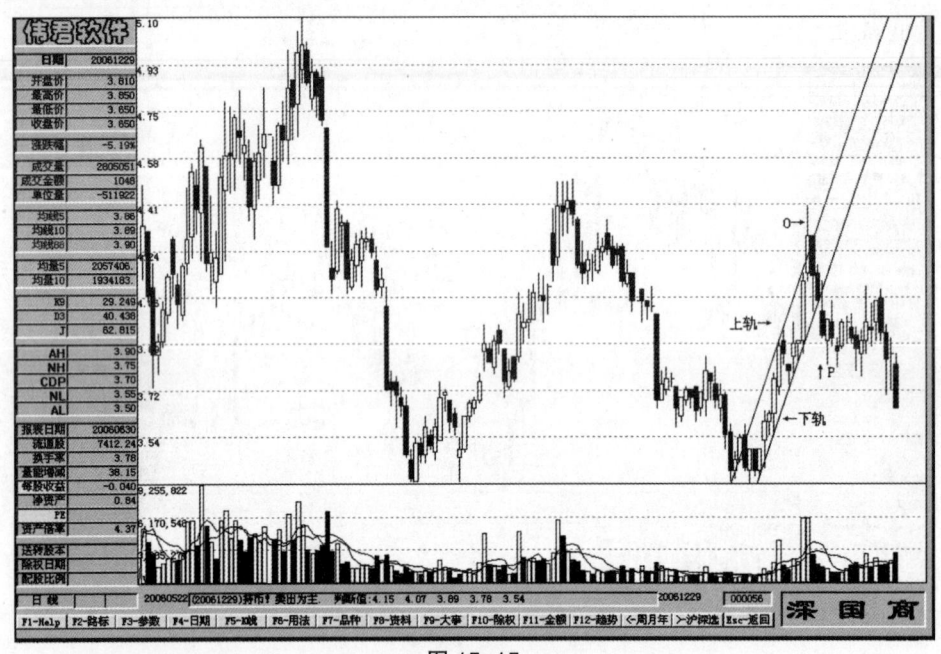

图 15-15

本案例特点：

股价走势一旦形成转换，首选的图形是轨道，一般我们可以先画出预期的轨道进行跟踪。

[案例 4]

下面是一个看似简单但却大有玄机的案例。

图 15-16 是 "辽通化工(000059)" 2006 年 4 月 25 日到 2006 年 9 月 14 日的日 K 线图。

根据 A 点和 B 点画出上升轨道的下轨，过 C 点画下轨的平行线得到上轨。

股价在冲到 D 点之后连续下跌，并在 F 点向下突破原上升轨道。

分析要点③表明："轨道的突破一般以转势为主"，也就是说股价突破原有的轨道应该是反向的，而且上升轨道并不平缓，因此 D 点突破失败的可能性居大，至少是一个短期卖点，但如果回到轨道后并不向下突破则仍然可以再买回来。现在F点的出现表明股价有可能向下突破。

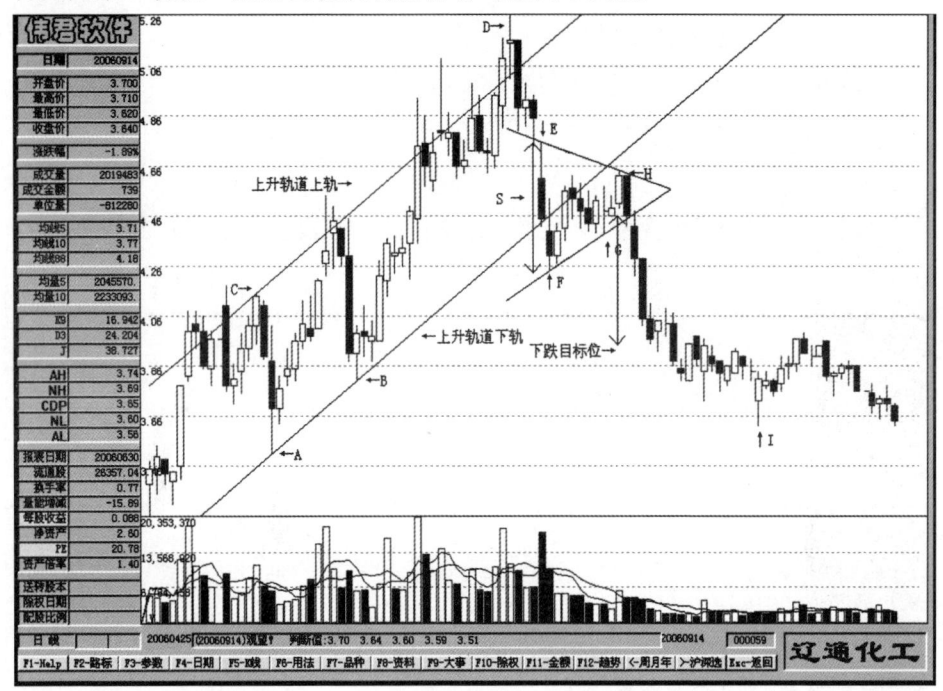

图 15-16

当股价走到H点时，已经很明显走出了原来的上升轨道，其实这根上升轨道的使命已经结束，我们应该尽量找出新的图形进行形态分析。如果一味地等待新的图形出现则可能会失去机会，这里所说的机会不但包括买进的机会，也包括卖出的机会。

由于新的图形往往与原来的图形有部分相交，因此具体的做法是尽量不去看原来的图形。在本案例中我们可以找到一个三角形图形。

连接F点和G点得到三角形的下边，连接E点和H点得到三角形的上边，这是一个基本对称的三角形形态，这种形态一般属于股价运行的中继休整形态，一旦休整完成将继续原有的趋势。本案例股价是下跌趋势进入该对称三角形形态的，所以很有可能在休整后继续向下运行，因此不会出现买点，而且逢高都有可能是卖点。

果然，股价从H点之后向下突破对称三角形形态继续原有的下跌趋势，跌幅甚至超过了根据对称三角形形态计算的S幅度。

炒股从外行到内行(第二版)

本案例特点：

一旦股价完成原来的形态，我们应该立刻开始新的形态分析，而新图形中的一部分经常会与原图形相交。

〔案例5〕

图15-17是"盘江股份(600395)"2006年3月7日到2006年4月19日的日K线图。

本案例将把分析的重点转移到实际操作上，假设我们已经在起点处持有股票。

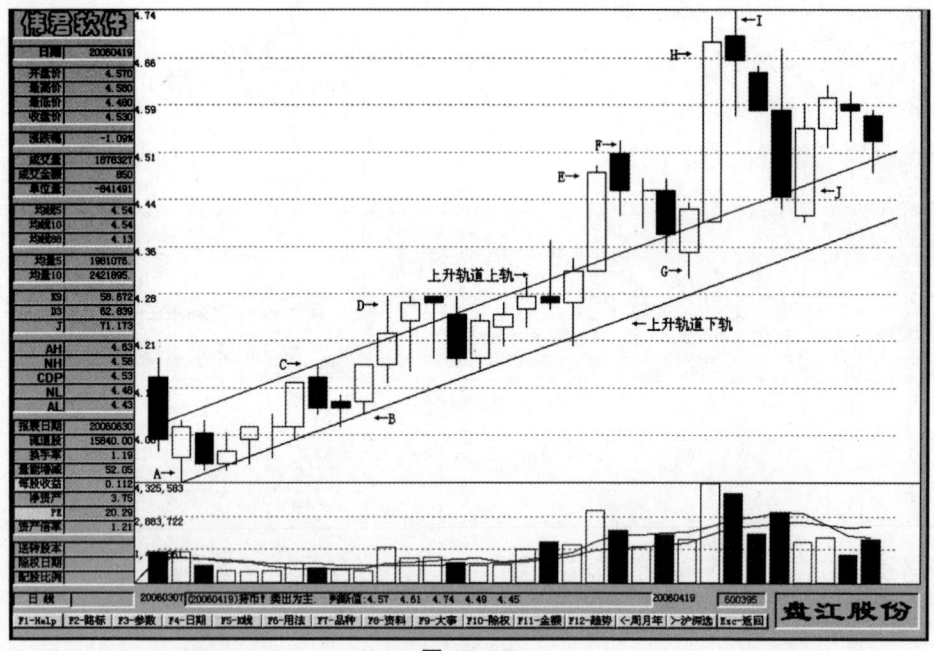

图 15-17

当股价上涨到B点时已经可以画出上升轨道，其中下轨是连接A点和B点得出的，上轨是通过C点画下轨的平行线。

当D点出现时图形还没有完全成型，因此并不存在是否突破的问题，也许轨道还没有最后定型。但当E点出现时股价向上突破上升轨道的上轨。按照要点③："轨道的突破一般以转势为主"，所以E点的突破可能是无效的。

要点③是指一般的情况，依据在于股价的上升会累积获利盘，因此再加速向上突破会导致卖出单大量增加而买进单相对减少，最后股价在卖压之下跌回原有的上升轨道。但如果轨道上升的速率相当小，或者上升的绝对幅度很小，那么累积的获利盘就不会很多，股价向上突破的可能性是存在的。

那么如何来判别轨道的速率呢？只要计算轨道每天上升的价位就可以了。

本案例中轨道每天上升 0.01 元。那么这 1 分钱算快还是慢呢？这并没有一定的规定，主要还是以成本为主，即如果一天的上升速率低于股票的买卖成本，那么可以认定是速率是小的，这种上升轨道有向上突破的可能性。

现在股价在 4 元出头，而 1 分钱是不够支付买卖股票的成本的，所以 E 点存在向上突破的可能。另外股价在此上升轨道内运行是从 4 元多起步的，到目前 E 点的价位也不过 4.48 元，整体升幅并不大，很难产生大量的获利盘，这一点也支持股价同向上升突破的可能性。

不过即使突破成功，股价也应该有一个回抽轨道上轨的过程，所以 E 点不一定是一个买点。

现在我们继续持有筹码。

对于特别喜欢做超短线的投资者来说，这里有一次做空的机会，尽管差价可能并不大。现在我们来分析如何抓住这次机会。

当 E 点出现后不外乎出现两种走势：一种是无效突破，股价跌回上升轨道；另外一种是有效突破，但还有一次回探上轨的过程。如果是无效突破，那么等股价跌回轨道内再买回来，至少可以降低筹码的持有成本；如果回探上轨，那么等重新确认突破有效后再买进。不过做空也许会得不偿失，比如差价过小等等，但机会似乎更大。

具体的操作就是在 E 点后的下一个交易日 F 点中逢高卖出。因为 E 点的收盘价是 4.48 元，而 F 点的最高价是 4.53 元，因此可以在 4.50 元左右卖出。然而股价在突破轨道三天后还没有回到轨道内，这时候对于卖出者来说是最难受的，因为这表明股价的走势相当强劲，或者是上轨画的位置太低了（轨道的画法本来就有很多种），因此卖出者决定随时买回来。

F 点后的第三天拉出阴线，盘中一度回到轨道内，这时候卖出者应该已经买回来了，价位在 4.40 元左右。如果预期股价还是会跌回轨道而没有买进，那么在 G 点盘中探底后的回升中应该买进，价位应该不会高于 4.40 元。当然，股价跌回到轨道内就不一定会继续上涨，甚至也有向下转势的可能，但对于短线操作来说，经过这次一卖一买，手中筹码的成本就降低了，这是短线做空的主要目的。

这次短线做空的空间比较小，关键是轨道的宽度太小，如果轨道的宽度大一些效益就明显了。在这里主要是为了说明操作的方法。

现在股价到了H点，又一次向上突破。

由于前面已经有了一次E点突破，所以H点应该是有效的突破。由于我们一直持有，或者即使做过一次卖空但现在依然持有筹码，所以在E点没有操作的决策。

也许短线又有一次在I点的做空机会？不过至少在图形分析上找不到依据，关键在于这次是第二次向上突破，有效的可能性更大。也许我们可以通过技术指标等手段找出I点这个做空点，但图形分析没有。

股价在J点重新回到原来的轨道，似乎仍然是一次无效的突破。但这种两次突破都回来的情况很少见，另外我们还应该注意到随着股价一次又一次拉出较大的阳线，成交量也在一次又一次地放大。所以我们更愿意相信上升轨道已经被同向突破。

图15-18是接下来的日K线图。

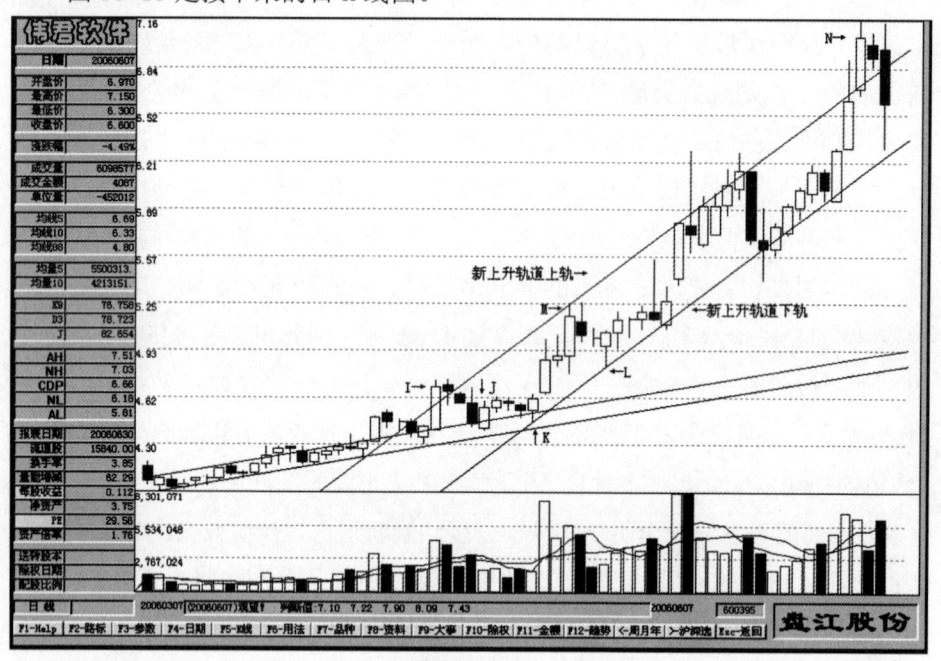

图15-18

股价在横向盘整几个交易日之后到达K点，但这次只是在盘中跌破了上轨，接着在K点的下一个交易日，伴随成交量的成倍放出，股价再次向上冲击，似乎是正式宣告离开原来的上升轨道。到 L 点股价已经走出一个新的上升轨道，该轨道以 K 点和 L 点的连线作为下轨，过 M 点作平行线作为上轨。

股价一直在新的轨道内运行到 N 点，似乎又一次向上突破原来的上升轨道。这次是不是能够成功呢？

现在股价已经在 7 元左右，新轨道的速率是每个交易日 0.06 元（即 6 分钱），这已经远超过了买卖 1 股股票的成本，另外轨道本身的升幅也已经很大了，股价从原来的不到 5 元涨到 7 元以上，因此再次同向向上突破上升轨道的可能性几乎没有，这样股价必然会跌回轨道内。现在如何操作？

先分析几种会出现的可能性。

可能性①：股价突破无效，回落到上升轨道后直接向下突破上升轨道。

可能性②：股价突破无效，回落到上升轨道内走转势形态，然后向下突破上升轨道。

可能性③：股价突破无效，回落到上升轨道内走中继形态，然后沿另一条上升轨道继续上涨。

可能性④：股价突破无效，回落到上升轨道内继续沿上升轨道上涨。

对于可能性①和可能性②，操作策略是卖出。

可能性③的最终结果是上涨，可以持有筹码。但由于中继形态的完成需要时间，因此如果我们在卖出筹码后还有足够的时间来等待中继形态的完成，到时候再买回来也不迟，股价不会上涨很多，甚至还有可能做到倒差价（先卖出后买进的差价叫倒差价）。所以应该选择卖出的操作策略。

可能性④是最强劲的走势。由于股价已经从 4 元涨到了 7 元，所以这种可能性很小，但仍然有可能。不过股价至少应该先回到轨道内，所以即使我们卖出以后也基本上有买回来的机会。这样做的唯一风险是有可能在更高的价位上买回来，不过这种价格的差异不会很大。

最后的决策是：在下一个交易日卖出。

实际走势是完成了一个大的双顶转势形态，两个月后股价跌到 5 元以下（按照复权价计算）。

本案例的操作策略保证了我们在次高点全身而退，而且不参与转势形态的演变。

本案例特点：

要注意轨道的速率，太小则有可能产生同向的突破走势。

短线做空要注意轨道的宽度，太小则意义不大。

当股价涨幅比较大时，一旦股价继续同向突破轨道则以退出为主。

〔案例6〕

图15-19是"北方天鸟（600435）"2006年8月17日到2006年10月20日的日K线图。

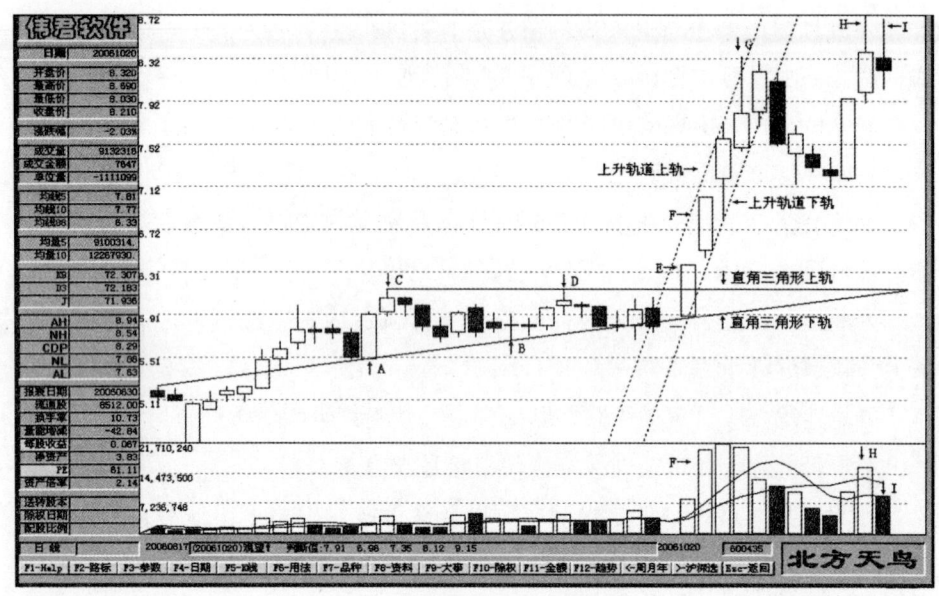

图15-19

连接A点和B点为直角三角形的下边，连接C点和D点为直角三角形的上边。

股价在E点成突破态势，一般会认为股价还将再次回探三角形的上边，但具体情况要具体分析。请注意本案例的一个重要细节：E点是以涨停价报收的，成交量尽管比起前面来有所放大，但对于10%的涨幅来说并不大，表明涨停的价位卖单并不多。另外一个细节是在E点的前一个交易日没有交易，也就是因故停牌，这就表明基本面上应该有一些变化，且这些变化属于利多。

所有的图形分析结论都是针对基本面不变的情况，如果基本面有了一些变化，那么股价的走势会显得比较强。比如本案例，如果没有涨停板的限制，E点的阳线可能更大，因此重新回落考验三角形上边的可能性就没有了。

细节分析表明：股价已经有效向上突破三角形形态，操作上可以及时买进。结果是买在 F 点的开盘价附近。

接着股价连续上涨，直到 G 点才出现一个相对高点，但由于 G 点的收盘回落到轨道内，所以我们没有发现卖出的信号，但两个交易日后股价拉出阴线并跌出上升轨道。

由于上升轨道历时很短，因此有效性值得怀疑，但目前也实在看不出有什么其他的形态，因此我们只能耐心等待并继续观察，由于股价已经在短短的几个交易日内从三角形内的不到 6 元上涨到 G 点的 8.33 元，幅度达到 30%，因此应该随时注意卖出的信号。

数个交易日后，股价再次上冲并创阶段性高点 H 点 8.72 元，这时我们要仔细分析一下是否有卖出信号了。

最直接的感觉就是股价有可能在走双顶的第二个顶，这表明未来股价将有较大幅度的下跌。

现在股价的趋势有以下几种可能。

可能性①：完成双顶形态。

可能性②：横向整理以完成中继休整形态同时积蓄再次上涨的能量。

可能性③：在目前价位继续上涨，避开双顶形态。

如果是可能性①，那么我们的操作策略是卖出。

如果是可能性②，那么我们仍然可以选择卖出，因为还有足够的时间等待其形态的完成并在最终确认形态后重新买进。

如果是可能性③，那么应该持有筹码。

由于三种可能性中的两种都显示我们必须采取卖出的操作策略，因此我们倾向于卖出，冒的风险就是可能性③。所以我们要重点分析可能性③以及我们选择卖出将可能受到的损失。

从成交量看，F 点是第二个涨停的 K 线，也是我们买进的一天。这根涨停 K 线与前一天即 E 点有明显的区别，区别不在 K 线本身，而在于成交量。F 点的成交量从 E 点的 822 万股增加到了 2030 万股，这是成倍的增长，表明市场上浮动的筹码比较多（短线操作的筹码属于浮动筹码），这对于股价的上涨会形成较大的压力。另外一个重要的信号是 H 点的成交量。在 H 点股价创了相对新高，但成交量只有 1600 万股，而且 I 点的成交量更是缩到了 1000 万股以下，表明在目前的价位买单已经开始明显退缩，股价之所以还没有跌下来是因为卖单还不多的缘故。不管怎么说，当股价冲击前一个高点时，成交量明显萎缩非常有可能是在构筑双顶形态的右顶。换句话说，可能性③不太会出现。

但我们还是无法完全排除可能性③。

万一股价确实继续上涨，那么我们会冒多大的风险呢？

图 15-20 与图 15-19 是同一张图，只是我们重新画了上升轨道并考虑股价继续上涨的情况。

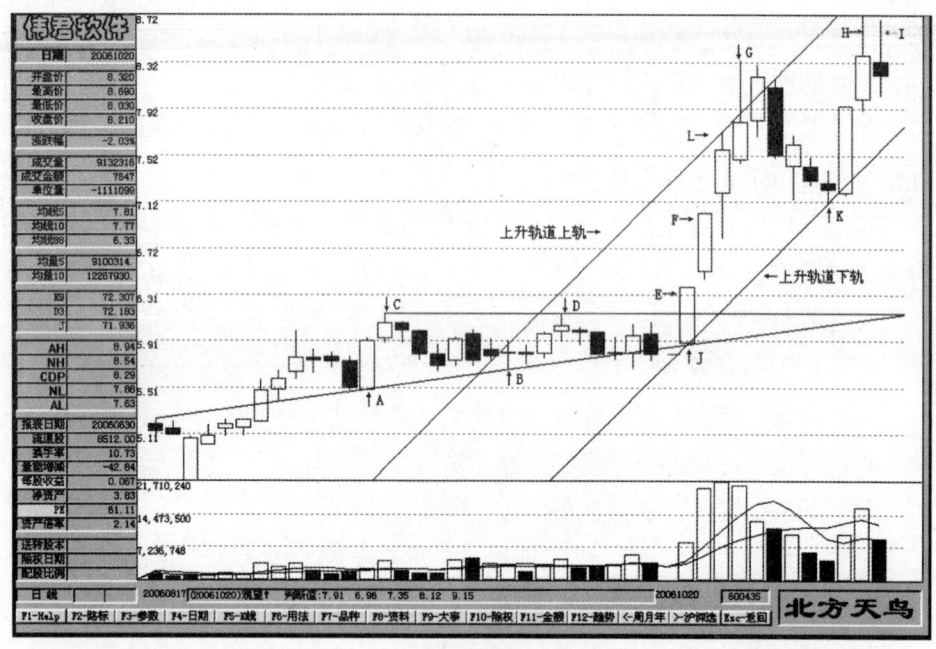

图 15-20

通过 J 点和 K 点画出上升轨道的下轨，过 L 点画出轨道下轨的平行线得到上轨，如果股价继续上涨，那么应该在轨道内运行。现状是股价刚刚在 H 点和 I 点向上冲击过轨道的上轨并处于回落的状态，一般情况下应该回落到下轨附近，只有获得下轨的支撑才会继续上行。现在下轨离开 I 点还有一段距离，因此我们还有继续观察的时间，也就是说股价还难以立刻直接上涨。这样我们在卖出以后就有时间来判断是否应该重新买进。

股价会不会直接沿着轨道上轨上涨呢？有可能，只是这种可能性太小了，我们愿意冒这么一点点风险。

最后我们选择了卖出的操作策略。

图 15-21 是接下来近一个月的走势。

第十五章 量价形态分析

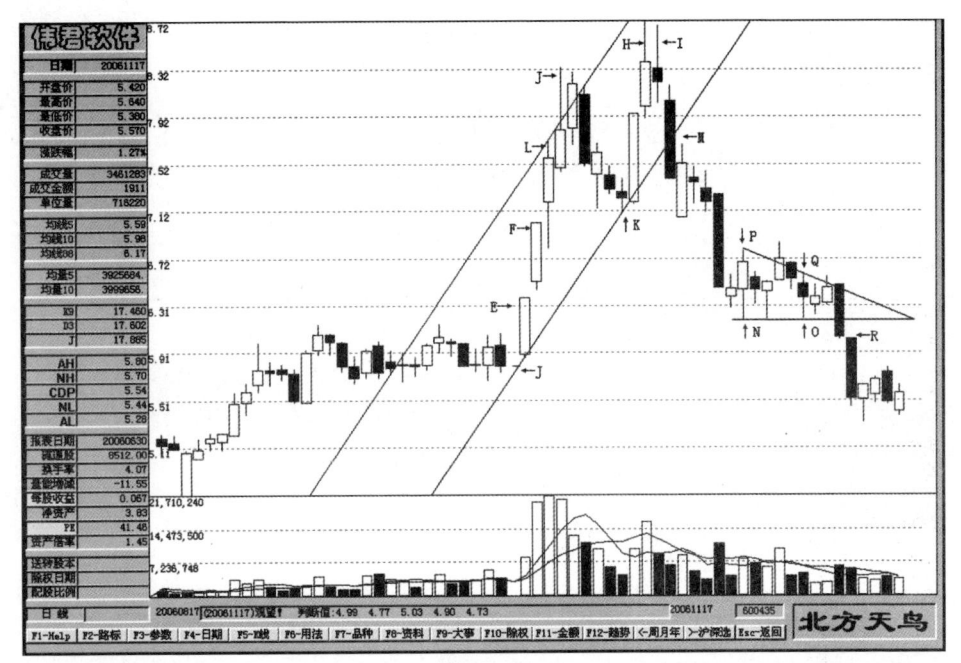

图 15-21

前面我们决定卖出,因此不出意外能够在下一个交易日的上影线部分卖出,也就是在 K 点卖出。这个价位与 H 点和 I 点的高点相比有距离,但我们只能做到这样了。

股价在 K 点拉出长阴线并突破轨道下轨。如果股价还是要走出可能性③的话,必须尽快回升到上升轨道内,不过我们还应该再观察,因为 K 点的大阴线已经显示可能性③越来越小了。

果然之后股价无力回升,在 N 点到 Q 点走出一个下降的中继直角三角形形态之后,继续下跌到 5.33 元。

现在来看股价运行最后选择的是可能性①,也就是完成双顶形态。

可能性③的存在使我们多了不少犹豫,但最后我们还是决定冒一点小小的踏空(卖出后股价继续上涨被称为踏空)风险。

任何一次操作都会有风险,我们应该避免大的风险。

本案例特点:

只要卖出的理由充足,就应该退出观察,不要过度害怕踏空。

限于篇幅,本书的实战案例只能到此为止了,希望投资者能够通过这几个案例的详细研判过程而有所收获。

215

第十六章　股票投资全过程

现在我们重新清理一下股票投资的全过程。

1. 做好一些心理上的准备

股票投资有它的特点，所以在投资之前必须做好一些心理上的准备，比如不羡慕股票市场的成功者、提高承受风险的能力、准备忍受长时间的寂寞等等。

2. 做好操作前的准备工作

要进行股票委托买卖还必须进行一系列的准备工作，包括开设证券账户、资金账户、账户指定交易（沪市）、开通银证转账、开通委托交易方式、从银行转入保证金等等。

3. 弄懂一些以后经常要遇到的基本概念

每个市场都有一些属于自己独特的概念，股票市场也不例外。比如股票指数、开盘价、最高价、最低价、收盘价、成交量、成交金额、集合竞价、停板、买卖盘、IPO、除权与除息、暂停上市与终止上市、交易费等等。

4. 学会看图

股价的演变以及当天交易的所有情况都是通过一张叫作 K 线图的行情图表显示出来的，投资者要投资股票，必须要看得懂这张图。

5. 选择适合自己的投资方法

一般我们把投资方法分为两类，一类是根据基本面进行中长期投资，另一类是根据技术面进行短期投资。

不同的投资者可以根据自己的具体情况选择一种方式进行投资。以下列出了几种常见类型的投资者可选择的方法。

(1) 大资金投资者。

有的投资者准备将大量的资金投入到股票市场中，比如 1000 万元以上。这种情况最好选择中长期投资，如果资金更大则建议挑选优秀的操盘手代为运作。对于一个从来没有做过股票的人来说，一下子要进行数千万乃至上亿元的投资是很困难的。

(2) 较大资金投资者。

这类投资者的资金在 500 万元到 1000 万元 之间。一般来说应该做中长线，但如果有技术上的功力，那么按照现在市场的规模要做短线也是可以的，或者部分做中长线，部分做短线。

(3) 打工者。

这类投资者靠工资生活，因此主要的精力都在工作上，实际上已经无暇顾及股票，因此投资股票的目的也不过就是使资金保值增值而已，所以应该选择中长线。

(4) 小额职业投资者。

对于绝大多数普通投资者来说，开始的资金一定很少，比如几万元之类。如果投资者忙于打工，没有很多时间用于股票市场，那么就只能选择中长线了，但有些投资者没有工作或者不愿工作，有条件将所有的时间都用在股票市场上，这些投资者就是职业投资者。另外还有一些投资者尽管要上班打工，但是工作任务比较轻，上班的时候又有通过网络看行情和交易的便利，而且也愿意将多余的时间用在股票市场上，那么也可以算职业投资者。

一般来说，职业投资者都在做短线，或者说希望做短线，有些职业投资者没有做短线是因为长期被套在里面而无法做短线。其实做不做短线还是看投资者的自身要求。

如果只是保值增值，那么短线不做也罢，因为做短线的要求比做中长线的要求更高、风险更大。

不过小额职业投资者如果具备以下条件则应该坚决选择做短线。

条件①：年纪轻身体好。

条件②：渴望 10 年后成为富人。

条件③：意志坚强，愿意花至少 5 年的时间累死累活地干。

先做一个比较，假设投入资金是 5 万元。

第十六章　股票投资全过程

做中长线，抓到一只罕见的股票，10年后涨了10倍，这样投资者10年后资金为50万元。

先做短线后做中长线，前5年每年翻倍，5年后是160万元，接着5年中长线，每年30%的收益，这样10年后的资金接近600万元。

两种做法的差距是10倍！

要找10年涨10倍的股票并不是一件容易的事，当然要达到每年翻倍的收益也不是容易的。但由于启动资金只有5万，所以进出相当方便，瞬间就可以满仓或者空仓，而大资金运作却必须打提前量，结果往往是赚少了或者亏多了。小资金这个优势决定了投资者是完全有可能通过做短线来获取高额收益的，完全有可能通过短短的几年使自己的资金快速增加到一个不小的数目。

当然，随着资金的增加，短线运作的难度也会逐渐增加，所以在一定的时候投资者要慢慢转向以中长期为主的投资方式。

所有的问题似乎都解决了，只剩一个：

如何在短期内使资金快速增值？

本书大部分的案例都在朝这个方向努力，但还是不够。《看盘细节》一书中增加了一些更实用的方法，肯定还是不够。不过投资者已经成为内行，已经成熟起来，那就让我们一起继续努力吧。

附录——练习结果

第八章练习结果

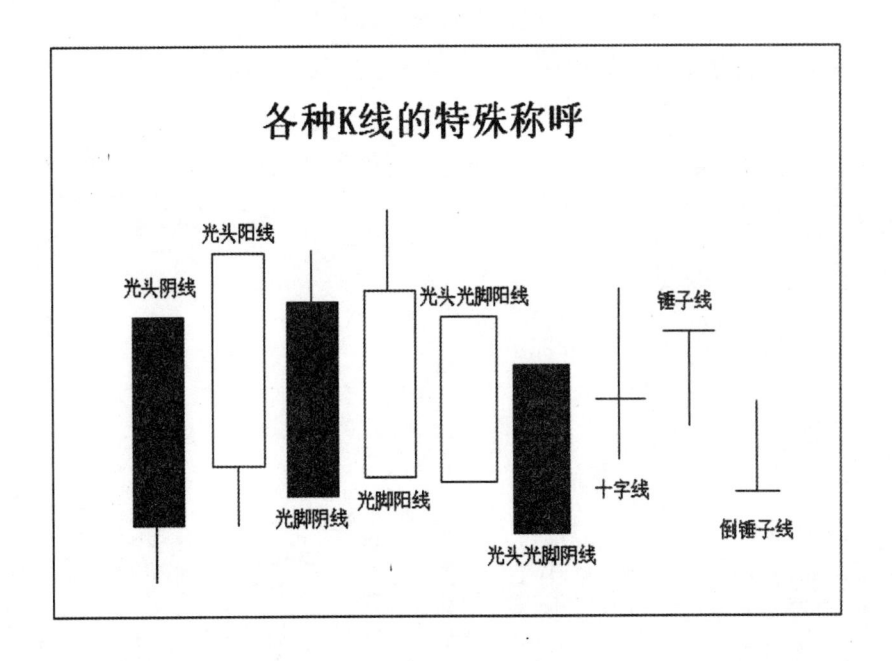

图附录-1

第九章练习结果

练习①：加权平均价＝(120×5＋100×5.20＋280×4.90)÷

(120＋100＋280)

＝ 4.984（元）

练习②：下跌幅度＝ (12÷13-1)×100%

炒股从外行到内行（第二版）

$$=-7.69\%$$

练习③：收益率＝（8÷10-1）×100

$$=-20\%$$

结果是亏损 20%。

练习④：

一般在投资收益率计算中只计算复利。本练习中的年数是 4。

复利年收益率＝（(25÷11)1/4－1）×100%＝22.78%

第十五章练习结果

练习①：该说法不一定正确，举例如下。

假定近期股价一直在 10 元到 10.50 元之间波动，而现在股价收于 10 元，那么 KD 值一定很低，这是必然的，计算公式已经告诉我们这一点。但这并不表明股价已经下跌了很多，因为股价实际上最多只有下跌 0.50 元的可能（最高价 10.50 元减去最低价 10 元）。

第十七章练习结果

练习①：

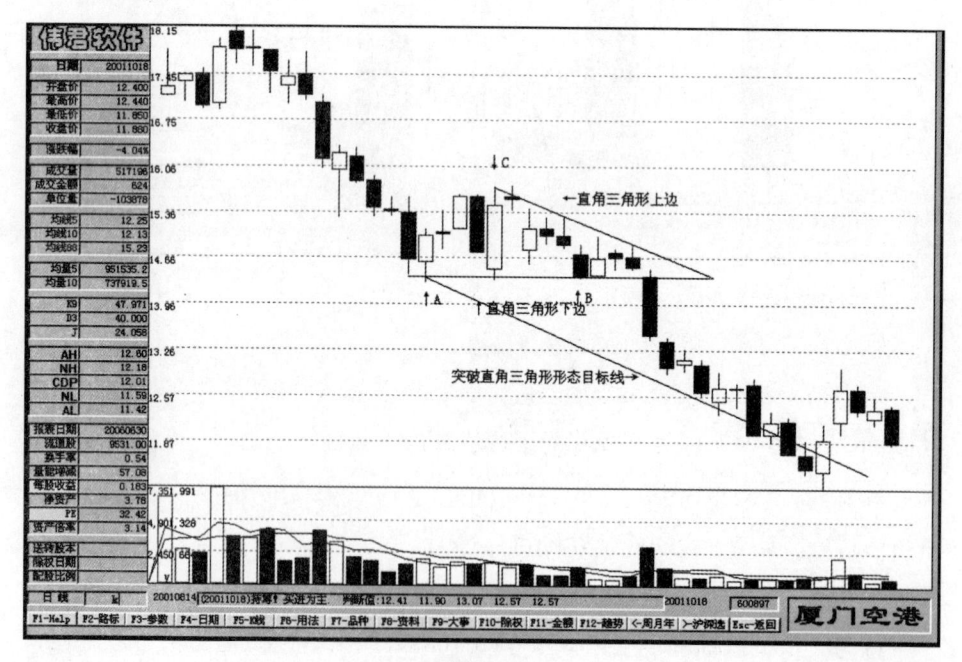

图附录-2

下跌直角三角形形态分析的四个要点。

要点①：突破后的目标位。

直角三角形形态被突破以后的目标位是一条直线，如图附录-2所示，通过C点画三角形下边的平行线，这条线就是股价向下突破后的动态目标位。

要点②：突破有效性的确认。

一般当股价向下突破直角三角形形态后会有一个重新回升以确认突破的有效性，此时直角三角形形态中原来作为支撑线的上边就成为压力线。

要点③：成交量配合。

向下突破需要一定的成交量配合。

要点④：顶端突破无效。

如果股价是从直角三角形的右端顶点横向走出去的，那么股价就不存在突破的趋势，原三角形形态失去意义。

实用价值：

关注直角三角形形态是否形成，如果形成，那么原来的下跌趋势将继续保持。同时关注向下突破是否有效，一旦确认则突破点就是一个很好的卖点，如果碰到下跌目标线可以作为买点考虑。

练习②：

下降旗形形态分析要点。

要点①：突破后的目标位。

旗形形态的突破目标位是先计算进入旗形形态前的下跌趋势的起点到旗形形态下边的垂直距离，也就是图附录-3中的S，然后在股价最后一次碰到旗形下边的位置再加上S就是未来下跌的目标位。

要点②：突破有效性的确认。

一般在股价向下突破旗形形态后会有一个重新回升以确认突破的有效性，此时旗形形态中原来作为支撑线的下边就成为压力线。

要点③：成交量配合。

向下突破需要一定的成交量配合。

实用价值：

关注旗形形态是否形成，如果形成，那么原来的下跌趋势将继续保持。

同时关注向下突破是否有效，一旦确认有效，则突破点就是一个很好的卖点，如果碰到下跌目标位可以作为买点考虑。

图附录-3

练习③：

下档箱形形态分析要点。

要点①：突破后的目标位。

计算突破箱形形态以后的下跌目标位与旗形形态的相关计算一样，先计算下跌趋势的一个起点到箱底的垂直距离，也就是图附录-4中的S，然后在D点加上S就是突破以后的下跌目标位。

要点②：突破有效性的确认。

一般当股价向下突破箱形形态后会有一个重新回升以确认突破的有效性，此时箱形形态中原来作为支撑线的箱底就成为压力线。

要点③：成交量配合。

图附录-4

向下突破需要一定的成交量配合。

实用价值：

关注箱形形态是否形成，如果形成，那么原来的下跌趋势将继续保持。同时关注向下突破是否有效，一旦确认有效，则突破点就是一个很好的卖点，如果碰到下跌目标位可以作为买点考虑。

第十八章练习结果

练习①：

股价的基本规律就是涨多了要跌，跌多了要涨。

对于上升轨道来说，股价基本上是在上涨，所以一旦突破轨道则不会再继续上涨，从而转为下跌或者横向盘整。

对于下降轨道，道理是一样的。

练习②：

假如轨道无限宽，那么所有的K线都可以包含在轨道里，也就不存在股价的转势或者突破之类，也就不会出现买卖时机，所以就没有分析的必要了。但如果过于窄的话，股价的转折点太多，过于频繁的操作会由于股价差异太小而失去意义。因此轨道的宽度必须使股价的转折具有操作意义，不能太宽也不能太窄。

练习③：

对于下降轨道来说，我们更关注股价回升的突破点，所以重点是上轨，也就先画上轨。

对于上升轨道来说，我们更关注股价下跌的突破点，所以重点是下轨，也就先画下轨。